Alexander Garth

Warum ich kein Atheist bin

Über den Autor

Alexander Garth ist Pfarrer, Gründer und Leiter der „Jungen Kirche Berlin", einem Gemeindeplanungs-Projekt der Evangelischen Kirche in einer Plattenbausiedlung in Berlin-Lichtenberg.

Alexander Garth

Warum ich **kein** **Atheist** bin

© 2008 Gerth Medien GmbH, Asslar,
in der Verlagsgruppe Random House GmbH, München
Die Bibelzitate wurden, sofern nicht anders angegeben,
der folgenden Bibelübersetzung entnommen:
Hoffnung für alle – Die Bibel, durchgesehene Ausgabe in neuer
Rechtschreibung,
© 1986, 1996, 2002 by International Bible Society, USA.
Übersetzt und herausgegeben durch:
Brunnen Verlag Basel, Schweiz (Hfa)

1. Auflage 2008
Bestell-Nr. 816 305
ISBN 978-3-86591-305-0
Umschlaggestaltung: Hanni Plato
Satz: Die Feder GmbH, Wetzlar
Druck und Verarbeitung: CPI Moravia

Nachdruck, auch auszugsweise, nur mit Genehmigung des Verlages.

Inhalt

Stimmen zum Buch 6

Ein Vorwort oder warum man Zeit in dieses Buch
investieren sollte 7

Weil Glaube möglich ist 11

Weil Atheismus keine brauchbare Alternative ist 27

Weil es ohne Gott kein Leben gibt 33

Weil ich gewollt bin 51

Weil die Frage nach Gott zutiefst menschlich ist 67

Weil das Glück des Lebens etwas mit Gott zu tun hat 79

Weil ich durch Gott den Sinn des Lebens finde 89

Weil mein Leben ein Ziel bekommt 99

Weil die sichtbare Welt nur eine Dimension
der Wirklichkeit ist 109

Weil Jesus die faszinierendste Person der Geschichte ist 121

Weil Jesus für alle starb 137

Weil Ostern alle Grenzen sprengt 149

Weil Gott sich finden lässt 167

Weil man Gott erfahren kann 185

Anmerkungen 218

Stimmen zum Buch

„*Endlich eine praxisnahe und faktenreiche Antwort auf die drängendste aller aktuellen Fragen. Alexander Garth hebelt die Argumente der Gottesleugner reihenweise aus, nicht oberlehrerhaft, sondern einfühlsam und auf Augenhöhe mit der säkularen Skeptikerszene. Ein Buch mit Klassikerformat.*"
Markus Spieker, Hauptstadtkorrespondent, Buchautor

„*Weltweit ist kein zweiter Kulturraum derart entkirchlicht wie Ostdeutschland. Als Christinnen und Christen stehen wir somit vor der gewaltigen Herausforderung, eine völlig neue Sprachfähigkeit zu entwickeln, um die sog. Konfessionslosen zu erreichen. In verdienstvoller Weise hat sich Alexander Garth dieser Frage angenommen. Ich wünsche seinem Buch eine weite Verbreitung – und Leser, die etwas von dem Feuer des christlichen Glaubens verspüren.*"
Pröpstin Friederike v. Kirchbach

„*Endlich ist es da: Ein ABC des christlichen Glaubens für Atheisten und andere konfessionslose Zeitgenossen, geschrieben von einem Mann, der seit Jahrzehnten mit viel Segen und Erfolg unter Atheisten und Suchenden arbeitet. Prallvoll mit packenden Beispielen aus dem Leben, lässt es beim Lesen nie Langeweile aufkommen. Ein eindrückliches Buch!*"
Hartmut Bärend, Buchautor

Ein Vorwort

oder warum man Zeit in dieses Buch investieren sollte

Ihre Zeit ist kostbar

Zeit ist das Wertvollste, das Sie haben. Geld lässt sich beschaffen, Zeit nicht. Sind Minuten, Stunden und Tage einmal ausgegeben, gibt es keinen Kredit. Deshalb ist unsere Zeit so wertvoll. Wenn wir sie für etwas einsetzen, das sich nicht lohnt, verplempern wir unser kostbarstes Gut. Ich kann es nicht leiden, wenn Menschen die Zeit ihrer Mitmenschen vergeuden. Deshalb sage ich Ihnen zu Beginn, was Sie in diesem Buch erwartet und warum ich mir die Zeit genommen habe, es zu schreiben, sodass Sie eine Entscheidung treffen können, ob Sie dieses Buch lesen wollen oder beiseitelegen.

Leidenschaft fürs Thema

Zuerst einmal die Frage: Warum habe ich dieses Buch eigentlich geschrieben? Ich habe einen Beruf, der mich sehr fordert. Als Pfarrer bin ich für viele Menschen verantwortlich. Oft reicht die Zeit nicht. Warum habe ich dennoch unzählige Stunden damit verbracht, am Computer zu sitzen und meine Gedanken in die Maschine zu hacken? Eigentlich rede ich viel lieber mit Menschen, unternehme etwas mit meiner Familie, gehe bergsteigen oder schwimmen.

▶▶ Was mich zu diesem Buch angetrieben hat, lässt sich am besten mit einem Wort beschreiben: Leidenschaft.

Was mich zu diesem Buch angetrieben hat, lässt sich am besten mit einem Wort beschreiben: Leidenschaft. Leidenschaft ist die Begeisterung für etwas, das man von ganzem Herzen will, wofür man sich einsetzt, koste es, was es wolle. Leidenschaft wird aus dem *Leiden* geboren. Immer dann, wenn wir etwas so unerträglich finden, dass es uns nahegeht und uns keine Ruhe mehr lässt, entwickeln wir Leidenschaft.

Ich leide daran, dass viele Menschen glauben wollen, aber keinen Zugang zu Gott finden. Ich leide daran, dass sich viele Menschen nach einem tragfähigen Lebenssinn sehnen und daran verzweifeln, dass sie nicht finden, was den Hunger ihres Herzens stillt. Ich leide daran, dass unsere Gesellschaft an einem Defizit an Werten krankt. Ich leide daran, dass Menschen aufgefressen werden von ihren Sorgen, weil ihre Seele keine Kraftquelle hat. Ich leide daran, dass viele Menschen in unserem Land das Christentum abgeschrieben haben, ohne es je kennengelernt zu haben. Sie lehnen eine Karikatur ab, aber nicht den wohltuenden Glauben, den Jesus bringt.

Doch eine Leidenschaft des Autors ist noch kein ausreichender Grund, ein Buch zu lesen. Es gibt alle möglichen und unmöglichen Leidenschaften. Was will das Buch eigentlich erreichen? Es beschreibt in verständlicher, weltlicher, manchmal humorvoller (hoffentlich!) Sprache, was atheistisch und postmodern geprägte Menschen daran hindert zu glauben, und es zeigt Wege zu einer erlebten christlichen Spiritualität. Es möchte eine Brücke zwischen Atheismus und christlichem Glauben schlagen. Menschen sind zunehmend unglücklich über ihren Unglauben und unzufrieden damit. Sie ahnen, dass ihnen der Glaube in schwierigen Zeiten helfen würde, Halt, Lebensmut und Orientierung zu finden.

Warum ich?

▶▶ **Das Buch will Menschen beim Nicht-glauben-Können abholen und ihnen Mut machen, sich auf die Suche zu begeben.**

Warum schreibe ausgerechnet *ich* so ein Buch? In meinen Seminaren und Gottesdiensten über den Weg zum Glauben sitzen viele „ungläubige" Menschen und Atheisten, die den christlichen Glauben als lebenswerten Weg für sich entdecken. In diesem Buch finden viele Jahre Erfahrung im Umgang mit Menschen, die gerne glauben wollten, aber ihren Unglauben als Gefängnis erlebten – und dennoch Wege da raus fanden, ihren Niederschlag. Das Buch will Menschen beim Nicht-glauben-Können abholen und ihnen Mut machen, sich auf die Suche zu begeben. Es setzt sich mit grundlegenden Fragen des Glaubens und Vorbehalten gegen die christliche Religion auseinander. Dieses Buch will informieren und zu einem Weg einladen, ohne zu vereinnahmen.

Wer soll das lesen?

Für wen habe ich dieses Buch eigentlich geschrieben? Ich wende mich mit diesem Buch an drei Zielgruppen. Zunächst ist es für die immer größer werdende Gruppe von Menschen geschrieben, die sich für Atheisten bzw. für „Ungläubige" halten, die aber ihren Unglauben bedauern und sich über Wege zum Glauben informieren wollen. Zweitens schreibe ich für Menschen, die glauben, über Gott könne man nichts wissen. Für Agnostiker also, die die christliche Lehre zwar in groben Zügen kennen, aber für sich abgelehnt haben. Für jene, die aufgrund ihrer Erfahrungen denken: Kirche ist ja schön und gut, ich persönlich komme aber genauso gut ohne sie zurecht. Weil Religion wieder im Kommen ist, wollen sie sich wieder mit dem Glauben auseinandersetzen. Das Buch hilft dabei, einen Zugang zum christlichen Glauben zu entdecken, der für das eigene Leben relevant ist. Und nicht zuletzt richtet sich das Buch an engagierte Christen. Ob Jugendmitarbeiter oder Kirchenrat – jeder wird von den Innenansichten des Atheismus in Ost und West profitieren. Dieses Buch ist die Weiterentwicklung meines Glaubenskurses für Atheisten in Berlin. Es steckt voller Ideen und Geschichten, die sich für die Arbeit in den Gemeinden eignen. Es will eine Gesprächsanregung und ein Wegbegleiter sein, um mit Menschen von heute ins Gespräch zu kommen.

Zu viele Bücher. Nun noch eins mehr?

Eine letzte Frage: Warum halte ich das Buch eigentlich für wichtig? Es gibt so viele Bücher, vielleicht zu viele. Nun noch eins mehr. Muss das sein? Einmal geht es in diesem Buch um die Grundfragen unseres Lebens wie „Was gibt mir Sinn?", „Warum bin ich hier?", „Was möchte ich mit meinem Leben erreichen?", „Wo finde ich Halt?", „Was ist das Ziel des Lebens?". Mit anderen Worten: Es geht um das, was jeden Menschen unbedingt angeht. Außerdem gibt es meines Wissens bisher kein Buch, das die Grundlagen des christlichen Glaubens für postmoderne und DDR-sozialisierte Atheisten verständlich machen möchte. Die meisten christlichen Bücher sind zu fromm, zu kirchlich oder zu theologisch. Sie setzen die Existenz Gottes, spirituelle Bedürfnisse und religiöses Grundwissen voraus.

▶▶ **Die meisten christlichen Bücher sind zu fromm, zu kirchlich oder zu theologisch.**

Weil Glaube möglich ist

Wenn ich glaube, habe ich nichts zu verlieren.
Wenn ich nicht glaube, habe ich nichts zu erhoffen.
Johannes Gross (1932–1999), deutscher Publizist und Journalist

Atheist?

Der Begriff „Atheist" steht in diesem Buch als ehrenhafte Bezeichnung für einen Menschen, der einer Theorie anhängt, die die Existenz Gottes verneint.

Nirgends auf der Welt gibt es so viele Atheisten wie in Europa, besonders in Ostdeutschland. Berlin wird gern die „Welthauptstadt des Atheismus" genannt. Cirka 2,4 Prozent der Weltbevölkerung sind Atheisten. Ihre absolute Zahl bleibt konstant, während ihr Anteil an der Weltbevölkerung ständig abnimmt.

>> Der Begriff „Atheist" steht in diesem Buch als ehrenhafte Bezeichnung für einen Menschen, der einer Theorie anhängt, die die Existenz Gottes verneint.

Noch in den 80er-Jahren meinten viele religionskritische Zeitgenossen, dass Religion immer mehr aus dem Leben verschwinden werde. Diese Einschätzung hat sich als falsch erwiesen. Der von vielen prophezeite Siegeszug des Atheismus ist eine Fehldiagnose. Nicht nur in den USA, dem Schrittmacher des technologischen Fortschritts, in fast allen Teilen der Welt boomt Religion wie nie zuvor. Nur in „Old Europe" scheint der Glaube als gesellschaftsprägende Kraft eine abnehmende Rolle zu spielen. Wer hätte gedacht, dass ausgerechnet in China das Christentum eine Bewegung geworden ist, die Hunderttausende erfasst hat. Mit einem Bevölkerungsanteil von schätzungsweise 10 Prozent bekennender Christen steht die kommunistische Weltmacht im Begriff, ein christliches Land zu werden.

Der Unglaube ist auch nicht mehr das, was er einmal war

Seit einigen Jahren zeichnet sich eine Trendwende in unserem Kulturkreis ab. Zunehmend bedauern Menschen, die früher stolz auf ihr Freidenkertum waren und Gott für eine unanständige Idee hielten, dass sie nicht glauben können. Ja, Unglaube war einmal eine herrliche Freiheit von der lästigen Idee Gottes, die einem emanzipatorischen Lebenskonzept entgegensteht. Stolz und selbstbewusst blickte der Mensch im 19. und 20. Jahrhundert dem unheimlichen Nichts des Nihilismus ins tote Auge. Es galt, innere Größe zu beweisen und zu akzeptieren, dass nach dem Tod alles aus und im Leben jeder auf sich allein gestellt ist. Bei Jean Paul Sartre (1905–1980), dem großen französischen Existenzialisten, hatte der Atheismus etwas Heroisches.

▶▶ Unglaube war einmal eine herrliche Freiheit von der lästigen Idee Gottes.

Heute, wo der Atheismus von den geistigen Höhen genialer Denker in die Niederungen alltäglicher Durchschnittlichkeit und Spießigkeit herabgestiegen ist, verbreitet er Ungeborgenheit und Existenzangst. Immer mehr Menschen sind heute unglücklich über ihren Unglauben. Sie ahnen, dass ihnen der Glaube in schwierigen Zeiten helfen würde, und sie beginnen sich danach zu sehnen. Glaube gibt nun mal Halt, Orientierung und Trost.

Phänomene wie Terrorismus, Globalisierung, Arbeitslosigkeit, Klimawandel, Kriegsgefahr, atomare Bedrohung, Informationsüberflutung und Gewalt machen auch dem letzten Ignoranten klar: Wir leben in einer unheilen Welt. Angst und Depression sind die Volkskrankheiten der Gegenwart. Die Frage ist nur, ob unser Leben wirklich bedrohter ist oder ob wir bloß wehleidiger geworden sind. Oder verhindert etwa unser latenter Atheismus, dass wir trotz drohender Schreckensszenarien gefasst und entspannt bleiben?

Mitten im Zweiten Weltkrieg, als es so aussah, als würde das Böse triumphieren, schrieb der Schweizer Theologe Karl Barth (1886–1986) einem Freund den trostreichen Satz: „Es wird regiert."

Welche SMS schreibt ein Atheist seinem Freund, wenn ihn die Wirklichkeit in die Verzweiflung treibt?

Die Antwort der Spaßgesellschaft für diesen Fall lautet: „Bleib cool und mach Party!" Doch spätestens seit dem 11. September 2001 wirken solche Sätze lächerlich abgedroschen und naiv. Der Journalist und Islamkenner Peter Scholl-Latour deutet jenen Tag, an dem islamistische Terroristen zwei Passagierflugzeuge in die New Yorker Zwillingstürme steuerten, als das „Ende der verdammten Spaßgesellschaft". Er sagt: „Die Vorstellung, dass die Welt gut und alle Menschen lieb sind, die ist endlich wieder zurechtgerückt worden."

Wer auf der Suche nach etwas ist, das im Angesicht einer bedrohten Welt Lebensmut und Geborgenheit gibt, braucht einen Grund zu Hoffnung und Freude. Die Frage, wie wir die Herausforderungen unserer Zeit besser bewältigen können, bekommt neue Dringlichkeit. Der deutsche Trendforscher Matthias Horx schreibt in seinem Buch *Megatrends für die späten neunziger Jahre:*

> „Gelassenheit, diesen Mega-Wert in einer Zeit der Unruhe, des Lebens-Stresses und der Verunsicherung, hat man eben, wenn man seinen Jesus hat – und er ist auch im spirituellen Supermarkt ringsherum kaum zu haben.

▶▶ „Gelassenheit, diesen Mega-Wert in einer Zeit der Unruhe, des Lebens-Stresses und der Verunsicherung, hat man eben, wenn man seinen Jesus hat."

> Ein glänzender USP (*Unique Selling Proposition,* Anm. d. Verf.). Gottvertrauen nannte man das früher – eine heute, um im Maketing-Jargon zu bleiben, enorm begehrte Ware, um die diesen komischen, riesigen, alten Verein (‚die Kirche', Anm. d. Verf.) jeder Marketing-Manager brennend beneiden würde."[1] Brauchen wir nicht den wärmenden Glauben an einen gütigen Gott als Quelle von Sinn und Trost in einer Welt, die von vielen Menschen zunehmend als kalt und unsolidarisch empfunden wird? Könnte uns das Vertrauen in eine sinnstiftende Macht helfen, Orientierung zu finden und unser Leben zu meistern?

Renaissance der Religion

Zukunftsforscher, Trendanalysten und Marketingstrategen sind sich einig: Seit den 90er-Jahren nimmt die Bedeutung von Religion für das Leben der Menschen weltweit wieder zu – ein Zeichen einer neuen Zeit. Wir nennen sie Postmoderne. Schon der Begriff zeigt, dass wir eine große Epoche hinter uns lassen (*Post*moderne = *Nach*moderne), ohne zu wissen, wohin wir uns bewegen. Die Moderne als Kulmination der großen Epoche der Aufklärung und als ausgesprochene Verstandeskultur scheint zu Ende zu gehen. Wir leben am Beginn einer neuen Zeit, die geprägt ist von der Faszination für das Religiöse, Mystische und Unfassbare. Matthias Horx schreibt: „Die Bastionen der Aufklärung werden nicht geschleift. Sie verwittern einfach."[2]

▶▶ „Die Bastionen der Aufklärung werden nicht geschleift. Sie verwittern einfach."

Die Moderne versuchte, alles Religiöse oder Metaphysische durch den engen Trichter der Vernunft zu quetschen, und verlor sich dabei in einer dumpfen Diesseitigkeit. Die Welt und das Leben wurden entzaubert. Eine öde und auf ihre Art naive Wissenschaftsgläubigkeit trat an die Stelle religiösen Staunens. Für die Postmoderne bilden Wissenschaft und Mystik keine Gegensätze. Das Weltbild hat sich verändert. Es ist tiefer, weiter, universaler, kurz: multidimensionaler geworden. Die Errungenschaften der Moderne werden ebenso geschätzt wie die spirituellen Traditionen der Vergangenheit. In diesem neuen Lebensgefühl bilden Wissenschaft und Mystik, Mündigkeit des Individuums und hingegebener Glaube, Naturgesetze und Magie keine zwingenden Gegensätze mehr. Vielmehr möchte der postmoderne Mensch die Dissonanzen des Lebens überwinden, scheinbar Gegensätzliches harmonisieren und einbauen in eine neue, ganzheitliche Weltsicht. Der Theologe Heinz Zahrnt spricht von einer „Remythisierung der Gesellschaft".

Sehnsucht nach Glauben?

Es sieht ganz danach aus, als würden viele Menschen, die auf der Suche nach Wegweisung und innerer Stärke an die Tür des Glaubens klopfen, auch fündig. Eine Umfrage des Allensbacher Instituts für Demoskopie hat ergeben, dass der Anteil der Menschen, die sich stark für Glaubensfragen interessieren, in den letzten zehn Jahren von 24 auf 33 Prozent gestiegen ist, während der Anteil derer, für die Glaube ohne Bedeutung ist, von 32 auf 24 Prozent zurückgegangen ist.

Wer nun meint, dieser Trend sei lediglich eine Folge der Überalterung unserer Gesellschaft, liegt verkehrt, denn gerade unter den 16- bis 29-Jährigen stieg der Anteil derer, die Trost und Kraft aus dem Glauben ziehen, in den Jahren 1995 bis 2005 von 35 auf 42 Prozent.[3]

▶▶ Gerade unter den 16- bis 29-Jährigen stieg der Anteil derer, die Trost und Kraft aus dem Glauben ziehen, in den Jahren 1995 bis 2005 von 35 auf 42 Prozent.

Ich frage mich, ob nicht die Zukunftsfähigkeit unserer abendländischen Kultur davon abhängt, inwiefern sie eine Rückbesinnung auf die Wurzeln des christlichen Glaubens mit seinen Kraftquellen, seiner Spiritualität und seinem Humanismus vollzieht. Kein Geringerer als Jürgen Habermas – für viele der bedeutendste Philosoph der Gegenwart und eine Ikone atheistischer Philosophie – schreibt, „dass einer zerknirschten Moderne nur noch die religiöse Ausrichtung auf einen transzendenten Bezugspunkt aus der Sackgasse verhelfen kann".[4] Das kann man auch einfacher ausdrücken: Die Moderne hat sich in eine Illusion verrannt. Aus dieser Sackgasse kommt sie nur heraus, wenn sie sich dem Glauben zuwendet. Ein Verrat des gottfreien Denkens? Manche deuten Habermas' Worte so. Andere erleben sie als Befreiung, weil das Thema Glaube auch im intellektuellen Diskurs wieder hoffähig wird.

Nicht nur Philosophen warnen vor den Folgen einer glaubenslosen Gesellschaft, selbst einen Postsozialisten wie Gregor Gysi packt bei der Aussicht auf eine Gesellschaft ohne Gottvertrauen das Grauen: „Eine gottlose Gesellschaft, das heißt, eine Gesellschaft ohne jede Orientierung, eine Gesellschaft des reinen Pragmatismus', wo man heute das denkt und morgen jenes denkt und überhaupt keine moralisch einigermaßen verbindlichen Maßstäbe mehr hätte." Im Gespräch mit Johannes B. Kerner schlägt der bekennende Atheist völlig neue Töne an.

Als ich noch Pfarrer in Sonneberg war, hing im Jugendamt des Landratsamtes ein Gedicht an der Wand, das mir gefiel:

> *Wenn die Menschen gottlos leben, sind:*
> *die Sitten zügellos,*
> *die Mode schamlos,*
> *die Verbrechen maßlos,*
> *die Völker friedlos,*
> *die Schulden zahllos,*
> *die Regierungen ratlos,*
> *die Politiker charakterlos,*
> *die Konferenzen endlos,*
> *die Aussichten trostlos,*
> *die Kirchen kraftlos,*
> *die Christen gebetslos.*

Der atheistische Fundamentalismus

Angesichts der sich anbahnenden religiösen Renaissance geraten eingefleischte Atheisten anscheinend in Panik. Noch in den 80er-Jahren war man sich sicher: Ist die Menschheit erst einmal mit Bildung und Wohlstand versorgt, erledigt sich die Religion von selbst. Diese atheistische Hoffnung hat sich als Trugschluss erwiesen. Ausgerechnet Gesellschaften, die einen starken Aufschwung erleben – wie etwa Südkorea oder China –, öffnen sich dem christlichen Glauben in einem für Europäer unvorstellbaren Maß. Der Atheismus befindet sich weltweit auf dem Rückzug. Verzweifelt rufen einige streitbare Atheisten zu einem Kreuzzug auf, um endlich jede Religion auf der Erde auszutilgen. Ihre Nummer eins ist der englische Evolutionsbiologe Richard Dawkins, eigentlich ein intellektuelles Schwergewicht. Die „neuen Atheisten" – so nennen sie sich – verkünden: „Gott ist ein perverser, schädlicher Gedanke. Er gehört ausgerottet." Dabei scheint jedes Mittel recht zu sein: Demagogie, einseitige Wissenschaftsgläubigkeit, Diffamierung, Halbwahrheiten, Verallgemeinerungen. Hauptsache, die Religion wird als etwas abgrundtief Dummes und Böses denunziert.

▶▶ „Gott ist ein perverser, schädlicher Gedanke. Er gehört ausgerottet."

Die Religion wird nicht nur verantwortlich gemacht für alle möglichen Abgründe, sie gilt selbst als das Übel der Menschheit schlechthin. Dabei wird alles in einen Topf geworfen: friedensverliebte Jesus-Anhänger, radikal-islamische Attentäter, Befreiungstheologen, nach Jungfrauen geilende Suizidbomber, Dschihadisten, Kreationisten, Imame, Christenversteher, Talibankämpfer, Gurus, linke und rechte Theologen, Ehebrecherinnen-Steiniger, Gott-Mutter-Feministinnen, alle, die der Metaphysik nicht abschwören wollen. Allen Ernstes wird behauptet, nur eine atheistische Menschheit könne glücklich sein. Vergessen oder verschwiegen wird, dass es atheistische Ideen wie der Kommunismus und der Faschismus waren, die Millionen und Abermillionen von Menschen umbrachten, vergasten oder sich zu Tode schuften ließen.

Das finsterste Land der heutigen Welt ist vermutlich Nordkorea mit seiner atheistisch-kommunistischen Diktatur. Die Machthaber dort ließen etwa eine Million Menschen verhungern. Hunderttausende werden in brutalsten Arbeitslagern wie Tiere gehalten. Man muss schon einen gründlich verstellten Zugang zur Wirklichkeit haben, um zu ignorieren, dass atheistische Ideen unendlich mehr Elend und Leid über diese Welt gebracht haben als alle Religionen zusammen. Man fragt sich, aus welchen Quellen sich der exzessive Hass der neuen Atheisten speist. Ist es die Angst, der Glaube könnte im Kampf mit der Aufklärung doch als Sieger hervorgehen? Wir leben in einer Zeit, in der man fast überall auf der Welt eine Radikalisierung und Fundamentalisierung von Religion beobachten kann. Das gilt auch für den Atheismus als quasireligiöser Ideologie. Der neue Atheismus ist nichts weiter als die fundamentalistische Variante des klassischen Atheismus. Kein einziger Gedanke ist neu. Lediglich die Aggressivität sowie die absolute Intoleranz der neuen Atheisten gegenüber allem Religiösen stellt alles Vergangene in den Schatten.

Was hindert Menschen eigentlich daran, glauben zu können?

Die Vorsilbe „A" in dem Wort Atheist (auf Deutsch: Nicht-Gott oder Gott-los) drückt die Verneinung Gottes aus und damit die Überzeugung, dass es Gott nicht gibt. Das Lexikon definiert Überzeugung als eine „durch eigenes Urteil gewonnene Einsicht". Aufgrund seiner „Einsicht" in eine fragliche Sache – in unserem Falle Gott – macht sich jemand ein eigenes Bild und gelangt so schließlich zu einem Urteil. Atheist wird man aber nicht, weil man etwas sieht, sondern weil man etwas *nicht* sieht – nämlich Gott und sein Wirken.

Dass Menschen nicht glauben können, hat viele Gründe. Sie gehen jedoch alle darauf zurück, dass Menschen die Hinweise auf Gott, auf sein Wirken, auf die Spuren seiner Realität, nicht wahrnehmen können. Wie jeder Glaube seine Geschichte hat, geprägt von Erziehung, Lebensumständen, Schicksalsschlägen, Erlebnissen und Begegnungen, so hat auch jedes Nicht-glauben-Können seine Geschichte. Kaum jemand hat sich bewusst dafür entschieden, gläubig oder ungläubig zu sein. Vielmehr ist sein Glauben oder Nicht-Glauben das Resultat vieler Umstände und Verkettungen. Will man den Glauben oder Unglauben eines Menschen verstehen, muss man auf seine Lebensgeschichte hören. Trotz aller individuellen Verschiedenheit lassen sich vier Grundkategorien bestimmen, die es Menschen schwer, wenn nicht sogar unmöglich machen, an Gott zu glauben.

▶▶ Will man den Glauben oder Unglauben eines Menschen verstehen, muss man auf seine Lebensgeschichte hören.

1. Ein einstöckiges Weltbild

Manche Menschen haben ein materialistisches Weltbild verinnerlicht, das eine Existenz Gottes von vornherein ausschließt, weil in ihren Augen nur die körperliche Welt real ist. Ihr Wirklichkeitsverständnis ist auf das reduziert, was man messen und nachweisen kann. „Ich glaube nur, was ich sehe" lautet ihr Glaubensbekenntnis in verkürzter Form. Man ist stolz darauf, an die Naturwissenschaften zu glauben. Die Welt ist ein geschlossenes System von Ursache und Wirkung. Alles läuft nach strengen Kausalzusammenhängen ab. Jedes Phänomen hat eine innerweltliche Ursache, für die es eine wissenschaftliche Erklärung geben muss.

Die Wirklichkeit ist eindimensional. Nur die sichtbare Realität wird akzeptiert. Was man nicht messen und beweisen kann, existiert nicht. Es gibt keine geistliche Wirklichkeit, keine unsterbliche Seele, keine Möglichkeit eines Lebens nach dem Tod, keinen Himmel, keine Hölle, keine Engel, keinen Gott. Der Mensch bildet sich eine spirituelle Welt nur ein. Auch Gott ist nur eine menschliche Idee. Der Homo sapiens ist kein Geschöpf Gottes, sondern schuf vielmehr selbst Gott nach seinen Vorstellungen und Bedürfnissen. „No heaven, no hell – just science" (Deutsch: „Kein Himmel, keine Hölle – allein Wissenschaft") – so fasste das amerikanische Magazin *Wired* dieses Weltbild zusammen. Das materialistische Weltbild hindert Menschen daran, über Gott und alles Geistliche überhaupt ernsthaft nachzudenken. Menschen, die in diesem Weltbild leben, finden nur schwer Zugang zum Glauben.

▶▶ „No heaven, no hell – just science."

2. Der schweigende Gott

Andere können nicht glauben, weil die Erfahrung der Abwesenheit und des Schweigens Gottes in ihren Augen keine andere Schlussfolgerung zulässt. Ein Polizist sagte einmal zu mir: „Ich habe oft zu dem da oben gebetet, aber da hat keiner gehört und keiner geholfen. Ich denke, da ist niemand. Daher bin ich Atheist." Sätze wie „Wo ist Gott in der und der Situation gewesen? Ich habe gebetet, aber nichts ist geschehen" werden häufig laut in dieser Welt. Viele Menschen ha-

19

ben das Gefühl, dass Gott abwesend ist, und ziehen daraus den Schluss, es könne ihn auch nicht geben. Die Frage ist nur, ob diese Schlussfolgerung richtig ist. Immerhin besteht folgende Möglichkeit: Wir Menschen sind so sehr verschlossen und in uns verkrümmt, dass wir von Gottes Wesen nichts mitbekommen können; wir haben uns so sehr von Gott entfremdet, dass wir für sein Wirken und Handeln blind und taub sind.

3. Leid, Leid, unermessliches Leid!

Auch die Erfahrung persönlichen Leids lässt Menschen zu dem Schluss kommen, es gäbe Gott nicht. Denn wenn Gott existieren würde, dann hätte er meine schreckliche Leidensgeschichte nicht zugelassen. Schon der Dichter Georg Büchner (1813–1837) rief aus: „Warum leide ich? Das ist der Fels des Atheismus'." In der Tat machen viele Menschen Fürchterliches durch, und sie fragen sich verständlicherweise, wie Gott das zulassen kann. Daneben gib es Menschen, die mehr an *fremder* als an eigener Not leiden. Das Leid anderer ist für sie noch schwerer zu ertragen, und sie beginnen, an Gott zu zweifeln. Gott und Leid, das passt nicht zusammen, sagen sie. Wenn es einen Gott gäbe, würde er es verhindern. Statt die Spuren Gottes in dieser Welt wahrnehmen zu können, sehen diese Menschen überall die Zeichen seiner Nichtexistenz: schreiende Ungerechtigkeit, Kriege, Hunger, Krankheit.

Die Geschichte dieser Welt ist gezeichnet von Blut, Schweiß, Tränen, Elend, Jammer, Gewalt und Verbrechen. Ich verstehe jene, die angesichts dieser Wirklichkeit nicht glauben können. Einige Theologen der Sechziger hielten den Glauben an Gott nach Auschwitz nicht mehr für möglich. Doch der atheistische Fundamentalismus des beginnenden 21. Jahrhunderts macht den Glauben an Gott pauschal verantwortlich für alles Unrecht dieser Welt, vom 11. September bis hin zur Judenverfolgung. Dabei wird kein bisschen differenziert zwischen Islam und Christentum, Jesus, Buddha und Mohammed, alttestamentlichen und neutestamentlichen Gottesvorstellungen, Glaube und Religion – alles wird über ei-

▶▶ Ich verstehe jene, die angesichts dieser Wirklichkeit nicht glauben können.

nen Kamm geschert. Welche Rolle der Mensch dabei spielt, bleibt außen vor.

4. Kirche zwischen Verbrechertum und Langeweile

Wenn man sich die Kirche und ihre Geschichte anschaut, ist man geneigt, zum Atheisten zu werden. In der Vergangenheit wurden im Namen der Kirche und des Christentums viele Verbrechen begangen. Ich kann nachvollziehen, wenn Leute sagen: „Angesichts der himmelschreienden Verfehlungen der Kirche kann ich an keinen Gott glauben." Man muss nicht erst Karlheinz Deschners „Kriminalgeschichte des Christentums" gelesen haben, um zum Gottesleugner zu werden. Aus heutiger Sicht gilt es jedoch zu bedenken, dass die Kirche ihre Vergehen schonungslos bekannt und sich sowohl inhaltlich als auch praktisch radikal neu ausgerichtet hat. Das gilt sowohl für die katholische Kirche wie für die alten protestantischen Kirchen. Ich kenne keine andere Bewegung oder Organisation, die so konsequent aus den Fehlern der Vergangenheit gelernt hat.

Dennoch ist für einige Menschen auch die heutige Kirche eher ein Argument gegen die Existenz Gottes. Auf sie wirkt die Kirche wie ein Handschuh ohne Hand. Sie sehen lediglich die Hülle: Prachtbauten, Musik, Predigten, karitative Einrichtungen ohne Leben und göttliche Kraft. Sie finden nicht Gott in der Kirche, sondern Belanglosigkeit und Langeweile. Also gibt es ihn wohl auch nicht. Bleibt die Frage, inwiefern die negative Vergangenheit der Kirche oder ihr unattraktives Erscheinungsbild in der Gegenwart wirklich Argumente gegen Gott sind.

▶▶ **Sie finden nicht Gott in der Kirche, sondern Belanglosigkeit und Langeweile.**

Glaube ist möglich

Ich habe zusammen mit einer Handvoll junger Leute im Osten Berlins eine evangelische Gemeinde gegründet, die zum überwiegenden Teil aus ehemaligen Atheisten besteht, die in ihrem früheren Leben nie etwas mit Christentum zu tun hatten. Dennoch haben sie die Erfahrung gemacht, dass auch „Ungläubige" zu Gott finden können und der Glaube ihnen Kraft, Sinn und Ermutigung gibt.

„Was ist das Geheimnis ihrer Arbeit?", wurde ich einmal von einem Journalisten gefragt. Dahinter verbarg sich die Frage nach einem genialen Trick, der aus intelligenten, skeptischen Agnostikern Gläubige macht. Doch es gibt keinen Trick, keine Methode, nicht einmal eine besonders ausgefeilte Theologie. Dahinter steckt Gott selbst. Es ist seine sehnsuchtsvolle Liebe, der Menschen begegnen und auf die sie antworten. Aber wie begegnet den Menschen die suchende Liebe Gottes? Die meisten Ex-Atheisten in meiner Gemeinde haben auf ihrem Weg zu Gott drei Phasen durchschritten:

Erste Begegnungen

Oft steht am Anfang einer Glaubensgeschichte eine Begegnung mit einem Menschen, der seinen Glauben überzeugend lebt. Die meisten Menschen meiner Gemeinde hätten sich vor zwei, drei Jahren noch als Atheisten oder „Heiden" bezeichnet. Die Welt des Glaubens war ihnen denkbar fremd, und sie hätten sich nie vorstellen können, jemals einen Zugang zum Christentum zu finden. Aber dann lernten sie Christen kennen, die ihnen begeistert von ihren Erfahrungen mit Gott berichteten. Oft waren es Freunde oder Familienmitglieder, manchmal die eigenen Kinder, die den Weg zu Christus gefunden hatten.

▶▶ **Die meisten Menschen meiner Gemeinde hätten sich vor zwei, drei Jahren noch als Atheisten oder „Heiden" bezeichnet.**

Wenn Atheisten merken, wie sich das Leben gläubiger Freunde und Verwandter positiv verändert, bedeutet das eine ungeheure Herausforderung für sie: etwa wenn Ehen und Beziehungen wieder heil, wenn zerstörerische Süchte überwunden werden oder wenn Menschen ihr Leben in Ordnung bringen und aufhören zu stehlen oder zu lügen. Atheisten, die Zeugen solch radikaler Veränderungen werden, suchen nach einer Erklärung. Ein mächtiger Gott, der die Realität positiv verändert, passt nicht in ihr Denken. Weshalb sie meistens versuchen, das, was sie sehen, ohne Gottes Wirken zu erklären. Bei einigen aber wird die Frage nach Gott geweckt. Sie entdecken auf der Suche nach einer Erklärung, dass der christliche Glaube mehr ist als ein moralischer Impuls.

Auf der Suche

Ist die Neugier geweckt, fangen Menschen an, sich ernsthaft mit dem christlichen Glauben auseinanderzusetzen, um herauszufinden, ob da wirklich etwas dran ist. Sie beschäftigen Fragen über Fragen: „Wie hast du zu Gott gefunden? Was ist mit den Zweifeln? Hat sich etwas in deinem Leben geändert, seit du Christ geworden bist? Wer ist Jesus? Wie passen Glaube und Naturwissenschaft zusammen? Gibt es ein Leben nach dem Tod? Warum sollte sich Gott für mich interessieren?"

Menschen beginnen, sich für die gute Nachricht zu interessieren. Sie lesen die Bibel und andere christliche Bücher. Sie fragen Christen nach ihren Erfahrungen. Sie besuchen Gottesdienste und Glaubenskurse. Sie wollen wissen, wie das Christensein „funktioniert". Irgendwann entdecken sie, dass die Geschichte von Jesus kein alter Hut ist, sondern etwas mit ihrem Leben zu tun hat.

Wenn das Herz beginnt zu verstehen, wer Jesus ist und was er für uns getan hat, dann wächst eine Sehnsucht, diesen Gott kennenzulernen.

▶▶ Wenn das Herz beginnt zu verstehen, wer Jesus ist und was er für uns getan hat, dann wächst eine Sehnsucht, diesen Gott kennenzulernen.

Vertrauen lernen

Erst jetzt können Menschen ohne kirchlichen Hintergrund nach und nach ihr Herz öffnen und ihr Leben Gott anvertrauen. Ob ein Mensch in dieser Phase angekommen ist, erkennt man daran, dass er beginnt zu beten. Er will diesem noch immer unpersönlichen, fernen Gott irgendwie näherkommen. So ein Gebet ist mehr als ein Stoßgebet in der Not. Es ist der Beginn einer Beziehung zu Gott. Indem ein Mensch sich Gott anvertraut, erfährt er dessen liebende Zuwendung. Aus nagendem Zweifel wird frohe Gewissheit: Gott ist real und er liebt mich.

Das kann ich mir nicht vorstellen

Was Sie soeben gelesen haben, wirft vermutlich mehr Fragen auf als beantwortet werden. Doch ich bitte Sie um Geduld. Vielleicht erscheint Ihnen alles Reden von Gotteserfahrungen höchst suspekt, und Sie denken, was viele in meiner Gemeinde dachten: „Das kann ich mir nicht vorstellen."

Vor zwei Jahren wurde ein Film über Mitglieder aus meiner Gemeinde gedreht. Der Produzent wollte Atheisten porträtieren, die sich für den Glauben entschieden haben. Auch eine junge Frau und deren Vater wurden interviewt. Der Kommentar des Vaters zum Glauben seiner Tochter lautete: „Das kann ich mir nicht vorstellen." Die Tochter hatte monatelang versucht, ihrem Vater zu erklären, warum der christliche Glaube einen so wichtigen Platz in ihrem Leben eingenommen hatte. Doch dieser konnte überhaupt nicht nachvollziehen, was seine Tochter bewegte, weil seine Realität keinerlei Anknüpfungspunkte für die Begriffe, Bilder oder Vorstellungen der christlichen Tradition bot.

▶▶ Atheisten müssen Geduld mit sich haben, wenn sie sich spirituellen Dingen nähern wollen.

Atheisten müssen Geduld mit sich haben, wenn sie sich spirituellen Dingen nähern wollen.

Die gute Nachricht am Ende dieses Kapitels lautet, dass der Glaube kein Ergebnis einer erweiterten Vorstellungskraft unseres Denkens ist. Er wird uns geschenkt, wenn wir uns dafür öffnen. Dieses Buch möchte Menschen helfen, sich für die Wirklichkeit Gottes zu öffnen und Schritt für Schritt in eine Erfahrung der Gegenwart und Liebe Gottes hineinzuwachsen.

Exkurs: Und die anderen Religionen?

Religionen sind ganzheitliche Lebensentwürfe. Sie betreffen den ganzen Menschen. Sie wollen im Alltag gelebt werden. Obwohl ich Theologe bin und andere Religionen wie den Islam oder den Buddhismus studiert habe, kenne ich sie nur von außen. Warum?

Weil Religion mehr ist als eine spirituelle Theorie. Eine Religion ist ein Weg, den ein Mensch geht.

Ich kann nicht wirklich etwas tief Gehendes über den buddhistischen Weg sagen, weil ich ihn nicht gegangen bin. Ich baue mein Leben nicht auf die Lehren von Buddha. Ich meditiere nicht im buddhistischen Sinne und fahre nicht in ein Kloster, um mich zum Beten zurückzuziehen. Ich kann auch nichts tief Gehendes über den Weg des Islam sagen, obwohl ich ihn studiert habe. Ich bin diesen Weg nicht gegangen. Ich verneige mich nicht täglich fünfmal in Richtung Mekka. Ich faste nicht im Ramadan. Ich halte Mohammed nicht für den größten, nicht einmal für einen großen Propheten. Der Koran ist für mich kein göttliches Buch.

Ich habe die verschiedenen Erlösungspfade betrachtet, den Buddhismus mit seiner Resignation und seinem Lebensfrust, den Islam, der brutal die Unterwerfung des Menschen fordert und nur Antworten gibt, aber keine Fragen kennt. Ich habe Achtung vor allen Religionen, aber ich lebe in Distanz zu ihnen.

▶▶ Ich habe Achtung vor allen Religionen, aber ich lebe in Distanz zu ihnen. Ich bin den christlichen Weg gegangen.

Aber ich bin den christlichen Weg gegangen. Dieser Weg hat mich zu Gott gebracht. Durch Jesus habe ich Gottes Liebe entdeckt, aus der ich lebe, die mich ermutigt und die eine unglaubliche Freude und Gelassenheit in mein Leben bringt. Ich spreche in diesem Buch über den christlichen Weg zu Gott. Nicht, weil ich andere Wege abwerten möchte, sondern weil ich den christlichen Weg kenne. Viele Millionen Menschen gehen ihn mit mir. Uns verbindet die Erfahrung, dass wir durch Jesus Gottes Wirklichkeit erkennen und erfahren können. Dieses Buch will Menschen einladen, sich auf diesen Weg zu machen und zu prüfen, ob es ein guter Weg ist und ob er uns dorthin bringt, wo wir den wahren Sinn des Lebens finden.

Nur wer Religionen sehr oberflächlich betrachtet, kommt zu dem Schluss, dass sie doch letztlich alle auf das Gleiche hinauslaufen. Ihre Wege und Ziele sind denkbar unterschiedlich. Das buddhistische Nirwana, in dem der Einzelne im allgemeinen Sein aufgeht, das Schlaraffenland-Paradies der Muslime, in dem Märtyrer

▶▶ Je nach Geschmack und Stimmungslage rührt man sich seinen spirituellen Cocktail zusammen: ein Schuss Papst und ein bisschen Dalai Lama, ein paar buddhistische Weisheiten, angereichert mit etwas Bibelwissen, dazu eine Prise New Age und ein wenig Marxismus. Wer so mit Religionen umgeht, nimmt sie nicht ernst.

mit Jungfrauen belohnt werden, und das ewige Friedensreich Jesu Christi – das alles sind absolut verschiedene Ziele. Und auch die Wege dorthin sind unvereinbar.

Dieses Buch will nicht über verschiedene religiöse Positionen und Systeme informieren. Viele Menschen unserer Kultur missbrauchen die Religionen als Steinbruch, aus dem sie sich beliebig das herausbrechen, was ihnen passt. Daraus basteln sie sich dann ihre Privatreligion. Je nach Geschmack und Stimmungslage rührt man sich seinen spirituellen Cocktail zusammen: ein Schuss Papst und ein bisschen Dalai Lama, ein paar buddhistische Weisheiten, angereichert mit etwas Bibelwissen, dazu eine Prise New Age und ein wenig Marxismus. Wer so mit Religionen umgeht, nimmt sie nicht ernst. Daher kreiert dieses Buch auch keinen Religionscocktail für postmoderne Menschen. Man kann nicht mehrere Wege gleichzeitig gehen. Es geht um den Weg zu dem Gott, den der Jude Jesus zärtlich Abba nennt. Dieses Wort ist in der Kleinkindersprache des Aramäischen, der Muttersprache Jesu, der Kosename für „Vater", zu vergleichen mit unserem Wort „Papa".

►► Weil Atheismus keine brauchbare Alternative ist

„Atheist: ein Mensch, der ohne unsichtbare Unterstützung auskommen muss."
Robert Lemke (1913–1989), Entertainer, Fernsehmoderator, Journalist

Gibt's das?

Man stelle sich vor: ein Atheist, ein Philosoph und ein Theologe sind zusammen in einen dunklen Raum gesperrt. Sie sollen eine schwarze Katze finden. Der Atheist sucht erst gar nicht. Für ihn steht fest: Es gibt keine schwarze Katze in diesem Raum. Der Philosoph tappt fleißig im Dunkeln herum, um die Katze zu suchen. Der Theologe schreit sogleich: „Ich hab sie!" Es ist aber nur eine Behauptung.

Die Frage ist, ob sich die schwarze Katze tatsächlich im Raum befindet. Gibt es die Katze und kann man sie wirklich finden?

Ganz schön konsequent!

Eigentlich sind Atheisten konsequente Menschen. Sie schlussfolgern aus dem, wie sie die Wirklichkeit erleben, dass es keinen Gott geben kann. Schließlich kann man Gott nicht sehen, ja, man kann sich ihn nicht einmal vorstellen. Wenn man wirklich mal einen Gott braucht, so hilft er nicht. Man spürt ihn nicht. Man kann ihn nicht beweisen. Alle philosophischen Gottesbeweise gelten als wider-

►► Eigentlich sind Atheisten konsequente Menschen.

27

legt. Die vernünftige Konsequenz lautet: Es gibt ihn nicht. Basta! Von daher finde ich Atheisten sympathisch. Nur was man sehen, messen, beweisen kann, ist real. „Und was ein Realist ist, der weiß, dass das, was ist, ist", dichtet der Dichter. Das heißt umgekehrt, der Realist weiß auch, was nicht ist. Gott nämlich! Und wie ist die Idee von Gott entstanden? Der Mensch hat einfach all seine Sehnsüchte, Hoffnungen und Fragen auf eine Fiktion projiziert, die er verehrt und von der er sich Hilfe und Sinnfindung erhofft.

▶▶ Ein Gott, der in unseren Kopf passen würde, wäre kein Gott, sondern nur eine menschliche Idee von Gott.

Das Christentum gibt Atheisten recht – zumindest in der Problemanalyse, nicht in der Konsequenz. Die Bibel lehrt, dass man sich Gott nicht vorstellen kann, weil er uns unendlich überlegen ist. Ein Gott, der in unseren Kopf passen würde, wäre kein Gott, sondern nur eine menschliche Idee von Gott. Wie kann der Ozean in eine Tasse passen?

Die Bibel schildert auch, wie Menschen die Erfahrung machen, dass kein Gott hört und hilft. Der Grund besteht aber nicht darin, dass es Gott nicht gibt, sondern darin, dass eine unüberwindliche Mauer der Entfremdung zwischen Gott und dem Menschen steht. Der Prophet Jesaja beschreibt das so: „Ihr meint wohl, der Herr sei zu schwach, um euch zu helfen, und dazu noch taub, sodass er eure Hilferufe gar nicht hört. O nein! Eure Schuld steht wie eine Mauer zwischen euch und eurem Gott."[5]

Atheismus entstand aus der konsequenten Reflexion dieser Wirklichkeit. Das Christentum bleibt nicht bei dieser Wirklichkeit stehen. Es lädt den Menschen ein zu einem Weg, der ihm hilft, aus der Entfremdung des Menschen von sich selbst und von seinem Schöpfer zu Gott zu finden. Das Zentrum des christlichen Glaubens besteht darin, dass ein Mensch durch Jesus zur Erfahrung der Wirklichkeit und Liebe Gottes finden kann. Wenn man heute in einer deutschen Großstadt Menschen auf der Straße nach dem Wesen des Christentums fragen würde, so wäre eine Antwort sicher dabei: „Nächstenliebe." Nächstenliebe ist gewiss sehr wichtig im christlichen Glauben. Aber im Kern geht es darum, dass Menschen Gott erkennen und erfahren.

Mit diesem Buch möchte ich aufzeigen, warum der Atheismus keine brauchbare Alternative zum Glauben ist.

Fünf schreckliche Konsequenzen des Atheismus'

Im Winter besuche ich immer ein Fitnessstudio. Während Gewichte gestemmt werden, kann man interessante Gespräche führen. Ein älterer Herr, der offensichtlich nicht wusste, dass ich Pfarrer bin, echauffierte sich über die Dummheit von Menschen, die sich auf Religion einlassen. Ich fragte ihn: „Sind Sie Atheist?" Er bejahte diese Frage nicht ohne einen gewissen Stolz. „Wie konnte Ihnen das passieren? Das ist ja furchtbar", antwortete ich fröhlich besorgt. „Wissen Sie eigentlich, was Sie da sagen, wenn Sie sich als Atheist bezeichnen?", wollte ich wissen. Er sah mich verdutzt an. Dann versuchte ich, ihm die Konsequenzen des Atheismus' aufzuzeigen:

▶▶ „Wissen Sie eigentlich, was Sie da sagen, wenn Sie sich als Atheist bezeichnen?"

Erstens: Wenn es keinen Gott gibt, dann weiß der Mensch nicht, wer er wirklich ist, dass er geliebt und geschaffen ist. Er hält sich für einen Zufall.

Zweitens: Der Mensch hätte kein letztes, großes Ziel. Sein Leben wäre eine Reise ohne Ankunft. Wir glichen Kindern, die den Weg nach Hause nicht kennen. All unsere Hoffnungen und Erwartungen würden wir allein auf dieses Leben konzentrieren. Wir müssten aus ihm alles herausholen. Wir würden versuchen mitzunehmen, was sich uns bietet, und unsere Moral dem Lebensgenuss unterordnen. Eine unersättliche Lebensgier mit schrecklichen Folgen wäre das Ergebnis.

Drittens: Es gäbe keinen verlässlichen, absoluten Maßstab für Gut und Böse. Der Mensch wäre beliebig manipulierbar.

Viertens: Es gäbe keine letzte Rechenschaft, die der Mensch für die Früchte seines Lebens vor einem gerechten Gott ablegen müsste. Die Ausbeuter und Herrscher dieser Welt würden am Ende recht behalten und triumphieren. Menschen wie Sophie Scholl oder Dietrich Bonhoeffer, die für das Gute gestorben sind, wären die großen Dummköpfe und Verlierer.

Fünftens: Es gäbe keinen Gott, der die Herzensschreie von uns Menschen erhören würde. Der Mensch wäre in einem kalten und sinnlosen Universum völlig auf sich selbst gestellt.

„Das finde ich alles so schrecklich", fuhr ich fort, „dass ich mich aufgemacht habe, um die Wahrheit zu finden: ob es einen Gott gibt, ob er an mir interessiert ist und ob ich zu ihm finden kann."

Stell dir vor, es gäbe keinen Gott – eine Meditation über eine furchtbare Vorstellung

Ohne einen Gott –
wir wären Waisenkinder, einsame Waisenkinder –
ohne einen Gott, der uns hält, der uns liebt,
bei dem wir Zuflucht finden,
dessen Augen uns zärtlich durchs Leben begleiten.

Stell dir vor, der Himmel wäre leer,
ohne einen Gott, der auf uns wartet.
Das Leben hätte kein endgültiges Ziel –
eine Reise ohne Ankunft.
Und die Erde?
Sie wäre nichts weiter als ein gigantisches Massengrab,
ein sinnloser Planet endgültigen Sterbens,
der durch ein noch sinnloseres Universum rast.

Niemand spräche mir zu:
„Du lebst, weil ich dich will!
Du bist da, weil ich dich liebe!"
Wir wären nichts weiter als Produkte
eines paranoiden Zufalls,
in ein kaltes, sinnloses Leben geworfen,
verurteilt, um uns selbst zu kreisen,
um unsere kleine Ego-Welt.
Das Leben wäre eine belangloser Kreislauf
von Bedürfnisbefriedigung.

Wenn es keinen Gott gäbe,
hilf- und haltlos wären wir den Abgründen in uns ausgeliefert,
die nach uns mit unsichtbaren Armen greifen.
Wir tappten umher
ohne Hoffnung, ohne Ziel,
ohne zu wissen:
Wer bin ich eigentlich?
Woher komme ich? Warum bin ich hier?
Wohin gehe ich?
Das Leben wäre ein Tanz auf der Falltür zum Nichts.
Jeder Schritt könnte der letzte sein,
der uns stürzen lässt ins ewige Dunkel des Nichts.

Wenn es keinen Gott gäbe,
dann würden sie triumphieren,
die Todes- und Verderbensbringer,
die Hitlers und Stalins.
Es gäbe keinen ewigen Richter,
der sie mit den Früchten ihres Lebens konfrontiert,
der sie das Verderben ernten lässt, das sie gesät haben.
Dann würden die am Ende recht behalten,
die lebten, weil andere krepierten;
die sich bereicherten, weil andere Mangel litten;
die im Luxus schwelgten, weil andere im Elend schmachteten;
die sich ihre fetten Bäuche vollschlugen, weil andere hungerten.
Das Unrecht dieser Welt würde vergeblich zum Himmel schreien,
denn kein Gott würde es hören und richten.
Das Böse stünde am Ende als Sieger da.

Und Jesus?
Seine Verkündigung wäre ein Bluff,
seine Zeichen und Wunder eine leere Show,
sein Leben eine Anmaßung.
Er hätte keinen himmlischen Vater,
dessen Liebe er den Menschen brachte.
Es gäbe keinen Vater,
in dessen liebevollen Armen Jesus starb, als man ihn kreuzigte.

31

Es gäbe keinen Vater, der ihn von den Toten auferweckte.
Er wäre vergebens gekommen.
Er hätte vergebens gelebt.
Er wäre vergebens gestorben.
Er wäre der größte Verlierer und Narr der Geschichte.

Und ich?
Ich erwache von einem Albtraum,
schaue die Realität, die von einem Gott getragen wird.
Ich sehe die Sonne, die er gemacht.
Ich fühle das Leben, das er mir schenkte.
Ich sehe die Welt, die er liebt.
Und meine Seele,
sie weint und jauchzt vor Freude und Glück,
weil sie Gott kennen und anbeten darf.

Ein Herz für Atheisten

Vielleicht finden Sie diesen meditativen Text zu schwarz. Vielleicht haben Sie sich schon an den Gedanken gewöhnt, dass es keinen Gott gibt und wir Zufall sind. Vielleicht spüren Sie nicht mehr, wie der

▶▶ **Gott hat ein Herz für uns, besonders für Atheisten.**

Atheismus unser Dasein aushöhlt. Dieses Buch enthält eine gute Nachricht: Der Zugang zu Gottes Realität ist möglich. Gott selbst hat ihn geschaffen. Dieses Buch berichtet darüber. Denn Gott liebt uns Menschen, egal, was wir glauben oder eben nicht glauben,
egal, was wir getan oder unterlassen haben, egal, welcher Religion oder Rasse wir angehören. Gott hat ein Herz für uns, besonders für Atheisten.

▶▶ Weil es ohne Gott kein Leben gibt

> *Der erste Trunk aus dem Becher der Naturwissenschaft macht atheistisch, aber auf dem Grund des Bechers wartet Gott.*
> Werner Heisenberg (1901–1976), Atomphysiker, Nobelpreisträger

Das Problem

Der Naturforscher Charles Darwin (1809–1882) entwickelte eine Theorie, nach der die Menschen durch einen Prozess natürlicher Auslese aus dem Tierreich hervorgegangen sein sollen. Diese heute allgemein anerkannte Evolutionstheorie ist für viele naturwissenschaftlich interessierte Menschen der Hauptgrund dafür, die Existenz Gottes zu verneinen. Sie können sich für den Glauben nicht öffnen, weil sie durch ihre naturwissenschaftliche Bildung gar nicht erst auf die Idee kommen, an die Tür des Glaubens zu klopfen.

Dieses Buch will zeigen, dass es gute Gründe für den Glauben gibt, auch für Menschen, die naturwissenschaftlich denken. Es gibt nicht nur die Möglichkeit „entweder Schöpfung oder Evolution – entweder man glaubt an die Schöpfung oder an die Naturwissenschaft". Beides kann zusammmen gehen. Menschen, die an eine Schöpfung durch Gott glauben, sind keine Wissenschaftsignoranten, die sich vor den Erkenntnissen der Forschung in einem religiös-ideologischen Elfenbeinturm verbarrikadiert haben (obwohl es das auch gibt).

Naturwissenschaft kontra Glaube?

Ein Naturwissenschaftler, der seine Forschungsergebnisse für ein Indiz gegen ein Schöpfungswirken Gottes hält, maßt sich etwas an, wofür er nicht zuständig ist und wovon er vermutlich auch keine Ahnung hat. Er überschreitet seine Kompetenz, wenn er das Wirken eines Schöpfers verneint. Selbst wenn wir alle Gesetze kennen würden, die zur Entstehung des Lebens führten, ist die Frage, ob ein Gott schuf oder nicht, in keiner Weise beantwortet. Das heißt aber auch umgekehrt, dass aus dem Glauben keine naturwissenschaftliche Theorie gemacht werden darf, wie es beispielsweise der amerikanische Kreationismus versucht.

Selbst wenn viele naturwissenschaftliche Erkenntnisse den Glauben bestätigen, kann eine Schöpfung durch Gott keine wissenschaftliche Theorie sein. Gott lässt sich nicht in die Kategorien menschlicher Wissenschaft stecken. Ich bin überzeugt, dass Glaube und Naturwissenschaft, Schöpfungsglaube und Evolutionslehre keine Widersprüche sind. Sie versuchen lediglich, sich der Wahrheit von verschiedenen Seiten anzunähern. Dass sich das Leben nach naturwissenschaftlichen Gesetzmäßigkeiten entwickelte, schließt nicht aus, dass ein Schöpfer dabei seine unendliche Kreativität wirken ließ, und umgekehrt. Der Naturwissenschaftler versucht den Gesetzen auf die Spur zu kommen, der Glaubende dem Schöpfer.

▶▶ Der Naturwissenschaftler versucht den Gesetzen auf die Spur zu kommen, der Glaubende dem Schöpfer.

Gläubige Menschen erliegen immer wieder der Versuchung, das Wirken Gottes in dem anzusiedeln, was nicht erklärt werden kann. Das ist ein Irrweg. Das Wirken Gottes vollzieht sich nicht nur in dem, was wir nicht analysieren können, sondern gerade in dem, was wir logisch erklären und nachvollziehen können. Wenn es einen Gott gibt, der alles geschaffen hat, dann sind auch die waltenden Gesetze seine Kreation. Gott handelt mit den Naturgesetzen und durch sie, manchmal sogar gegen sie. Weil Gott Gott ist. Deshalb! Dieses Kapitel hat kein Naturwissenschaftler verfasst, sondern ein Glaubender, der sich für Naturwissenschaften interessiert und in den Gesetzen das Wirken Gottes sieht.

Glaube und Naturwissenschaft

Die Aussagen der Bibel „Am Anfang schuf Gott Himmel und Erde" und „Gott schuf den Menschen nach seinem Bilde als Mann und Frau" stehen in keinem Gegensatz zu den Erkenntnissen der Naturwissenschaft. Glaube und Naturwissenschaft widersprechen sich nicht, sie ergänzen einander, da sie ganz unterschiedliche Fragen stellen. Die Naturwissenschaft stellt die Wie-Fragen: Wie ist etwas entstanden? Das Jahrhundertgenie Albert Einstein (1879–1955) dazu: „Ich möchte wissen, wie Gott diese Welt erschaffen hat." Der Glaube stellt die Warum-Fragen: Warum ist etwas entstanden? Der Glaube fragt nach dem Grund, nach dem Sinn und nach dem Ziel des Seins. Beide, die Wie-Fragen und die Warum-Fragen, sind wichtig, und man darf sie nicht gegeneinander ausspielen. Naturwissenschaft ist nicht kompetent für die Warum-Fragen, wie der Glaube nicht zuständig ist für die Wie-Fragen.

▶▶ *Naturwissenschaft ist nicht kompetent für die Warum-Fragen, wie der Glaube nicht zuständig ist für die Wie-Fragen.*

Der Physiker, Nobelpreisträger und Begründer der Quantentheorie Max Planck (1858–1947) sagte dazu: „Wohin und wie weit wir also blicken mögen, zwischen Religion und Naturwissenschaft finden wir nirgends einen Widerspruch, wohl aber gerade in den entscheidenden Punkten volle Übereinstimmung. Religion und Naturwissenschaft schließen sich nicht aus, wie heutzutage manche glauben und fürchten, sondern sie ergänzen und bedingen einander. Gott steht für den Gläubigen am Anfang, für den Physiker am Ende allen Denkens."

Allerdings begegnet mir oft – besonders im Osten unseres Landes – eine Haltung, die Glaube und Naturwissenschaft in Gegensatz zueinander bringt. Christen, die an eine Schöpfung der Welt und des Menschen durch Gott glauben, werden als Naivlinge abgetan, die die naturwissenschaftlichen Erkenntnisse der letzten 100 Jahre verschlafen haben. Es sei längst wissenschaftlich bewiesen, dass die Welt und das Leben ohne das Eingreifen eines Schöpfergottes entstanden seien, hielt mir eine Ostberliner Gymnasiallehrerin triumphierend entgegen. Wie das? Hier macht man eine naturwissenschaftliche Theorie unter der Hand zu einem Anti-Schöpfergott-Beweis.

Ich selbst musste in den 70er-Jahren in einer DDR-Schule lernen, eine Schöpfung durch Gott sei absolut ausgeschlossen, da sich lebose Materie durch Evolution, ohne das Wirken eines Schöpfers zu intelligenten Lebensformen entwickelt habe. Das sei wissenschaftlich bewiesen. Und wer noch irgendeinen Gott beim Werden des Lebens wirken lasse, der sei ein unwissenschaftlicher Spinner und ein unverbesserlicher Reaktionär. Hier wurde eine pseudowissenschaftliche Ideologie eingesetzt, um das Christentum lächerlich zu machen und zu eliminieren. Ein klarer Missbrauch von Naturwissenschaft, der Zuständigkeiten eingeräumt wurden, die sie nicht hat und nicht haben darf!

▶▶ „Wer nicht besonders viel weiß, ist oft überzeugt, dass die Wissenschaft die Religion widerlegt. Wer hingegen wirklich viel weiß, der sieht, dass er sich mit jedem weiteren Schritt einer Konzeption nähert, die der der Religion entspricht."

Alarmierend ist aber, dass in jüngster Zeit im ganzen Land eine Vulgärevolutionstheorie hoffähig wird, in der Naturwissenschaft gegen den Glauben ausgespielt wird. Wenn auch nicht so aggressiv wie damals in der DDR, so wird aber doch behauptet, dass sich das Leben durch allerlei günstige Zufälle sowie durch Mutationen und Modifikationen von selbst entwickelt habe und der Glaube an eine Schöpfung durch Gott deshalb absurd sei. Diese Aussage ist anmaßend! Als ob Gott nicht durch Evolution schaffen könnte! Der Französische Philosoph Jean Guitton sagte 1995 in einem Gespräch mit dem Nachrichtenmagazin *Der Spiegel:* „Wer nicht besonders viel weiß, ist oft überzeugt, dass die Wissenschaft die Religion widerlegt. Wer hingegen wirklich viel weiß, der sieht, dass er sich mit jedem weiteren Schritt einer Konzeption nähert, die der der Religion entspricht."

Es gibt viele vernünftige und auch wissenschaftliche Gründe dafür, dass Gott die Erde und das Leben geschaffen hat – ob mit oder ohne Evolution. Ich bin kein Naturwissenschaftler. Aber ich höre auf die Argumente, die Naturwissenschaftler und Evolutionsbiologen nennen, die an Gott den Schöpfer glauben. Da Glaube und Naturwissenschaft zwar getrennt sein müssen, aber dennoch zusammengehören, wenn man das Ganze nicht aus dem Blick verlieren will, ist es nötig, naturwissenschaftliche Argumente zu nennen, die für eine Schöpfung durch Gott sprechen.

Am Anfang aller Naturwissenschaft: das Staunen über die Schöpfung

1998 veröffentlichte *Der Spiegel* einen Artikel zum Thema „Astronomen entdecken Gott", in dem der verwunderte Leser zur Kenntnis nehmen konnte, dass sich viele Naturwissenschaftler die immer wundersamer erscheinende Entstehung des Universums nur durch einen Schöpfer erklären können. Überhaupt kann das Universum nur durch einen Gott funktionieren.[6] Allan Sandage, von der Astronomenzunft ehrfürchtig „Mister Cosmology" genannt, beschäftigte sich über ein halbes Jahrhundert lang mit der Frage: „Wie alt ist das Universum?" Heute legt der ehemals streitbare Atheist ein überraschendes Bekenntnis ab: „Die Erforschung des Universums hat mir gezeigt, dass die Existenz von Materie ein Wunder ist, das sich nur übernatürlich erklären lässt." Schon 1964 resümierte der Physik-Nobelpreisträger Charles Townes: „Bei den Gesetzen des Universums ist ein intelligentes Wesen involviert." Was bringt nüchterne Wissenschaftler dazu, Gottes Walten im Universum zu entdecken?

▶▶ Was bringt nüchterne Wissenschaftler dazu, Gottes Walten im Universum zu entdecken?

Ob wir in den Makrokosmos schauen – in das All mit seinen Planeten, Sternen und Galaxien – oder ob wir einen Blick in den Mikrokosmos werfen – die Anordnung der Atome, das Funktionieren eines Zellkernes –, überall erkennen wir eine faszinierende Organisation. Uns umgibt ein gigantisches Ordnungssystem, das geheimnisvoll in der Balance gehalten wird. Und wir fragen staunend: Wie

37

ist aus dem Chaos von Materie und Energie so eine großartige Harmonie entstanden, die nicht aus dem Gleichgewicht gerät? Ein Satellit, der die Erde umkreist, braucht ständig Korrektur, damit er nicht auf die Erde kracht oder ins Weltall abschwirrt. Welche ordnende, superintelligente Größe wirkt in der Welt?

Die Gravitationskraft ist die schwächste von allen Naturkräften. Wäre sie nur eine Idee stärker, so hätten sich keine Galaxien, Sonnensysteme und Planeten bilden können. Das Universum wäre nach dem Urknall sofort wieder in sich zusammengekracht. Das Universum existiert, obwohl aus dem Urknall Materie und Antimaterie in stets gleicher Menge entstehen. Eigentlich hätten sich die beiden gegensätzlichen Formen von Materie sofort gegenseitig auslöschen müssen. Verwundert rätseln die Physiker, weshalb ein Teil der Materie das Inferno überhaupt überstand, sodass Sterne, Planeten, Pflanzen, Tiere und schließlich der Mensch entstehen konnten.

▶▶ **Rund 40 Prozent der Forscher glauben an einen persönlichen Gott. Offensichtlich sind Naturwissenschaftler viel gläubiger als die Gesellschaft im Allgemeinen.**

Physiker entdecken im ganzen Universum eine geniale Zielplanung, die das sinnlose Walten eines Zufalls absurd erscheinen lässt. Johann Dorscher, Astrophysiker an der Universität Jena, sagt: „Es hat wirklich den Anschein, als ob wir von Anfang an eingeplant gewesen wären." Vor einigen Jahren machte das Wissenschaftsmagazin *Nature* eine Umfrage unter Biologen, Physikern und Mathematikern. Das überraschende Ergebnis: Rund 40 Prozent der Forscher glauben an einen persönlichen Gott. Offensichtlich sind Naturwissenschaftler viel gläubiger als die Gesellschaft im Allgemeinen.

Schöpfung oder Zufall?

Die Frage ist nicht: Evolution oder Schöpfung. Es kann sein, dass Gott durch Evolution geschaffen hat. Ganz einfach, indem er in das Chaos eingriff und aus ungeordneter Materie – mit Einzellern beginnend – über einen langen Zeitraum von vielen Millionen Jahren hinweg hochkomplexe Lebewesen kreierte. Im Übrigen würde das Schöpfungswunder in keiner Weise geschmälert, wenn Gott durch einen langen Evolutionsprozess geschaffen hätte. Wichtig ist uns, *dass* Gott schuf. Das Problem der Evolutionslehre ist nur ein kleines Wort: das Reflexivpronomen „sich": Das Leben hat *sich* entwickelt. Wir sagen: *Gott* hat entwickelt. Das ist eine Aussage des Glaubens, die wir im Lichte der Naturwissenschaft prüfen wollen.

▶▶ Das Problem der Evolutionslehre ist nur ein kleines Wort: das Reflexivpronomen „sich": Das Leben hat s i c h entwickelt. Wir sagen: Gott hat entwickelt.

Der Naturwissenschaftler kann ruhig das Wörtchen „sich" verwenden, wenn er im Bereich einer naturwissenschaftlichen Theorie bleibt. Der Naturwissenschaftler verwendet das Wort „sich", weil er die Frage nach dem Woher und dem Wozu nicht beantworten kann. „Sich" heißt: Jemand oder etwas hat entwickelt. Wie man das „Sich" füllt, ist keine naturwissenschaftliche Aussage mehr, sondern eine theologische oder weltanschauliche. „Sich" kann heißen: Gott, Natur oder Zufall.

Für uns indes stellt sich die Frage: Wer oder was ist „sich"? Hat Gott gewirkt oder ein Zufall? Zwei Konzepte. Der Christ sagt: Gott hat geschaffen. Wenn wir über Schöpfung sprechen, können wir das „Sich" nicht gelten lassen. Und wir haben gute Gründe dafür.

O du unkreativer Zufall!

Um die Entstehung des Universums und des Lebens zu beschreiben, muss immer wieder der Zufall herhalten: Der Nobelpreisträger Jacques Monod (1910–1976) bringt das so auf den Punkt: „Das Universum trug weder das Leben noch trug die Biosphäre den Menschen in sich. Unsere ,Losnummer' kam beim Glücksspiel heraus. Ist es da verwunderlich, dass wir unser Dasein als sonderbar empfinden?"

Allerdings erweist sich der Zufall als ungeeigneter Schöpfer, weil er nicht kreativ ist. Das lässt sich ganz leicht durch ein Beispiel aus der Wahrscheinlichkeitsrechnung illustrieren: Wenn man in einem Hut 26 Buchstaben hat und diese im Tempo von einem Buchstaben pro Sekunde herauslegt, sie danach wieder in den Hut zurücktut und mischt, um sie hernach wieder im Ein-Sekunden-Takt herauszulegen, so dauert es sagenhafte 9.600.000 Jahre, bis zufällig das Wort „Schöpfung" entsteht. Wenn man ein längeres Wort mit 12 Buchstaben wählt, so braucht man unter Beibehaltung des Ein-Sekunden-Taktes 100 Millionen Jahre.

Die Grundbausteine des Lebens sind die Proteine. Für die zufällige Entstehung eines Proteins ist eine Zufallsrate von einer Eins mit 120.000 Nullen nötig. Eine einfache Eizelle besteht aber aus 239 Proteinen. Von daher ist die rein zufällige Entstehung einer Eizelle schlichtweg unmöglich. Die Wahrscheinlichkeit entspricht der Entstehung einer vollständig funktionierenden Boeing 747 aus den Trümmern eines Dorfes, über das eine Lawine gegangen ist. Die Entstehung eines einzigen Enzymmoleküls besitzt eine Wahrscheinlichkeit von 10^{130}. Das gesamte All enthält aber nur 10^{80} Atome.

▶▶ „Gott würfelt nicht", sagte Albert Einstein 1926. Dieser berühmt gewordene Satz ist die respektvollere Variante der ursprünglichen Version, die er in einem Brief an einen Kollegen schrieb: „Jedenfalls bin ich überzeugt, dass der Alte nicht würfelt."

Um die Ordnung im Universum und die Entstehung von Leben zu erklären, wird der Zufall wie ein Joker ins Spiel gebracht, der eigentlich mit Wissenschaft nichts zu tun hat. Die Annahme eines Schöpfers ist zwar auch eine Art Joker, aber das Wirken eines Gottes halte ich für wesentlich plausibler.

Albert Einstein lehnte die Einführung des Kriteriums „Zufall" schlichtweg ab, da es wenig hilfreich und außerdem unwissenschaftlich sei. „Gott würfelt nicht", sagte er 1926. Dieser berühmt gewordene Satz ist die respektvollere Variante der ursprünglichen Version, die er in einem Brief an einen Kollegen schrieb: „Jedenfalls bin ich überzeugt, dass der Alte nicht würfelt."

Alles zerfällt irgendwann in seine Einzelteile

In der Natur zerfallen komplexe Systeme wie das Protein. Ein noch weitaus komplexeres System stellt eine lebendige Zelle dar. Ist die Entstehung solch einer Zelle aus lebloser Materie aufgrund von Zufällen möglich, auch über viele Etappen hinweg? Für diese Fragestellung müssen wir uns mit den Konsequenzen eines wichtigen Lehrsatzes, des zweiten thermodynamischen Hauptsatzes, auseinandersetzen. Dieser besagt zunächst: Obwohl im Universum die Gesamtmenge von Energie konstant bleibt, nimmt sie in Systemen ab, da alles den Zustand des thermodynamischen Gleichgewichts anstrebt, in dem es keine Veränderung mehr gibt. Die Dinge reagieren solange miteinander, bis ein vollständiger Ausgleich erreicht ist.

Man kann sich das am Beispiel eines Reagenzglases vorstellen, in dem die Chemikalien solange reagieren, bis der Inhalt seine endgültige chemische Form erlangt hat, einen Zustand, in dem nichts mehr geschieht. Der Inhalt des Reagenzglases hat den Zustand des thermodynamischen Gleichgewichts erreicht. Wenn in Systemen Energie abnimmt und damit auch der Ordnungsgrad – denn Ordnung ist sehr energieintensiv –, dann bedeutet das weiter: Alle Systeme bewegen sich sozusagen in Richtung Zerfall, also von einem geordneten, komplexen Zustand zu einem chaotischen, systemlosen Zustand.

Für unsere Fragestellung deuten sich weitreichende Folgen der thermodynamischen Gesetze an. Jedes Ordnungssystem verfällt mit der Zeit in ein Chaos, wenn es sich selbst überlassen bleibt. Es sei denn eine ordnende Macht (z. B. der Mensch) greift ein. Daher kann es keine Selbstorganisierung der Materie vom Chaos zur Ordnung geben. Der Zufall führt immer umgekehrt von der Ordnung zum Chaos. Alle unkontrollierten Aktivitäten führen zu größerer Unordnung. Die Gültigkeit dieses Satzes steht uns überall durch physikalische und chemische Vorgänge, bei denen sich durch das Walten des Zufalls Ordnung auflöst, vor Augen: Gebäude stürzen ein, Gebirge unterliegen der Erosion, Explosionen organisieren keine neuen Ordnungen, sondern führen zur Zerstörung.[7] Der amerikani-

> "Die Entstehung des Lebens auf der Erde mit dem Zufall erklären heißt, von der Explosion einer Druckerei das Zustandekommens eines Lexikons zu erwarten."

sche Biologe Edwin Couklin hat ein Gleichnis dafür gefunden: „Die Entstehung des Lebens auf der Erde mit dem Zufall erklären heißt, von der Explosion einer Druckerei das Zustandekommens eines Lexikons zu erwarten."

Das bedeutet: Nur die Aktivität einer kreativen Intelligenz kann aus Chaos Ordnung schaffen. Ordnung entsteht nicht zufällig, sondern sie ist das Resultat geplanten Einsatzes von Energie. Nun wird aber behauptet, die Selbstentwicklung des Lebens sei dadurch möglich gewesen, dass der Erde von der Sonne her ständig Energie zufloss. Aber die bloße Zufuhr von Wärme lässt die Unordnung in einem System nicht abnehmen. Mit einem einfachen Bild ausgedrückt: Aus einem Haufen Baumaterial wird von selbst nie ein Gebäude entstehen, auch wenn die Sonne eine Billion Jahre darauf schiene. Was dem Ganzen fehlt, ist nicht Energie, sondern Intelligenz, welche die Energie systembildend einsetzt. Für die Entstehung eines Hauses wie jedes anderen Ordnungssystems müssen drei Faktoren zusammenarbeiten: Materie, Energie und Information. Mit anderen Worten: Damit ein Haus entstehen kann, muss das nötige Material vorhanden sein, ein Bauplan existieren und Energie gemäß dem Bauplan wirken. Das Entscheidende ist die Information, welche Materie und Energie zu einem höheren Ordnungsgrad weiterentwickelt. Ein Haus entsteht.

Die Naturwissenschaft beschreibt das Werden des Lebens unter Verzicht auf die These, dass ein Schöpfer gewirkt hat. Sie muss ohne die Voraussetzung Gott auskommen, weil sie Naturwissenschaft ist und kein Glaube. Das führt sie in eine missliche Lage. Zum einen lässt sich die Entstehung des Lebens ohne das Wirken einer kreativen Intelligenz nicht schlüssig erklären, zum anderen ist Naturwissenschaft für Aussagen über Gott nicht zuständig. Der Wissenschaftler Sir Arthur Keith (1866–1955) sah das Problem und schrieb dazu: „Die Selbstentwicklung der Welt und des Lebens ist unbewiesen und unbeweisbar. Wir glauben aber daran, weil die einzige Alternative dazu der Schöpfungsakt eines Gottes ist, und das ist undenkbar." Auch dem Biochemiker Ernest Kahane (1903–1996) war die Idee, dass doch ein Gott in der Schöpfung am Werk war, unheimlich: „Es ist absurd und absolut unsinnig zu glauben, dass eine lebendige Zelle von selbst entsteht; aber dennoch glaube ich es, denn ich kann es mir nicht anders vorstellen."

▶▶ „Es ist absurd und absolut unsinnig zu glauben, dass eine lebendige Zelle von selbst entsteht."

Mehr als die Summe seiner Teile

„Das Ganze ist mehr als die Summe seiner Teile", sagt Aristoteles (384–322 v. Chr.). Ein komplexes System ist ein Gesamtsystem, das aus vielen Systemen besteht, die fein aufeinander abgestimmt sind. Die einzelnen Systeme sind der höheren Funktionalität des komplexen Systems – also des Gesamtsystems – untergeordnet und wirken zusammen auf einer höheren Komplexitätsebene. Erst wenn jedes dieser einzelnen Systeme funktioniert, kann das Gesamtsystem funktionieren. Wenn eines dieser Systeme ausfällt oder wegfällt, funktioniert das Ganze nicht mehr. Zum Beispiel geht ein Hightech-Autoradio nicht, wenn auch nur ein Kabel falsch eingesteckt ist. Damit ein Gesamtsystem funktionieren kann, sind zwei wichtige Voraussetzungen erforderlich: Erstens müssen die untergeordneten Systeme auf das Funktionieren des Gesamtsystems abgestimmt sein, zweitens müssen alle Systeme gleichzeitig da sein, damit das Gesamtsystem funktioniert.

Die Wahrheit dieses Prinzips erlebe ich manchmal an meinem alten Sportwagen: Ab und zu geht eine Kleinigkeit kaputt. Das Dumme ist nur, dass dann das Gesamtsystem Auto nicht mehr funktioniert. Einmal war die Benzinpumpe kaputt, ein typisches Untersystem, das auf die Funktionalität des Gesamtsystems abgestimmt ist. Das Resultat: Das ganze System lief nicht mehr, obwohl sich alle anderen Systeme bester Funktionstüchtigkeit erfreuten, angefangen von der Fahrzeugelektronik bis hin zur Klimaanlage. Mir blieb nichts anderes übrig, als den Abschleppwagen kommen zu lassen.

Nun ist ein lebender Organismus unendlich komplizierter als ein Auto. Er besteht aus einer Vielzahl hochkomplexer Systeme. In der Evolution hat sich das Leben in vielen Etappen vom Niederen zum Höheren entwickelt. Das Problem ist aber, dass ein hochkomplexes System nicht schrittweise über viele Etappen entstehen kann, weil es aus vielen Systemen besteht, die aufeinander abgestimmt sind und gleichzeitig da sein müssen. Ein hochkomplexes System kann sich innerhalb einer Komplexitätsebene entfalten. Aber der Schritt in eine höhere Komplexitätsebene setzt das Funktionieren vieler Systeme voraus, die auf der Ebene des Gesamtsystems arbeiten. Ich erinnere daran, dass selbst die Einzelkomponenten hochkomplizierte Systeme sind. Eine Bakteriengeißel zum Beispiel ist aus vielen Einzelkomponenten zusammengesetzt, die aber nur als Gesamtheit funktionieren können. Schon der Wegfall einer Komponente zerstört die Funktion der Struktur.

Es ist daher unvorstellbar, dass sich diese Struktur im Laufe der Evolution schrittweise entwickeln konnte. Für die Entwicklung isolierter Funktionseinheiten, die den reibungslosen Ablauf des Gesamtsystems ermöglichen, gibt es keinerlei Selektionsvorteile. Das bedeutet: Zur Bildung von hochkomplexen Systemen gibt es keine schrittweise Entwicklung, weil eine höhere Komplexitätsebene nur erreicht wird, wenn, abgestimmt auf das Gesamtsystem, die einzelnen Systeme bereits existieren, welche die Funktionsgrundlage des Gesamtsystems bilden. Die fertige Struktur muss durch einen Sprung in eine höhere Komplexitätsebene entstanden sein. Dieser Sprung erfordert, dass alle isolierten Komponenten funktionsfähig für das Funktionieren des Gesamtsystems vorhanden sein müssen. Das ist ohne eine intelligente, planende, zielorientiert handelnde Macht nicht vorstellbar.

▶▶ An dieser Stelle sind sich Glaubende und Atheisten wieder einig. Es gibt Gesetze, die vom Chaos zur intelligenten Ordnung führen. Der Glaubende aber kennt den Grund aller intelligenter Ordnung und er weiß um das Ziel.

Der Glaubende staunt hier über das atemberaubende Schöpfertum Gottes, der es vermag, aus lebloser Materie geniale Funktionssysteme zu entwickeln. Der Glaubende sieht, dass hinter dem Wunder des Lebens ein grandioser Gesamtplan steht. Fasziniert versucht er, den Gesetzen dieses Planes auf die Spur zu kommen. An dieser Stelle sind sich Glaubende und Atheisten wieder einig. Es gibt Gesetze, die vom Chaos zur intelligenten Ordnung führen. Der Glaubende aber kennt den Grund aller intelligenter Ordnung und er weiß um das Ziel.

Wir wissen heute, dass selbst simpelste Einzeller hochkomplexe Systeme sind, die man mit einer Hightech-Fabrik vergleichen kann. Sie besitzen ein Memory-System, ein Qualitätskontroll-System und ein komplettes Duplikationssystem. Für Charles Darwin sahen diese primitiven Lebewesen noch recht einfach aus. Weil sein Mikroskop nur 300-fach vergrößern konnte, erschien eine Einzelle viel einfacher als heute. Darwin entdeckte Parallelen zwischen der chemischen Struktur und dem Bau einer Einzelle und schloss daraus, dass sich die Einzelle als Ursprung des Lebens aus der chemischen Struktur entwickelt haben könnte.

Wer sich heute mit einem Einzeller beschäftigt, der stößt auf die faszinierende Wunderwelt eines hochkomplexen Lebewesens. Nehmen wir als Beispiel das Kolibakterium. Es besitzt eines der genialsten Fortbewegungssysteme, welches die Natur je hervorgebracht hat: einen nur 30 Nanometer großen biologischen Elektromotor, der die sogenannten Flagellen antreibt. Nur um eine Vorstellung von der Größe zu bekommen: Wenn man 35.000 dieser Motoren nebeneinanderlegt, ergibt das eine Strecke von einem Millimeter! Dieser Kleinstmotor schafft bis zu 50.000 Umdrehungen pro Minute. Welcher Mechanismus der Evolution sollte diesen genialen Hochleistungsmotor hervorgebracht haben? Und wer hat den Bauplan geschrieben, den das Bakterium als codierte Information in seinen Genen trägt?

Wie entsteht Information?

Von jedem Menschen gibt es einen exakten Bauplan, der in jeder Zelle des Organismus' als lineare Abfolge kleiner molekularer Baueinheiten – den sogenannten Basen – codiert vorliegt. Dieser genetische Code enthält auf der materiellen Basis von DNS die gesamte Erbinformation eines Menschen. Jeder unserer 600 Muskeln, jede unserer sieben Millionen Sehzellen, jede unserer 100 Milliarden Nervenzellen ist durch die DNS programmiert. Sie enthält unsere Erbinformation in verschlüsselter Form. Die Gesamtheit der Gene eines Organismus' nennt man das Genom. Es ist noch nicht möglich, die ungeheure Datenmenge, die unser Genom erhält, irgendwie zu erfassen. Wir wissen aber, dass die gesamte Information bei einer Zellteilung in 20 Minuten vollständig kopiert wird.

▶▶ Jeder unserer 600 Muskeln, jede unserer sieben Millionen Sehzellen, jede unserer 100 Milliarden Nervenzellen ist durch die DNS programmiert.

Die DNS mit ihrer verschlüsselten Erbinformation wird nun für eine relativ junge Wissenschaft sehr interessant – die Informatik, weil sie die Grundlagen und Gesetze der Informationsverarbeitung erforscht. Die Informatik hat drei grundlegende Gesetze: Es gibt keine Information ohne Sender, Information hat immer eine geistige Quelle und Information beruht niemals auf Zufall. Welche Auswirkungen haben diese Grundlagen für die Erforschung der Entstehung des Lebens? Wie ist die menschliche Erbinformation entstanden? Wer hat diesen genialen Bauplan geschrieben? Ist eine zufällige Entstehung überhaupt möglich? Wie hat sich die Erbinformation entwickelt? Oder besser: Entstand der genetische Code zufällig oder ist er das Resultat einer kreativen geistigen Macht? Wer hat dieses unglaublich geniale Werk verfasst und entwickelt? Die Natur? Kann die Natur denken und kreativ wirken?

Naturwissenschaft als Quasi-Religion

Der Zufall als kreatives Prinzip ist vielen Wissenschaftlern nicht geheuer. Genügt das Prinzip Zufall, um das Werden hochkomplexer und intelligenter Systeme zu erklären? Kann aus kruder Materie in Billionen Jahren zufällig eine Maus entstehen? Ist da nicht eine ordnende, intelligente Macht am Werk? Wer ist sie? Die Natur? Ist nicht vielleicht die Materie selbst die ordnende Instanz? Denn irgendwo muss dieser Hang zu intelligenter Systembildung doch herkommen. Könnte nicht die Natur selbst irgendwie kreativ begabt sein?

Diese Fragestellung verrät, dass sich der Materiebegriff ändert. Materie ist nicht mehr einfach tot und leblos. Ihr selbst wohnt nun eine Tendenz zur Ordnungsbildung inne. Sätze wie „Das hat die Natur so eingerichtet", „Da hat sich die Natur etwas dabei gedacht" verraten, dass die Natur bzw. die Materie plötzlich etwas können, das vorher nur Gott und sein Ebenbild, der Mensch, konnten: denken sowie sinnvolle Dinge planen und schaffen. Mit anderen Worten: Die Materie bekommt eine religiöse Dimension und Dignität. Man ist fein raus, denn die Entwicklung der Maus aus lebloser Materie war möglich, weil die Natur kreativ ist. Gott als uns unendlich überlegene kreative und machtvolle Intelligenz wird ersetzt durch eine intelligente, wollende und kreative Materie. Das ist Etikettenschwindel.

▶▶ **Gott als uns unendlich überlegene kreative und machtvolle Intelligenz wird ersetzt durch eine intelligente, wollende und kreative Materie. Das ist Etikettenschwindel.**

Für diese übrigens über zweitausend Jahre alte Lehre, dass Gott in der Materie aufgehe bzw. mit ihr identisch sei, gibt es in der Philosophie einen traditionsreichen Begriff: Pantheismus. Anders gesagt: Der atheistische Glaube an die kreative Kraft der Natur ist eine säkulare Variante des Pantheismus. Gott wird entpersonalisiert und als Materie gedacht. Diese bringt nun all die wunderbaren Dinge fertig, die vorher Gott zugeschrieben wurden. Der Glaube an den Zufall, der aus lebloser Materie das Leben entstehen ließ, ist säkularisierte Religion. Dass sich das Leben ohne das Wirken einer genialen, kreativen Über-Intelligenz von selbst entwickelte, allein durch das launische Spiel des Zufalls, hat die Dimension einer quasi-religiösen Überzeugung. Ihre Anhänger glauben an die Kreativität der Materie, die tatsächlich Leben entstehen ließ, indem Materie, Energie, sehr viel Zeit und Zufall zusammenkamen, und es ordentlich krachen ließen. Dieser Glaube beinhaltet ein großes und blindes Vertrauen in die Macht der Natur, die es schon irgendwie hingekriegt hat, dass hochkomplizierte Ordnungssysteme das Ergebnis von vielen Zufällen sind.

Wir merken: Wer so glaubt, ist äußerst glaubensstark. Im Angesicht dieser herrlichen Welt mit ihrer Vielfalt an wunderbaren Lebensformen an das kreative Wirken des Zufalls zu glauben ist ein viel größerer Glaube als der an einen Schöpfer. Der Präsident des katholischen Komitees für Geschichtswissenschaften, Walter Brandmüller, sagt: „Wenn ich die Existenz eines unendlichen Geistes, aus dessen Gedanken und Willen die gesamte Wirklichkeit hervorgegangen ist, leugne, dann muss ich doch wohl erklären können, wieso dann Welt und Mensch überhaupt existieren. Urknall, Evolution, Selbstorganisation einer (nicht vorhandenen) Materie anzunehmen erfordert weit größere Gläubigkeit, als die Kirche für ihre Dogmen verlangt."

Kein neuer Gottesbeweis!

Das Leben ist nicht zufällig entstanden. Ein Schöpfergott hat es geschaffen. Diese Aussage ist für den Glaubenden folgerichtig und legitim. Problematisch wird es aber, wenn Gott auf naturwissenschaftlicher Ebene bewiesen werden soll, weil der Zufall als Kriterium nicht haltbar ist. Der Kreationismus versucht aus dem Wunder des Lebens eine Art Gottesbeweis des 21. Jahrhunderts zu konstruieren. Die vier klassischen Gottesbeweise sind vor zweihundert Jahren von Immanuel Kant widerlegt worden. Kant hat dann selbst einen weiteren, den moralischen Gottesbeweis, versucht. Aber auch dieser ist nicht zwingend. Der neue Gottesbeweis versucht, mit den Instrumentarien der Wissenschaft zu beweisen, dass ein Schöpfergott bei der Entstehung der Welt am Werke gewesen sein muss – und überschreitet damit die Grenzen der Wissenschaft.

▶▶ Der Kreationismus versucht aus dem Wunder des Lebens eine Art Gottesbeweis des 21. Jahrhunderts zu konstruieren.

Gott ist und bleibt nicht beweisbar! Er entzieht sich aller menschlicher Beweisbarkeit, einfach weil er Gott ist. Ein beweisbarer Gott ist kein Gott. Wir ziehen ihn damit in die Kategorien menschlichen Denkens. Gott lässt sich nicht von menschlicher Logik festnageln. Der Glaube an Gott, den Schöpfer, bleibt ein Glaube. Gott selbst will es so, weil Glaube aus der Freiheit erwachsen muss, sich Gott anzuvertrauen. Glaube ist im christlichen Sinne keine Vermutung, dass es Gott gibt, sondern die Gewissheit, dass Gott vertrauenswürdig ist. Glaube ist das Ergriffensein von dem unbegreifbaren Gott.

Ich will das Anliegen dieses Kapitels über Gott und Naturwissenschaft zusammenfassen: Erstens: Die Theorie einer Entstehung des Lebens durch Evolution, die allgemeiner wissenschaftlicher Konsens ist, sagt gar nichts darüber aus, dass *kein* Schöpfergott am Werke war. Lehrer und andere Zeitgenossen, die behaupten, es gäbe keinen Gott, da ja ein Schöpfergott dank der Evolutionstheorie widerlegt sei, überschreiten nicht nur ihre Kompetenz; sie irren sich und betätigen sich als Demagogen. Zweitens: Dieses Kapitel will aufzeigen, dass es gute Gründe dafür gibt, an einen Schöpfergott zu glauben. Aus der Sicht des Glaubenden macht eine Schöpfung Sinn, ein Glaube an eine Evolution ohne Gott Un-Sinn. Für die Schöpfung gibt es viele (auch naturwissenschaftliche) Hinweise, aber eben keine Beweise. Und das ist gut so!

▶▶ **Für die Schöpfung gibt es viele (auch naturwissenschaftliche) Hinweise, aber eben keine Beweise. Und das ist gut so!**

49

▶▶ Weil ich gewollt bin

> *„Die zerrissene Seele des Menschen sucht einen Ort, wo die Gegensätze eins sind. Man geht verloren, wenn man nicht weiß, wer man ist."*
> Jean-Claude Izzo (1945–2000), französischer Schriftsteller

Wer bin ich?

Über kaum eine andere Frage herrscht in unseren Tagen so viel Verwirrung und Unsicherheit. Wer bin ich? Ein Mensch. Das hilft schon mal, um nicht verwechselt zu werden mit Stein, Blume oder Nasenbär. Aber was heißt das: ein Mensch? Noch komplizierter wird es, wenn wir fragen: Wer bin ich als Mann, als Frau? Was ist meine Identität? Wie bekomme ich heraus, wer ich bin? Was hilft mir? Wer oder was prägt meine Identität? Gene? Erziehung? Medien? Wissenschaft? Kultur? Zeitgeist?

Für den Staat bin ich ein Bürger, für den Lehrer ein Schüler, für meinen Chef ein (hoffentlich!) geschätzter Mitarbeiter, für die Wirtschaft ein umworbener Kunde, für das Finanzamt ein Steuerzahler, für den Polizisten ein Verkehrsteilnehmer, für meinen Sohn ein Papa und für meine Frau ein Schatz, manchmal auch eine Last. Wer bin ich, abgesehen von den Rollen, in die das Leben mich drängt? Wer bin ich ohne Titel, ohne Kreditkarte, ohne Statussymbol, ohne deutschen Pass? Wer bin ich als Mensch und nur als Mensch, ohne die Identitäten, die ich mir zulege?

I am what I am ...

... singt Gloria Gainor und wir singen fröhlich mit. Aber im Herzen wissen wir nicht, was dieses „Ich bin, was ich bin" eigentlich bedeutet. Es gab wohl noch keine Epoche in der Menschheitsgeschichte, in der die Menschen so verunsichert darüber waren, wer sie eigentlich sind. Die Fragen „Wer bist du?" oder „Was ist der Sinn des Lebens?" lösen bei nicht wenigen Ratlosigkeit oder Verunsicherung aus. Psychologen und Soziologen sprechen von einer Identitätskrise des modernen Menschen.

> ▶▶ **Es gab wohl noch keine Epoche in der Menschheitsgeschichte, in der die Menschen so verunsichert darüber waren, wer sie eigentlich sind.**

Wir versuchen, uns eine Identität zuzulegen. Wir entwerfen uns selbst. Dabei orientieren wir uns an verschiedensten Leitbildern, Idolen und Rollenmustern, die uns mehr oder weniger unbewusst beeinflussen, bestimmen und manipulieren. Der oberste Manipulator ist die Werbung: *Trage die und die Marke, dann bist du cool. Sage mir, was du kaufst, und ich sage dir, wer du bist.* Konsum bestimmt unsere Identität. Die Medien prägen unser Verhalten, unseren Geschmack, unsere Werte. Wir passen uns an und werden zu Kopien. Nicht nur junge Menschen versuchen verzweifelt, sich eine coole Identität zuzulegen, damit sie bei anderen ankommen. Wir sind bestimmt von der Angst vor Ablehnung. Wir übernehmen schablonenhaft einen Stil, ein Verhalten, ein Outfit. Hauptsache, wir werden von anderen akzeptiert. Dahinter steckt eine tiefe Unsicherheit darüber, wer wir eigentlich sind. Diese Unsicherheit bestimmt latent unser Leben. Irgendwo habe ich einmal den folgenden Satz gelesen: „Gott hat die Menschen als Originale geschaffen, aber die meisten enden als Kopie."

Ein Getriebener?

Der bekannte Psychologe Sigmund Freud (1856–1939) begründete vor rund einhundert Jahren eine neue Epoche in der Erforschung

52

der menschlichen Seele. Seine Entdeckung des Unterbewusstseins hat mit zur modernen Verunsicherung darüber, wer wir eigentlich sind, beigetragen. Vor Freud – vor allem in der Zeit der Aufklärung – betrachtete man den Menschen als ein vernünftiges, verstandgesteuertes Wesen, das man nur ordentlich erziehen, aufklären und bilden müsse, dann würde auch das Leben auf der Erde ein gutes Leben. „Edel sei der Mensch, hilfreich und gut", dichtete Goethe. Gut – so die allgemeine Überzeugung – wird der Mensch, indem er zum Guten erzogen und herangebildet wird und seine Vernunft gebraucht.

Dann kam Sigmund Freud und sagte, dass der Mensch in Wahrheit von primitiven Trieben und verborgenen Sehnsüchten aus dem Unterbewusstsein gesteuert wird. Er gleiche einem Eisberg: Ein Zehntel ist über dem Wasser sichtbar, neun Zehntel liegen unter der Wasseroberfläche. So stellte sich Freud auch die menschliche Persönlichkeit vor: Der sichtbare Teil besteht aus unserem Verstand, unserer Bildung, unseren Werten. Aber der größere Teil unserer Persönlichkeit liegt verborgen im Unterbewusstsein. Von dort her wird der Mensch getrieben. Er ist nicht frei, sondern wird von den geheimnisvollen Wünschen dirigiert, die in den Abgründen seiner Seele verborgen schlummern und erwachen.

Ganz schön schlau und trotzdem keine Ahnung

Wir Menschen wissen heute mehr über uns, als alle Generationen vor uns zusammen über sich wussten. Von unserer Erzeugung bis zu unserem letzten Atemzug kennen wir die Prozesse, die wir menschliches Leben nennen. Wir wissen, wie eine Zellteilung funktioniert, wie sich menschliche Organe Schritt für Schritt entwickeln, wie unser Herz sich formt und zu schlagen beginnt. Wir haben den genialen Bauplan – die DNA – entschlüsselt, der unser Werden steuert und bestimmt, ob wir blaue oder braune Augen haben, ob wir klein oder groß werden, ob wir volles Haar behalten oder zur Glatze neigen, ob wir zerstreut oder eher geordnet sind, ob wir

Marzipan oder eher saure Gurken mögen. Wir können beschreiben, was mit einer verzehrten Bratwurst geschieht, wie Alkohol auf unseren Gleichgewichtssinn wirkt, was das Geschlechtshormon Testosteron mit jungen Männern macht, wie bei einem Fallschirmsprung das Stresshormon Adrenalin ausgeschüttet wird, welches Vitamin unsere Sehkraft schärft, wie Antibiotika wirken. Wir wissen, wie Gefühle entstehen. Wir haben die Stoffe analysiert, die uns in einen Glücksrausch versetzen, wenn wir verliebt sind oder ein gutes Rockkonzert besuchen. Wir haben die Vorgänge an den beiden Grenzen des Lebens, Zeugung und Sterben, erforscht und beschrieben. In atemberaubender Weise multipliziert sich das Wissen über uns, das wir in immer leistungsfähigeren Computern speichern. Wir horten Erkenntnisse über Erkenntnisse und dennoch sind wir uns ein Rätsel geblieben. Wir können erklären, wie die körpereigenen Glücksdrogen – die sogenannten Endorphine – wirken, aber in Bezug auf die Frage, worin der Sinn von alldem liegt, sind wir unsicher und ratlos.

▶▶ **Wir können erklären, wie die körpereigenen Glücksdrogen – die sogenannten Endorphine – wirken, aber in Bezug auf die Frage, worin der Sinn von alldem liegt, sind wir unsicher und ratlos.**

Das Wissen über uns macht uns klug. Aber macht es uns weise? Bleiben nicht die wichtigsten Fragen unserer Existenz offen? Wer bin ich? Wo komme ich her? Wofür lohnt es sich zu leben? Was verleiht meinem Leben Würde und Sinn? Was macht mein Leben wertvoll, auch im Angesicht von Krankheit und Sterben? Warum lebe ich hier und jetzt? Bleiben nicht die Fragen nach dem Woher, Wozu und Wohin des Lebens unbeantwortet, solange man sich lediglich auf der Ebene der Naturwissenschaft bewegt? Muss nicht die Antwort auf die Frage nach dem Sinn menschlichen Lebens umfassender sein als das, was die Humanwissenschaften zu erklären vermögen?

Der Mensch ist nichts weiter als ...

Sätze, die so beginnen, reduzieren den Menschen eigentlich immer auf eine einzige Dimension seines Seins. Wer so spricht, wird zum Sprecher einer Halbwahrheit. Wir wollen etwas in der Sprüchekammer der Halbwahrheiten herumkramen: „Der Mensch ist nichts weiter als Materie, die sich ihrer selbst bewusst geworden ist." „Der Mensch ist nichts weiter als die Summe biochemischer und bioelektrischer Aktivitäten." Hier wird das menschliche Sein auf die Materie reduziert. Danach ist der Mensch ein komplizierter biologischer Apparat, sonst nichts. Natürlich ist er das *auch*, aber eben nicht *nur*. „Der Mensch ist, was er isst." So fasste der Philosoph Ludwig Feuerbach vor 150 Jahren das Wesen des Menschen zusammen. Ein prägnanter Satz. Man kann ihn sich gut merken und bei vielen Gelegenheiten zitieren. Auch dieser Satz ist irgendwie richtig, aber eben doch nicht ganz.

Was ist der Mensch, wenn er auf seine biologische Ebene reduziert wird? Der expressionistische Dichter und Arzt Gottfried Benn nennt ihn ein „Hirntier", „einen armen Hirnhund". Der Mensch ist „kein höheres Wesen, sondern ein hochgekämpfter Affe".

Diese Sätze wollen und sollen schockieren, indem sie uns mit der Wahrheit unseres Seins konfrontieren: Wir sind funktionierende Materie. Aber der Mensch ist viel mehr als ein biochemisches und bioelektrisches System. Man kann ihn nur umfassend beschreiben, wenn man die *geistige* Dimension seines Wesens mit einbezieht.

Biologisch gesehen ist der Mensch ein affenähnliches Tier, entstanden aus dem Erbgut seiner Vorfahren. Aus tiefenpsychologischer Perspektive wird er von diffusen Trieben und Wünschen des Unterbewusstseins bestimmt. Aus Sicht eines Soziologen sind wir das Ergebnis unseres gesellschaftlichen Umfelds: Eltern, Schule, Clique, Freunde, Nation, Kultur. Auf chemischer Ebene lässt sich ziemlich einfach beschreiben, was der Mensch ist – eine Ansammlung wertloser Substanzen: 68 Prozent Wasser, 20 Prozent Kohlenstoff, 6 Prozent Sauerstoff, 2 Prozent Stickstoff, 4 Prozent Aschebestandteile (bei Rauchern mehr) und einige Schwermetalle.

Der Mensch ist viel mehr als ...

Diese Beschreibungen sind alle richtig, aber sie sind ungeeignet, wenn es darum geht, das Wesen des Menschen darzustellen. Der Mensch ist unendlich mehr. Er ist ein geistiges Wesen. Er besitzt eine geistig-spirituelle Dimension, die rein naturwissenschaftlich nicht sichtbar und auch nicht aussagbar ist. Stellen Sie sich vor, was wohl ein Chemiker herausbekommt, der ein Gemälde Rembrandts analysiert. Er benennt die chemischen Verbindungen, definiert die unterschiedlichen Farbsubstanzen, ermittelt Alter und Beschaffenheit der Leinwand. Er weiß viel mehr über ein Bild als der Betrachter in der Galerie, der ergriffen vor dem Gemälde steht. Hat der Chemiker das Kunstwerk verstanden? Nein! Es ist ein geistiges Werk, die Verkörperung genialer, kreativer Arbeit. Nur wer es auf dieser Ebene bestaunt, kann es verstehen. Eine Beethoven-Symphonie ist ebenso wenig nur eine Ansammlung von Noten, wie ein Roman von Günter Grass lediglich eine Ansammlung von Worten ist. Auf der Ebene ihrer Bestandteile sind sie völlig bedeutungslos. Ihr Sinn erschließt sich erst aus der Gesamtschau.

▶▶ **Der Mensch ist unendlich mehr. Er ist ein geistiges Wesen. Er besitzt eine geistig-spirituelle Dimension, die rein naturwissenschaftlich nicht sichtbar und auch nicht aussagbar ist.**

Mehr als ein Zufallsprodukt?

Sind wir wirklich das Produkt von vielen Zufällen? Sind wir als Gattung Mensch das Resultat vieler glücklicher Umstände, durch welche nach einem gewaltigen Urknall aus lebloser Materie schließlich ein denkender, fühlender Mensch entstand? Und zugleich ein Produkt des Zufalls, weil – aus welchen Gründen auch immer – Spermium und Eizelle zueinanderfanden und ein Mensch entstand? Natürlich ist jeder Mensch *auch* Produkt dieses Zufalls. Der Stromausfall an jenem Abend. Vater fand Mutter so süß, die hatte gerade ihre empfangsbereite Zeit. Und da der Fernseher nicht ging und Mutter es gern wollte, ist es geschehen – lauter glückliche Zufälle. Das sportlichste von allen Spermien hat schließlich das Rennen gemacht und sich durch die Hülle der Eizelle gebohrt. Und dann – heißa! – ein neuer Mensch begann sich zu bilden. Auf der biologischen Ebene ein Zufall. Aber auf der geistigen Ebene ein Schöpfungsakt Gottes! In dem Moment, als dieser Mensch entstand, hat Gott ihm den Geist eingehaucht, der den Menschen zu einem gewollten und geliebten Wesen macht.

Die Würde des Menschen

Der Mensch ist beides: zufällig entstanden, das sagt die Biologie, und er ist gewollt und geliebt, das sagt die Bibel. Wenn man ihn auf sein biologisches Sein reduziert, verliert er seine Würde und wird in der Tat zum „Hirnvieh", zu einem biologischen Apparat komplizierter bioelektrischer und biochemischer Prozesse. Zufall klingt wie Abfall. Wer zufällig entstanden ist, kann auch zufällig wieder verschwinden. Die Überzeugung, wir seien eine Anhäufung von Atomen, die als Ergebnis beliebiger Zufälle ohne Sinn entstanden sind, wertet unsere Existenz ernsthaft ab und nimmt uns unsere Würde.

▶▶ Der französische Philosoph Jean Paul Sartre sagt: „Wenn es Gott gibt, dann ist der Mensch ein Nichts." Das Gegenteil ist wahr: Wenn es Gott nicht gibt, dann ist der Mensch ein Nichts, das Resultat eines kalten, sinnlosen Zufalls, ohne Ziel, ohne Bestimmung, ohne Würde.

Doch die unantastbare Würde des Menschen, von der unser Grundgesetz redet, können wir uns nicht selbst zulegen. Sie ist uns gegeben. Die Würde des Menschen ist ohne Gott eben *nicht* unantastbar. Was sich der Mensch selbst zulegt, kann ihm genommen werden. Der französische Philosoph Jean Paul Sartre sagt: „Wenn es Gott gibt, dann ist der Mensch ein Nichts." Das Gegenteil ist wahr: Wenn es Gott *nicht* gibt, dann ist der Mensch ein Nichts, das Resultat eines kalten, sinnlosen Zufalls, ohne Ziel, ohne Bestimmung, ohne Würde. Gibt es Gott, dann ist der Mensch gewollt und zu einem Sinn gemacht. Dann gibt es einen Grund dafür, dass der Mensch existiert.

57

Wenn der Mensch Gott abschafft, dann besteht die Gefahr, dass der Mensch auch den Menschen abschafft. Die Ermordung von Millionen Menschen wurde ideologisch dadurch vorbereitet, dass man in ihnen keine geliebten und gewollten Geschöpfe Gottes mehr sah. Es ist leichter, Zufallsprodukte einer mechanistischen Evolution umzubringen.

Die zwei großen Ideologien des 20. Jahrhunderts, der Nationalsozialismus und der Kommunismus, verbindet bei aller Unterschiedlichkeit, dass sie antichristlich waren. Wo sie herrschten, haben sie Millionen auf dem Gewissen und unendliches Leid über die Menschheit gebracht. Ihr menschenverachtender Charakter hat seinen Grund zuallererst darin, dass die Würde des Menschen relativiert wurde. Wenn der Mensch seine Würde nicht von Gott bekommt, sondern sich selbst anmaßt, seine Würde durch Rasse, Herkunft, Einstellung oder Nützlichkeit zu definieren, dann ist der Willkür Tür und Tor geöffnet: Immer wieder wurde ganzen Gruppen von Menschen oder gar Völkern das Recht zum Leben abgesprochen. Die Nazis sprachen von lebensunwertem Leben und unterteilten die Menschheit in Herrenmenschen und Untermenschen. Jeder göttliche Maßstab für die Würde des Menschen wurde der nationalsozialistischen Ideologie unterworfen. Das Resultat: ein fürchterlicher Krieg mit über 50 Millionen Toten und KZs, in denen sechs Millionen Juden vergast und unzählige Behinderte, Kranke, Zigeuner, Homosexuelle, ideologische Gegner wie Kommunisten und Christen umgebracht wurden.

▸▸ **Es gibt keine radikalere Begründung der Gleichheit jedes Menschen als den christlich-jüdischen Gedanken von der Gottesebenbildlichkeit des Menschen.**

Die Bilanz der Stalinisten und Maoisten ist nicht weniger schrecklich: Massenhaft brachten sie jene um, die sie für ihre Gegner hielten; Menschen, die der Durchsetzung ihrer totalitären Ideologie und dem Voranschreiten der Weltrevolution im Wege standen. Die vorsichtige Bilanz: ca. 100 Millionen Ermordete. Es rächt sich fürchterlich, wenn wir die Existenz des Menschen von einem Schöpfergott abschneiden. Es gibt keine radikalere Begründung der Gleichheit jedes Menschen als den christlich-jüdischen Gedanken von der Gottesebenbildlichkeit des Menschen.

Der Mensch als „hochevolutionierter" Affe – noch ein Identitätskiller

Was ist der Mensch? Wofür ist er da? Unsere Kultur glaubt, dass er eine Art „hochevolutionierter" Affe sei, der sich aus primitiven Anfängen von selbst zum kulturvollen Homo sapiens entwickelt habe. Eine besondere Affenart, die Primaten, hatte viel Glück und erfand den aufrechten Gang, wurde schlau und denkfähig, begann zu reden, Werkzeuge herzustellen, Götter zu verehren und Musik zu machen. Mag diese Sicht auf evolutionsbiologischer Ebene auch stimmen, so genügt sie nicht, um auszusagen, was der Mensch wirklich ist. Der große russische Dichter Leo N. Graf Tolstoi (1828–1910) sagte: „Das menschliche Leben ohne Glauben ist ein Tierleben." Die Evolutionsbiologie reduziert den Menschen auf ein intelligentes Tier und verzerrt damit sein wahres Wesen.

▶▶ Leo N. Graf Tolstoi (1828–1910) sagte: „Das menschliche Leben ohne Glauben ist ein Tierleben." Die Evolutionsbiologie reduziert den Menschen auf ein intelligentes Tier und verzerrt damit sein wahres Wesen.

Wenn wir dem beipflichten, gleichen wir dem Autobauer, für den ein Flugzeug eine Art weiterentwickeltes Auto ist. Obwohl sich ein Flugzeug auch auf der Ebene bewegen kann – es rollt, lenkt und bremst –, so ist es doch eine völlig andere Kreation als ein Auto. Was ein Flugzeug distinktiv von einem Auto unterscheidet, ist die zusätzliche Dimension, in der es sich bewegen kann: die Höhe. Insofern ist es nicht nur die Verbesserung einer Art, sondern eine technologisch völlig neue Spezies. Der Mensch ist nicht nur ein erheblich verbessertes Tier, er ist ein völlig neues und andersartiges Geschöpf. Was ihn vom Tier absolut unterscheidet, ist seine geistig-spirituelle Dimension. Er handelt nicht nur nach Instinkten, sondern nach dem, was sein Verstand, sein Herz und sein Gewissen erkennen. Darum trägt der Mensch auch Verantwortung.

Einen Bären, der ein Schaf gerissen hat, kann man für seine Tat nicht zur Rechenschaft ziehen. Er folgt einfach seinen Instinkten. Er hat keine Moral. Aber ein Mensch, der einem anderen Schaden zufügt, ist aufgrund seiner geistig-spirituellen Dimension verantwortlich für das, was er getan hat. Die gesamte Rechtssprechung der Menschheit beruht auf dieser grundlegenden Gegebenheit, dass wir Menschen für unser Handeln Verantwortung tragen und darum zur Rechenschaft gezogen und gerichtet werden können. Freilich gibt es verschiedene Einflüsse, die unsere Schuldfähigkeit mindern. Das ändert aber nichts daran, dass wir grundsätzlich verantwortlich sind.

Wenn der Mensch wirklich ein „Hirnvieh" wäre, wie der Dichter Gottfried Benn ihn nannte, also ein intelligent gewordenes, kulturell begabtes Tier, was würde das bedeuten? Welche Folgen würden sich daraus für uns ergeben? Solch ein Wesen würde nicht nach dem Sinn des Lebens fragen! Ihn würden die fundamental notwendigen Dinge des Lebens wie Ernährung, Fortpflanzung, Schlaf, Wärme, Sauerstoff usw. glücklich machen und ausfüllen. Aber so sind wir nicht! Wir brauchen viel mehr, um ein wirklich erfülltes Leben führen zu können. Es gäbe jene tiefen Momente nicht, in denen wir nach dem Sinn von allem fragen und ahnen, dass wir mehr sind als rein materielle Wesen.

Wenn wir zum Beispiel unser neugeborenes Kind in den Armen halten oder wenn wir einer lebensbedrohlichen Situation glücklich entronnen sind, dann regt sich etwas tief in uns und flüstert uns zu, dass das Leben eine unfassbar tiefe geistige Dimension hat. Es gäbe nicht diese lichten Momente im Leben, in denen wir die oberflächlichen Antworten, die den Menschen lediglich als Summe seiner biologischen Funktionen beschreiben, für Zynismus halten. Wir würden nicht an der Leere und Sinnlosigkeit eines Lebens leiden, das sich nur um Essen, Trinken, Sex und Erfolg dreht. Die verzweifelte Frage „Wofür lebe ich eigentlich?" wäre nicht unser ständiger Begleiter, wenn wir lediglich Materie wären, die sich ihrer selbst bewusst geworden ist.

Manchmal ist es die Schule des Leids, die uns lehrt, dass sich unser Leben nicht in den Kategorien biologischen Seins erschöpft. Wenn wir einen Menschen verloren haben, den wir lieben, dann steigt die Frage in uns auf: Was ist der Mensch? Die materialistische Reduktion des Menschen bringt Hoffnungslosigkeit hervor, die uns in die Arme des Nihilismus' und der ohnmächtigen Verzweiflung treibt. Wenn wir aber das Leben als umfassendes Sein auf Gott hin begreifen, dann gesellt sich zu der dumpfen Bassmelodie des Leids der liebliche Sopran der Hoffnung.

Die Geschichte vom verlorenen Zarensohn

Eines Tages machte die Zarenfamilie einen Winterausflug mit einem Schlitten, der von sechs prächtigen Schimmeln gezogen wurde. Hinten im Schlitten schlief der kleine Zarewitsch, der künftige Thronfolger – ein zehn Monate altes Baby. Die Fahrt ging so hurtig und lustig über Felder und Hügel, durch Auen und Wälder, dass niemand bemerkte, wie der kleine Zarewitsch in einer Linkskurve aus dem Schlitten fiel. Als die Zarenfamilie von ihrem Ausflug zurück war und den Palast erreicht hatte, da stellte man entsetzt fest, dass der kleine Zar nicht mehr im Schlitten lag. Sofort kehrte man um und suchte überall nach dem kleinen Bündel, in dem der Zarewitsch, von Fellen umwickelt, steckte. Und obwohl der ganze Hofstaat mitsuchte und die Palastwache jeden Meter durchkämmte, war der kleine Zar nirgendwo zu finden.

Der war in der Zwischenzeit von Räubern gefunden worden, die ihn mitgenommen hatten. Noch am gleichen Tag entdeckten sie die königliche Tätowierung an seiner Schulter und erkannten, wen sie da aufgelesen hatten: den künftigen Zaren. Sie beschlossen, ihn gut zu nähren und aufzuziehen, um eines Tages ein dickes Lösegeld zu erpressen. So wuchs der kleine Zar als Räuberkind auf. Er lernte, wie man auf dem Markt stiehlt, wie man Raubzüge ausführt und wie man Handelskutschen überfällt.

Zwölf Jahre später wurde das Kind, das inzwischen fast ein Jüngling geworden war, bei einem Raubzug gefasst und zum Tode durch den Strang verurteilt. Und wie er auf dem Marktplatz am Galgen stand, riss man ihm das Hemd vom Leibe, um ihm die Schlinge um den Hals zu legen. Als der Henker die königliche Tätowierung an der Schulter erblickte, da rief er entsetzt: „Halt! Der Junge trägt das Zeichen des Zaren!" Er erinnerte sich, dass vor langer Zeit der kleine Prinz verloren gegangen war, und er sprach: „Das ist bestimmt der Zarewitsch, der vor Zeiten verschwunden war." Man brachte den Zarensohn zum Schloss, um zu prüfen, ob es sich tatsächlich so verhielte. Man kann sich das Glück von Zar und Zarin größer nicht vorstellen, als sie ihren verlorenen Sohn in die Arme schlossen. Sogleich ließ der Zar ein großes Fest ausrichten, um seiner Freude Ausdruck zu verleihen.

▶▶ „Mein Sohn, das alles gehört dir. Du brauchst nie wieder zu stehlen. Du bist kein Räuber. Und eines Tages wirst du die Krone bekommen und Erbe und Herr meines Reiches sein."

Und wie der gesamte Hofstaat mit der nun glücklich wiedervereinten Zarenfamilie im großen Festsaal saß, um die Heimkehr des Sohnes zu feiern, da ließ der junge Zar einen goldenen Löffel in der Innentasche seines Gewandes verschwinden. Der Zar sah es und wandte sich an den Prinzen mit den Worten: „Mein Sohn, das alles gehört dir. Du brauchst nie wieder zu stehlen. Du bist kein Räuber. Und eines Tages wirst du die Krone bekommen und Erbe und Herr meines Reiches sein."

Leben in einer falschen Identität

Ich mag diese Geschichte, weil sie einige großartige Wahrheiten des christlichen Glaubens illustriert.

Erstens: Der unter die Räuber gefallene Junge ist in Wahrheit der Zarensohn. Auch wir sind eigentlich Königskinder. In der Beispielgeschichte von Adam und Eva am Anfang der Bibel in 1. Mose, Kapitel 2–3 wird bildhaft beschrieben, dass wir Menschen eigentlich für das Paradies geschaffen sind. Es ist ein einzigartiger Garten. Dort setzte Gott die Menschen hinein, damit sie in ungetrübter Gemeinschaft mit ihrem Schöpfer leben würden. Das Wort „Paradies" beschreibt einen herrlichen Urzustand. Der Mensch lebte in Harmonie mit seinem Schöpfer, mit sich selbst, mit seinem Mitmenschen und mit der Natur.

Zweitens: Der Zarenjunge geht verloren und gerät unter die Räuber. Die Bibel fährt fort zu erzählen, wie der Mensch das Paradies verliert. Er akzeptiert die von Gott gesetzte Grenze nicht und verliert alles: das Paradies, die Freundschaft mit seinem Schöpfer, seine Würde, seine Unschuld und seine Unbefangenheit. Die christliche Tradition nennt dies den Sündenfall.

Drittens: Der kleine Zar wächst unter Räubern auf. Er hält sich für einen Räuber und denkt, fühlt und handelt wie ein solcher. Schließlich wird er bei einem Raubzug geschnappt und zum Tode verurteilt. Das Christentum beschreibt, wie der Mensch in Entfremdung von sich und seinem Schöpfer lebt. Er weiß nicht, dass er eigentlich für die Gemeinschaft mit Gott und für das Paradies geschaffen wurde. Er arrangiert sich mit dem Leben, wie es nun mal ist, versucht, sich durchzuschlagen, gerät in viele Zwänge und tut Dinge, die er besser nicht tun sollte. „Aber das Leben ist nun mal nicht fair", sagt er. „Sentimentalität kann ich mir nicht leisten, jeder muss sehen, wie er zurechtkommt." Viele Menschen leben fröhlich und unbeschwert, und es interessiert sie nicht die Bohne, dass sie eigentlich Königskinder sind. Einige scheitern: Schlaflosigkeit, Depressionen, Drogenprobleme, Beziehungskrisen, Kriminalität. Doch egal, ob wir an den Punkt kommen, an dem es nicht mehr weitergeht, oder ob wir einfach nur Party machen – solange wir nicht zu unserem Schöpfer zurückfinden, leben wir in einer armseligen Identität.

▶▶ „Aber das Leben ist nun mal nicht fair", sagt er. „Sentimentalität kann ich mir nicht leisten, jeder muss sehen, wie er zurechtkommt.

Viertens: Der Junge hat Glück gehabt. Man erkennt seine wahre Herkunft und er kehrt heim zu seiner wahren Bestimmung. Nun muss er den Räuber in sich ablegen und seine wirkliche Identität als Königskind anlegen. Das Christentum lehrt, dass wir zurück in die Gemeinschaft mit Gott kommen können. Das ist unsere wahre Bestimmung und unsere tiefste Identität. Und wir müssen lernen, wie Kinder Gottes zu leben.

Was ist der Mensch?

In der Bibel, in Psalm 8,4–7, steht: „Ich blicke zum Himmel und sehe, was deine Hände geschaffen haben; den Mond und die Sterne – allen hast du ihre Bahnen vorgezeichnet. Wie klein ist da der Mensch! Und doch beachtest du ihn! Winzig ist er, und doch kümmerst du dich um ihn! Du hast ihn zur Krone der Schöpfung erhoben und ihn mit hoher Würde bekleidet. Nur du stehst über ihm! Du hast ihm den Auftrag gegeben, über deine Geschöpfe zu herrschen. Alles hast du ihm zu Füßen gelegt."

Diese herrlichen Zeilen sind ein Minderwertigkeitskiller erster Güte. Wir sind gekrönt. Auf unserem Leben liegt ein Adel, eine Gotteswürde, eine himmlische Ehre, eine irdische Herrlichkeit. Wir bekommen sie verliehen. Nicht erst nachdem wir irgendeine Leistung vollbracht haben. Diese Würde wird uns geschenkt ohne Vorleistung. Ich habe als Student manchmal in einem Heim für geistig Behinderte gejobbt. Ich sah diese Menschen, die manchmal nicht unbedingt einen ästhetischen Anblick boten. Sie sabberten, lallten, wippten monoton mit dem Oberkörper hin und her, erzählten unwahrscheinlichen Blödsinn, wenn sie denn überhaupt reden konnten. Dennoch begegnete ich ihnen mit Respekt. (Ganz abgesehen davon, dass wir gemeinsam auch enorm viel Freude hatten.) Sie sind von Gott geadelte Menschen. Der Schöpfer hat sie mit einer Würde beschenkt, die ihnen auch ein defizitär arbeitendes Gehirn nicht nimmt.

Gottes Ebenbild

In der Schöpfungsgeschichte am Anfang der Bibel steht: „Gott schuf den Menschen nach seinem Bilde, zum Bilde Gottes schuf er ihn. Und er schuf sie als Mann und Frau."[8] Es gibt also eine Dimension des Menschen, auf der Gott sich selbst nachgebildet hat. Zwar denken wir bei einem Bild an etwas Äußerliches, Formales. Doch dieser Satz umschreibt die geistig-spirituelle Dimension des Menschen.

Wir sind geistige Wesen. Wir sind Personalität. Wir haben ein denkendes, wollendes Ich. Wir sind uns unserer selbst bewusst. Wir können antworten und sind deshalb auch verantwortlich. Die geistig-spirituelle Dimension unterscheidet uns von jedem Tier.

Auch der Gott, den uns die Bibel vorstellt, ist keine apersonale Energie, sondern er ist Persönlichkeit. Er[9] hat ein Herz. Er liebt, er sehnt sich, er ist enttäuscht und traurig. Er schuf den Menschen als Gegenüber seiner Liebe und begabte ihn mit Personalität. Diese ist seine Gottesebenbildlichkeit. Gott machte uns zu wollenden, denkenden, antwortfähigen Personen. Wir sind auf ihn hin geschaffen.

Gott möchte Gemeinschaft mit uns. Gott ist Liebe und er möchte geliebt werden. Darum war der sogenannte Sündenfall – die Möglichkeit des Menschen, das Böse zu wählen – von vornherein angelegt. Denn Liebe hat eine Voraussetzung: Freiheit. Ohne Freiheit keine Liebe. Die beiden kommen immer zusammen. Gerade weil meine Frau die Freiheit hat, mich nicht zu lieben, macht es mich so glücklich, *dass* sie mich liebt. Es ist ihre Entscheidung, ihre Freiheit.

▶▶ **Gott möchte Gemeinschaft mit uns.**

Gott will unsere Liebe, darum will er unsere Freiheit. Deshalb waren wir Menschen von Anfang an nicht darauf programmiert, Gott zu lieben, sondern frei, ihn zu lieben oder abzulehnen. Ich kenne jemanden, der seinen Computer so programmiert hat, dass er sich nach dem Anschalten mit „Hallo, du bist ein Hero heute und das wird ein guter Tag" meldet. Das ist ein netter Gag, aber der Satz hat keine Bedeutung, weil der PC sich nicht zu diesem Kompliment entschlossen hat. Wenn aber meine Frau zu mir sagt: „Ich glaube an dich", dann hat das eine enorme Bedeutung, weil sie einen Beschluss gefasst hat. Sie hat ihren Verstand, ihr Herz und ihren Willen eingesetzt, um mir etwas Gutes zu tun.

▶▶ Weil die Frage nach Gott zutiefst menschlich ist

„Du hast uns zu dir hin geschaffen, und unruhig ist unser Herz, bis es ruht in dir."
Augustin (354–430), Kirchenvater, Philosoph

Drei göttliche Sehnsüchte

Die Frage nach Gott gehört zu den menschlichsten Fragen überhaupt. Sie ist ein Kennzeichen von Menschsein. Fast jedes Grab, das Archäologen erforscht haben – sei es in Ägypten, in Franken oder in Mexiko –, enthält Hinweise darauf, dass Menschen die geistig-spirituelle Dimension ihres Seins erahnen. Jede Kultur hat – in welcher Form auch immer – Religion hervorgebracht. Selbst der atheistische Kommunismus hat mit seinem Personen- und Ideologiekult etwas Religiöses. „Die Lehren von Marx und Lenin sind allmächtig, weil sie wahr sind" lautet ein markantes Credo. Religion ist der Versuch, das Leben auf etwas Transzendentes hin zu ordnen. Sie hat ihren Grund in der tiefen Ahnung des Menschen, dass er geschaffen und auf etwas Höheres, Göttliches ausgerichtet ist.

▶▶ Die Frage nach Gott gehört zu den menschlichsten Fragen überhaupt. Sie ist ein Kennzeichen von Menschsein.

In uns schlummern Sehnsüchte, die uns darauf hinweisen, dass wir Geschöpfe Gottes sind. Dessen werden wir uns immer dann bewusst, wenn wir an die Grenzen unseres Lebens stoßen, wenn wir durch Tiefen und Höhen auf die grundsätzlichen Fragen unseres Lebens, seinem Woher, seinem Sinn und seinem Wohin geworfen werden. Wir nehmen diese Sehnsüchte in uns wahr, ohne genau sagen zu können, worin sie bestehen. Wir wissen nicht einmal genau, was wir

67

suchen. Wir stolpern durchs Leben, ahnend, dass es irgendwo etwas oder jemanden geben muss, obwohl wir nicht einmal genau sagen können, was wir meinen. Wir spüren, dass sich das Herz nach etwas ganz Großartigem, Gewaltigem, Vollkommenem, Ewigem sehnt, das in kein Schema passt. Diese Sehnsucht trägt uns in drei Richtungen, die uns letztlich auf Gott hinweisen. Sie sind ein innerer Kompass auf dem Weg zu Gott, damit wir nicht bei vergänglichen Dingen vor Anker gehen, sondern unseren Schöpfer suchen und finden und damit uns selbst und den ersten und letzten Sinn des Lebens.

Sehnsucht 1: Liebe

Unser Sein ist bestimmt von einer unstillbaren Sehnsucht nach Liebe. Diese Sehnsucht ist nicht fleischlicher Natur, obwohl dies auch zu ihr gehören kann. Sie ist nicht einfach Lust auf Sex, sie ist tiefer und weiter, nämlich ein unfassbares Verlangen danach, angenommen zu werden, so wie wir sind. Geachtet und wertgeschätzt zu werden, einfach weil wir da sind, unabhängig von dem, was wir leisten. Um unserer selbst willen geliebt zu werden, nicht um dessentwillen, was wir haben oder leisten. Das ist die große Tragik der Schönen und Reichen, der Hollywood-Stars und Rockgrößen: Sie wissen nie, ob sie nur ihres Geldes oder ihres Sexappeals wegen geliebt werden oder ob man sie wirklich als Person liebt. Der Film Titanic schlug bei Jung und Alt so ein, weil er den Menschen aus dem Herzen sprach und eine Sehnsucht zum Schwingen brachte, die in jedem von uns lebt. Leonardo DiCaprio spielt eine Rolle, die reine Liebe verkörpert. Ein Mensch opfert sich aus Liebe selbstlos für einen anderen – der wohl sinnfälligste und tiefste Ausdruck von Liebe.

▶▶ Unser Sein ist bestimmt von einer unstillbaren Sehnsucht nach Liebe.

Philosophen grübeln über die Natur unserer Sehnsucht nach der wahren Liebe. Friedrich Nietzsche (1844–1900) schreibt: „Ein Ungestilltes, ein Unstillbares ist in mir, das will laut werden. Eine Begierde nach Liebe ist in mir, die redet selber die Sprache der Liebe." Unzählige Gedichte beschreiben diese Sehnsucht, die mehr ist als Erotik, nämlich ein Ausdruck des Menschseins schlechthin:

*Ein Drängen ist in meinem Herz, ein Beben
nach einem großen segnenden Erleben,
nach einer Liebe, die die Seele weitet
und jede fremde Regung niederstreitet.* (Stefan Zweig)

Wenn wir kein Gegenüber finden, das uns liebt, annimmt und wertschätzt, macht sich in uns eine schmerzhafte Leere bemerkbar. Wir wollen geliebt werden. Wir wollen für jemanden da sein. Und unser Sein wünscht sich, dass ein anderer für uns da ist. Wir nehmen die Sehnsucht nach Liebe in uns als ein großes Vakuum im Herzen wahr. „Ach, diese Lücke! Diese entsetzliche Lücke!", stöhnt leidensvoll Goethes unglücklich verliebter junger Werther.

Eigentlich sind wir immer auf der Suche nach der großen Liebe. Dieses Verlangen ist schier unstillbar. Unser Leben kennt viele Ausdrucksformen und Strategien des Bettelns um Anerkennung und Zuwendung. Das reicht von Imponiergehabe („Schaut, wie toll ich bin!") bis hin zu zur Schau gestellter Jämmerlichkeit („Immer hab ich Pech!"). Vom Leistungsmenschen, der die Bewunderung auf sich zieht, über den nach Mitleid Heischenden bis hin zum Resignierten, der sich in Träume oder in die Illusion des Rausches flüchtet – uns alle treibt eine innere Leere, die wir verzweifelt mit Liebe, Anerkennung und Aufmerksamkeit zu füllen trachten. Dieses sehnsüchtige Begehren ist Ausdruck unserer Körper-Seele-Geist-Identität. Es weist uns darauf hin, dass wir auf einen anderen hin geordnet sind, dass wir eine Person als Gegenüber brauchen. „Das Ich wird erst ich am Du", sagt der Psychologe Viktor Frankl (1905–1997). Unter dem Gesichtspunkt der Evolution ist diese Sehnsucht nicht nur sinnlos, sie ist schädlich. Sie weist uns hin auf eine tiefere Bestimmung unseres Seins.

Sehnsucht 2: Sinn

Wir sehnen uns nach einem sinnvollen, erfüllten Leben. Wir wollen wissen, wozu wir da sind und wofür wir das alles machen. Ich treffe immer wieder Menschen mit einer fast schmerzhaften Sehnsucht

69

▶▶ Wir sehnen uns nach einem sinnvollen, erfüllten Leben. nach einer Antwort auf die Frage: Was ist der Sinn hinter allem? Wozu bin ich da? Wofür lohnt es sich zu leben? Sie lesen Bücher, besuchen Meditationskurse, reisen nach Indien, um herauszufinden, wer sie sind und was der Sinn von allem ist. Sie sind unzufrieden mit den Antworten, die sie von den Medien sowie von materialistischen Eltern und Erziehern serviert bekommen: Sie seien da, um zu genießen oder sich in den Kindern weiterzugeben. Ist die Weitergabe von etwas, dessen Sinn unbekannt ist, sinnvoll? Sie spüren, dass alle Antworten auf materialistischer Ebene unbefriedigend sind und eine Leere im Herzen hinterlassen, weil Sie nur an der Oberfläche kratzen, aber keinen Halt und keine Geborgenheit vermitteln.

Viele ältere Menschen haben die Frage nach dem Sinn des Lebens erfolgreich verdrängt, weil sie ganz in Anspruch genommen sind vom Lebenskampf, vom Ringen um Erfolg, Geld und Gesundheit. Die Sinnfrage liegt verschüttet unter all den tausend Dingen, die uns täglich beschäftigen und unsere Konzentration verlangen. Aber eine einzige Erschütterung des Lebens genügt – ein Gang zum Arzt, das Zerbrechen einer Beziehung, der Verlust des Arbeitsplatzes – und die Frage nach dem Sinn des Lebens bricht ungestüm wieder an die Oberfläche und verlangt nach einer Antwort. In unserer von materiellen Werten geprägten Kultur fragen viele Menschen verzweifelt nach einem Lebenssinn.

Sinnlosigkeit macht krank. Ein Mensch, der keine befriedigende Antwort auf die Frage nach dem Sinn *seines* Lebens kennt, ist einem hohen Risiko ausgesetzt, seelisch krank zu werden. Viktor Frankl, ein Schüler Sigmund Freuds, fand heraus, dass 20 Prozent aller seelischen Erkrankungen darauf zurückzuführen sind, dass Menschen verzweifelt sind, weil sie keinen Sinn in ihrem Leben finden. Sie leiden unter Depressionen, Schlafstörungen, Selbstmordgedanken und einer lähmenden Initiativlosigkeit. Unter den Erkrankten, die er untersuchte, befanden sich viele Menschen, die in anerkannten Berufen erfolgreich waren, in intakten Familien lebten und viele gute Freunde hatten. Dennoch litten sie an einem schmerzenden Sinnlosigkeitsgefühl, das Frankl „existenzielles Vakuum" nannte. Frankl erkannte, dass der Mensch ein Sinnwesen ist, das seelisch erkranken kann, wenn es keine Antwort auf die Frage nach dem Wofür seines Lebens findet. Frankl entwickelte eine Sinntherapie (Logotherapie genannt), um Menschen zu helfen, einen Sinn in ihrem Leben zu finden.

Der Philosoph Immanuel Kant (1724–1804) sagte, dass es in uns ein Sittengesetz gibt, das uns eigentlich die Existenz Gottes beweist. Nun, Gott kann man nicht beweisen. Darüber sind sich fast alle Theologen und Philosophen einig. Dennoch ist etwas Wahres an Kants Entdeckung. Das Sittengesetz in uns ist die Sehnsucht, etwas Sinnvolles und Gutes mit unserem Leben zu tun. In uns gibt es so etwas wie einen Kompass, der uns rät, unser Leben in Richtung des Guten zu steuern, einen inneren Motor, gut zu sein und Gutes zu tun: Schwache zu schützen, sich für Waisenkinder in Indien zu engagieren, den Regenwald zu retten. Wir spüren, dass wir Sinnwesen sind und dass wir die Verantwortung haben, etwas Gutes zu tun.

Es gibt viele Faktoren, die das Gute in uns verhindern, lähmen, vergraben, aber dennoch ist es da, weil wir uns nach einem sinnvollen Leben sehnen. Und diese Sehnsucht nach Sinn, die sich auch darin ausdrückt, Schönheit und Beständigkeit zu schaffen (das ist der Grund für Kultur), weist darauf hin, dass wir geistige Wesen sind, dass ein göttlicher Adel auf unserem Dasein liegt. Deshalb ist es eine Verkürzung und Verarmung des Menschen, wenn man ihn auf seine materielle Dimension reduziert. Der Mensch ist mehr als funktionierende Materie. Er ist geistiges Sein, das nicht einfach in den Gesetzen der Materie aufgeht, sondern eine eigene Dimension bildet. Darin liegt die besondere göttliche Würde des Menschen. Seine Sehnsucht nach einem Lebenssinn und sein verzweifeltes Fragen – „Wofür lebe ich eigentlich?" – zeigen an, dass er viel mehr ist als ein hoch entwickeltes Tier. Er ist ein völlig neues Geschöpf mit einer neuen geistigen Dimension, einer spezifisch humanen Würde, die sich ausdrückt in der Fähigkeit, Verantwortung zu tragen, zu lieben und moralisch zu handeln. Dazu hat er ein Gewissen bekommen. Damit unterscheidet er sich fundamental von allen anderen Lebewesen. Liebe, Gewissen, Moral und Verantwortung lassen sich nicht sinnvoll erklären, wenn der Mensch lediglich ein Tier ist, das sich „hochevolutioniert" hat. Aus der Perspektive der Evolution sind diese Ausdrücke des Menschlichen sinnlos, ja, hinderlich im Kampf ums Dasein.

Sehnsucht 3: Ewigkeit

Wir spüren, dass alles in Bewegung und im Wandel ist. Im Strom des Lebens, seinem Werden und Vergehen, suchen wir das Bleibende – etwas, an das man sich halten kann, wenn sich alles andere verändert und vergeht. Mitten in einer vergänglichen Welt strecken wir uns aus nach dem, was Bestand hat, was nicht erfasst wird vom Strudel des Vergehens, sondern ewig gültig ist. Während alles im Fluss ist, halten wir Ausschau nach dem, was auch dann noch gilt, wenn wir nicht mehr da sind. Während wir immer nur Teile in der Hand halten, ahnen wir, dass es das Ganze, Vollkommene geben muss. Unser Herz seufzt nach ihm.

▶▶ Mitten in einer vergänglichen Welt strecken wir uns aus nach dem, was Bestand hat, was nicht erfasst wird vom Strudel des Vergehens, sondern ewig gültig ist.

Junge Menschen geben diese Sehnsucht zu. Ältere lächeln und sagen zu den Jungen: „Du mit deinen Träumen. Hab sie ruhig. Du kannst sie dir leisten. Du bist jung." Ältere neigen dazu, ihre Träume vom Ewigen und Vollkommenen zu vergessen oder zu verraten, weil sie sich im Lebenskampf auf das konzentrieren mussten, was ihnen vor Augen war, und nun den Blick über den Horizont nicht mehr wagen. Erst wenn unser Leben irgendwie erschüttert wird – positiv oder negativ –, werden wir gezwungen, über den Tellerrand zu schauen. Dann entdecken wir die alte Sehnsucht nach Ewigkeit und Unbegrenztheit wieder in uns. Jeder trägt diese Sehnsucht in sich. Der Philosoph huldigt ihr oder verachtet sie. Der Schlagersänger bringt sie unters Volk, oft unerträglich banalisiert, aber dennoch erkennbar. Der Dichter reimt sie in Verse:

> *O Mensch! Gib Acht!*
> *Was spricht die tiefe Mitternacht?*
> *Die Welt ist tief*
> *und tiefer als der Tag gedacht.*
> *Tief ist ihr Weh,*
> *Lust tiefer noch als Herzeleid:*
> *Weh spricht: Vergeh!*
> *Doch alle Lust will Ewigkeit,*
> *will tiefe, tiefe Ewigkeit.*
>
> *(Friedrich Nietzsche)*

Die großen Werke der Kultur – von Goethes Faust über Bachs Matthäuspassion, die Gedichte von Rilke bis hin zu den Bildern Salvador Dalis –, sie alle sind durchzogen von der geheimnisvollen Ahnung, dass der Mensch den Samen des Ewigen in sich trägt.

Sigmund Freud, der gewiss kein Freund von Religion war, machte bei der Erforschung des Unterbewusstseins eine interessante Entdeckung: Im Grunde seines Wesens ist jeder Mensch von seiner eigenen Unsterblichkeit überzeugt. Freud fragte nicht weiter, wie die Tiefenschichten unserer Seele dazu kommen, an Unsterblichkeit zu glauben. Wissen wir im Grunde unserer Seele, was der Verstand verdrängt und doch ahnt? Wir sind geistige Wesen und stehen mit einem Bein unseres Seins in einer immateriellen Welt. Diese Ahnung flüstert unserem skeptischen Verstand zu: Du bist ein geistiges Wesen. Du wirst dich nicht in Nichts auflösen. Du kannst nicht einfach verschwinden, wo nicht mal Energie im Kosmos verschwindet, sondern erhalten bleibt und sich wandelt.

▶▶ **Im Grunde seines Wesens ist jeder Mensch von seiner eigenen Unsterblichkeit überzeugt.**

Die Bibel sagt über die Menschen: „Gott hat alles schön gemacht zu seiner Zeit und hat die Ewigkeit in ihr Herz gelegt."[10] Da ist etwas tief in uns drin, das von Dauer sein will, das die Ewigkeit erahnt. Selbst Atheisten und Materialisten, die ansonsten eine geistliche Welt leugnen, beginnen sich zu fragen, ob es vielleicht doch einen Gott und so etwas wie ein Leben nach dem Tode gibt, wenn sie mit dem eigenen Sterben konfrontiert werden. Oder wie mir ein Luft-

▶▶ Selbst Atheisten und Materialisten, die ansonsten eine geistliche Welt leugnen, beginnen sich zu fragen, ob es vielleicht doch einen Gott und so etwas wie ein Leben nach dem Tode gibt, wenn sie mit dem eigenen Sterben konfrontiert werden.

hansa-Pilot einmal scherzend versicherte: „In einem abstürzenden Flugzeug vermindert sich die Zahl der Atheisten an Bord von Sekunde zu Sekunde drastisch." Viele Ärzte, Psychologen und Seelsorger beobachten, dass Menschen, die an der Schwelle des Todes stehen, zu fragen beginnen: Gibt es ein Leben nach dem Tod? Was passiert jetzt mit mir? Sie ahnen irgendwie: Es geht weiter.

Ich glaube nicht, dass ihnen diese Ahnung durch die Reste des Christentums in unserer Kultur suggeriert wurde. Vielmehr gehört die Sehnsucht nach Ewigkeit tief zu unserem Menschsein dazu. Selbst wenn wir sie über Jahrzehnte erfolgreich verdrängen, wenn unser Innerstes nach oben gekehrt wird – etwa durch eine Erschütterung unseres Lebens wie die Begegnung mit dem eigenen Sterben –, dann zeigt sich auch die verschüttete Sehnsucht nach Ewigkeit. Sie ist in uns hineingelegt. Die evolutionistische Sicht des Lebens hat kaum eine überzeugende Antwort auf die Frage, wie diese Sehnsucht in uns entstanden sein könnte.

Warum werde ich nicht satt?

Man kann diese drei tiefen Sehnsüchte – nach Liebe, Sinn und Ewigkeit – ignorieren, aber es bleibt eine Leere in uns, die wir schmerzlich spüren und die wir zu füllen versuchen. Womit? Wir nehmen das Naheliegende; jene Angebote dieser Welt, die uns Genuss versprechen: Beziehungen, Reisen, Freunde, Kultur, Erlebnisse, Sex, Karriere, Luxusgüter usw. Aber wir werden eine schmerzliche Erfahrung machen: Auf Dauer können die Dinge dieser Welt die große Sehnsucht unseres Herzens nicht stillen. Unser Herz ist zu groß. Das spürt man auch in einem Song von den *Toten Hosen* „Warum werde ich nicht satt?" aus dem Album „Unsterblich". Es geht unter die Haut, mit welcher Intensität und Verzweiflung *die Hosen* den Refrain rausschreien: „Warum werde ich nicht satt?"

74

▶▶▶ Warum werde ich nicht satt?

Was für 'ne blöde Frage, ob das wirklich nötig ist:
Ich habe halt zwei Autos, weil mir eins zu wenig ist.
Sie passen beide in meine Garage,
für mich ist das Grund genug.
Was soll ich sonst in diese Garage
neben meiner Riesenvilla tun?
Die Geräte für den Swimmingpool liegen schon im Gartenhaus
und die Spielzeugeisenbahn ist im Keller aufgebaut.

Warum werde ich nicht satt?

Jeden Sonntag zähle ich mein Geld,
und es tut mir wirklich gut zu wissen,
wie viel ich wert bin, und ich bin grad hoch im Kurs.
Ich hatte mehr Glück als die meisten, habe immer fett gelebt.
Und wenn ich wirklich etwas wollte, hab ich's auch gekriegt!

Warum werde ich nicht satt?

Ich bin dankbar für mein Leben, habe vieles mitgenommen.
Aus allen Abenteuern immer heil herausgekommen.
Jede Menge Partys und Drogen sowieso,
und auch mit den Frauen war meistens etwas los.
Ich habe wirklich tolle Freunde, man kümmert sich sehr nett
und auf dem Friedhof ist der beste Platz reserviert für mich.

Musik: Holst, Breitkopf; Text: Frege,
© by HKM Heikes Kleiner Musikverlag GmbH

Warum werde ich nicht satt? Wir haben eine große Leere im Herzen.
Und nichts und niemand in dieser Welt kann diese Leere wirklich
ausfüllen. Wenn man einen tieferen Einblick in das Leben von Hol-
lywoodstars, Mega-Sportlern und supererfolgreichen Unterneh-
mern bekommt, so findet man oft tiefe Frustration, Langeweile und
Übersättigung. Schönheit, Reichtum, Erfolg, Sexappeal und Be-

rühmtheit bringen eben doch nicht den Kick, den unsere Seele wirklich braucht. Die Sehnsucht des Herzens bleibt ungestillt. Ich habe diese Sehnsucht in ein Gedicht gefasst:

Universale Sehnsucht

*Herzen wollen fühlen,
Liebe, die auch bleibt,
wenn wir einsam stehen,
wenn Verlust uns treibt.*

*Ohren wollen hören
Worte, die aufbau'n,
die uns Mut zusprechen.
denen wir vertrau'n.*

*Sinne wollen schmecken
Lust und Zärtlichkeit,
wollen Nähe fühlen,
fliehen vor dem Leid.*

*Seelen wollen trinken
Trost und Zuversicht,
wollen sich erkennen,
sehnen sich nach Licht.*

*Hände wollen fassen
Glück, das nicht zerrinnt,
auch wenn wir gestrauchelt
und am Ende sind.*

*Augen wollen sehen
eine bess're Welt,
wo die Liebe waltet
und der Hasser fällt.*

*Bist du da und nahe,
der mein Sehnen stillt,
der mir Grund und Ziel ist
und mein Sein erfüllt?*

Zwischen Langeweile und Sucht

Für die Sinnsuche gilt eine tiefe Wahrheit: Wenn du etwas tust, das weniger ist als das, wozu du erschaffen wurdest, wird es dich auf Dauer entweder langweilen oder zerstören. Wenn wir das Vakuum in unserem Herzen mit den Dingen dieser Welt zu füllen versuchen, machen wir zwei Erfahrungen: Diese Dinge beginnen uns zu langweilen oder sie machen uns süchtig. Fast alle Süchte beginnen mit dem Versuch, das gefühlte Loch im Herzen zu füllen: Sexsucht, Drogensucht, Ess- oder Magersucht, Spielsucht, Arbeitssucht. Der Workaholic füllt seine Seele mit Arbeit, um der Leere seines Herzens zu entkommen. Der Drogensüchtige spürt die undefinierbare Sehnsucht seines Herzens und flieht in den Rausch.

Die DAK veröffentlichte eine Studie, die eine erschreckende Zunahme von psychischen Erkrankungen unter Jugendlichen konstatiert. In der Zeit von 1997 bis 2001 nahm die Zahl von psychischen Erkrankungen wie Depressionen, Angstzuständen und Essstörungen um 51 Prozent zu. Das heißt, die Zahl der Betroffenen hat sich in nur fünf Jahren mehr als verdoppelt! Diese erschreckende Entwicklung hängt auch damit zusammen, dass junge Menschen keine Ahnung haben, was der Sinn des Lebens sein und wie man ihn finden könnte. Die Antworten aus Schule und Elternhaus lassen das Herz kalt und die Seele leer. Der Glaube, wir seien nur Zufälle der Natur, erweist sich immer mehr als Identitätskiller und verhindert, dass junge Menschen sich ernsthaft auf die Suche nach einem tragfähigen Lebenssinn machen. Wer nichts weiter hat als dieses Leben mit seinen engen Grenzen, der muss alles aus diesem Leben rausholen: Genuss um jeden Preis, Erfolg um jeden Preis, Anerkennung um jeden Preis. Das macht ungeborgen und depressiv.

▶▶ Wer nichts weiter hat als dieses Leben mit seinen engen Grenzen, der muss alles aus diesem Leben rausholen: Genuss um jeden Preis, Erfolg um jeden Preis, Anerkennung um jeden Preis. Das macht ungeborgen und depressiv.

Wie man sich sein Leben am besten versauen kann

Ich wurde einmal von einem Jugendlichen gefragt: „Was muss ich machen, um mir mein Leben zu versauen?" Ich sagte: „Gar nichts! Du musst nur weitermachen wie bisher. Lass dich treiben von deiner Lust, überlass dich jeder Leidenschaft, die dich gerade befällt! Leb dich aus. Nimm mit, was sich dir bietet. Lass dich treiben von deinen Neigungen. Geh zur Schule, wenn du willst. Wenn nicht, mach was anderes. Liebe die Menschen, wenn dir danach ist. Hasse sie, wenn sie anstrengend werden und Probleme machen. Achte deine Freunde, wenn sie dich bestätigen, wenn sie dir sagen, wie toll du bist. Wenn sie anfangen, dich zu kritisieren, dann ex und hopp. Tue das, wozu du Lust hast, und lass alles, wozu du keine Lust hast. Das ist der einfachste Weg zu einem sinnlosen und versauten Leben." Niemand beschließt, sein Leben zu vergeuden. Es geschieht einfach. Am Gelingen des Lebens muss man arbeiten.

▶▶ **Niemand beschließt, sein Leben zu vergeuden. Es geschieht einfach. Am Gelingen des Lebens muss man arbeiten.**

Nicht vom Brot allein

Wir sind geistig-spirituelle Wesen. Deshalb gibt es einen Hunger in uns, den nur Gott stillen kann. Jesus sagt: „Der Mensch lebt nicht vom Brot allein, sondern von einem jeden Wort Gottes."[11] Wir sind darauf angelegt, die bestätigende Liebe Gottes zu erfahren. Die drei großen und tiefen göttlichen Sehnsüchte in uns weisen darauf hin, dass die irdischen Dinge des Lebens uns nicht wirklich ausfüllen können. „Des Menschen Herz ist so groß, dass nur Gott es ausfüllen kann." Dieser Satz, den ich einmal irgendwo gelesen habe, beschreibt den Menschen als eine Art geistiges Hohlwesen. Er sehnt sich danach, sein Leben mit Liebe, Sinn und mit Beständigem zu füllen. Aber nur Gott kann sein Herz wirklich *aus*füllen.

▶▶ Weil das Glück des Lebens etwas mit Gott zu tun hat

„Ich danke meinem Gott, dass er mir das Glück gegönnt hat, ihn als Schlüssel zu unserer wahren Glückseligkeit kennenzulernen."
Wolfgang Amadeus Mozart (1756–1791), Komponist und Musikgenie

Sehnsucht nach Glück

Jeder Mensch will glücklich sein. Das klingt ziemlich banal. Man kann es auch etwas gehobener mit den Worten des New Yorker Philosophieprofessors Richard Creel sagen: „Das Streben nach Glück ist das zentrale, einigende und stärkste Element im Leben eines jeden Menschen." Schon die amerikanische Unabhängigkeitserklärung von 1776 hat das Streben nach Glück als unveräußerliches Recht festgeschrieben.

▶▶ „Das Streben nach Glück ist das zentrale, einigende und stärkste Element im Leben eines jeden Menschen."

Was ist das nun, das Glück? Wie kann man sich und andere Menschen glücklich machen? Meyers Lexikon definiert Glück als „innere Zufriedenheit über gute Taten und fortschrittliche Leistungen". Einige Philosophen – allen voran der Franzose Michel Foucault – bestreiten indes, dass es so etwas wie Glück überhaupt gibt: „Das Glück existiert nicht, und das Glück des Menschen existiert noch weniger."

Crashkurs Happyologie

In der Psychologie trat vor einigen Jahren eine Wende ein. Die Erforschung des Glücks rückte auf einmal in den Mittelpunkt des Interesses, während man sich vorher eher mit den Nachtseiten unserer Existenz wie etwa Ängsten, Hysterien oder Depressionen beschäftigt hat. Die Glücksforschung, auch „Happyologie" genannt, wurde geboren. Dieses relativ junge Arbeitsgebiet untersucht, warum Menschen glücklich oder unglücklich sind und welche Faktoren dazu führen. Glücksgefühle, die wie eine Welle über uns kommen und unsere Seele in eine Art Taumel oder Schwebezustand – den sogenannten „Flow" – versetzen, sind die Folge von Endorphinen (körpereigene Glückshormone). Die Happyologie beschreibt das Glücksgefühl des Menschen als Fest des Gehirns im Rausch der Endorphine, die bei positiven Erlebnissen freigesetzt werden. Diese Gefühle können einige Stunden oder sogar einige Wochen dauern.

Was sind nun die großen Glücksauslöser in unserem Leben? Laut Focus-Umfrage aus dem Jahre 1999 bringt die Beschäftigung mit Menschen den größten Glücksgewinn (Platz 1: Zusammensein mit den eigenen Kindern, Platz 2: Zusammensein mit dem Partner). Aber auch Urlaub, Arbeit, Hobbys, Sport und Einkaufen können den gewünschten Glückseffekt haben. Einen besonders intensiven Glückseffekt bewirkt das Gefühl des Verliebtseins. Das ist das große Highlight für unsere Biochemie. Endorphine überschwemmen den Körper und sorgen dafür, dass wir für Tage oder Wochen auf Wolke sieben schweben und mit weniger Schlaf und Nahrung auskommen, weil unsere Seele berauscht ist von den Glückshormonen unseres Körpers. Auch Rockkonzerte können – so die Happyologen – Auslöser für eine kollektive Endorphinausschüttung sein. Aus den Medien oder eigenem Erleben kennen wir das Phänomen, dass unzählige Menschen gemeinsam „high" sind, getragen und mitgerissen von einer Welle aus Musik, Licht, Farben und Begeisterung.

Dem Glücksrausch folgt der Kater

Doch leider sind diese Rauschzustände, in denen unser Innenleben „abhebt", nur von kurzer Dauer. Schon bald kehrt unser Gemütsleben zum Normalzustand zurück. Oft fallen wir nach so einem Hoch

sogar in ein dunkles Loch. Dann fühlen wir uns niedergeschlagen und depressiv. Unser Körper reagiert
mit einer Art Endorphin-Kater auf die flüchtige Happyness der Glücksdroge. Das Glück hält nicht lange
an. Wir brauchen neue Auslöser für Glücksgefühle.
Selbst ein fetter Lottogewinn – für viele der Inbegriff
von Fortunas Gunst – ist kein dauerhafter Glücks-

▶▶ Doch leider
sind diese Rausch-
zustände, in denen
unser Innenleben
„abhebt", nur von
kurzer Dauer.

bringer. Untersuchungen belegen, dass Lottogewinner auf längere
Sicht nicht glücklicher sind als andere Menschen.

Glück und Reichtum

Auf der Weltrangliste der Glücklichen rangiert Deutschland in einer
Umfrage bei 54 Ländern an 33. Stelle hinter Bangladesh. Die ersten bei-
den Plätze belegen die armen Länder Venezuela und Nigeria. Diese
Umfrage zeigt, dass Reichtum die Zufriedenheit der Menschen nur we-
nig beeinflusst. Denn mit dem gehobenen Wohlstand steigen auch die
Ansprüche. Je besser die Bedürfnisse gestillt sind, desto großartigere
Dinge braucht der Mensch, damit sich Glücksempfinden einstellt.
Was bedeutet uns schon ein Paar neuer Schuhe? Für ein Kind in den in-
dischen Slums können sie der Inbegriff der Glückseligkeit sein.

Der Mensch als Glücksjunkie

Ein englisches Sprichwort lautet: The more he gets, the more he
wants (Deutsch: Je mehr er kriegt, desto mehr will er.). Wir benöti-
gen immer größere, teurere, außergewöhnlichere Dinge und Erlebnisse, um den Rausch der Endorphine zu erleben. Das bedeutet:
Glück wird zu einer Droge. Der Glücksjunkie muss von Mal zu Mal
die Dosis steigern. Denn dem Glücksgefühl folgt die Ernüchterung
und häufig die Depression. Um ihr zu entkommen, suchen wir den
neuen Endorphin-Kick. Gierig machen wir uns auf die Suche nach
dem abermaligen Rausch der Sinne. „Eine neue Liebe ist wie ein

81

neues Leben", singt der Schlagersänger Jürgen Markus. Für andere bringt der Erwerb eines neuen Autos einige Tage Glück, bis sich unsere Seele daran gewöhnt hat und nichts Besonderes mehr daran findet. Auch eine Reise auf eine Trauminsel setzt die gesuchten Glückshormone frei. Gleichfalls hebt ein gutes Konzert die Stimmung enorm. Längerfristigere Glücksbringer sind beruflicher Erfolg, der uns Achtung und Bestätigung einbringt. Auch shoppen gehen vertreibt den Frust vorübergehend und eine neue Wohnungseinrichtung macht für mehrere Tage happy.

Wenn uns beruflicher Erfolg versagt bleibt, uns dummerweise das nötige Geld für neue Anschaffungen fehlt und sich auch das Glück in der Liebe nicht einstellen will, so gibt es zum Glück einen gesellschaftlich anerkannten Endorphin-Ersatz: die Volksdroge Alkohol. Für viele ist es völlig normal, sich auf chemischem Wege Glückszustände zu beschaffen. Für die Party gibt es Ecstasy-Pillen, die es möglich machen, die ganze Nacht in einem euphorischen Zustand durchzutanzen. Der tägliche Joint ist für viele junge Leute der kleine Glücksbringer gegen den Alltagsfrust. In nobleren Kreisen greift man zu Kokain. Auf jeden Fall geht es darum, dem fehlenden Glück etwas nachzuhelfen.

Im Erfinden von Strategien des Glücksgewinns entfalten wir einen verschwenderischen Ideenreichtum. Eine Branche macht sich unser unersättliches Glücksbedürfnis besonders zunutze: die Werbung. Täglich offeriert sie alle möglichen Stifter kleinen und großen Glücks gegen die verschiedensten Unlustvarianten des Lebens – vom Deo bis hin zum Sportwagen, von der neuen Couchgarnitur bis hin zum Wellnesswochenende.

Gott als Glück des Lebens?

Und so jagen wir von Glück zu Glück, immer auf der Flucht vor dem Frust, der jeder Euphorie zu folgen scheint. Immer wieder spüren wir schmerzlich ein Loch ins uns, das wir mit Glück und Sinn zu stopfen versuchen. Aber es ist, als wäre die Leere in uns größer als alles, was das Leben uns zum Füllen bietet. „In jedem Menschen ist ein Abgrund, den kann man nur mit Gott füllen", philosophierte das Mathegenie Blaise Pascal (1623–1662). Wir sind von unserem Schöpfer als „Hohlwesen" designt. Gott hat eine Leere in unser Herz gelegt, die nur er selbst füllen kann. In jedem Menschen ist eine große, tiefe Sehnsucht nach Gott angelegt. Manchmal – wenn wir einmal atemlos anhalten in unserem „Run for Happyness" – ahnen wir, dass es ein Glück gibt, das tiefer, reiner, echter, weiter, schöner, heller, klarer, vollkommener ist als die biochemischen Glückstaumel unseres Gehirns. Das große Glück des Lebens hat etwas mit Gott zu tun. Wenn ein Mensch erlebt, dass er von seinem Schöpfer geliebt und gehalten ist, stellt sich ein tiefes Lebensglück ein.

▶▶ Und so jagen wir von Glück zu Glück, immer auf der Flucht vor dem Frust, der jeder Euphorie zu folgen scheint.

Glück im Leid

Mit diesem Glück im Herzen kann ein Mensch sogar in sehr widrigen Umständen glücklich sein. Die christliche Literatur ist voll von Beispielen dafür. Die populärste Version sind wohl die Zeilen eines alten Liedes, gedichtet von Johann Lindemann im Jahr 1598: „In dir ist Freude in allem Leide, o du süßer Herr Jesu Christ." In einem Gestapo-Knast, drei Monate vor Ende des 2. Weltkrieges, schrieb Dietrich Bonhoeffer (1906–1945) sein Silvestergedicht „Von guten Mächten wunderbar geborgen, behütet und getröstet wunderbar". Es war sein letztes Gedicht, bevor er von den Nazis gehenkt wurde.

Paul Gerhardt (1607–1676) schrieb mitten in den Wirren des 30-jährigen Kriegs viele frohe und hoffnungsvolle Lieder. „Geh aus mein Herz und suche Freud" und „Du meine Seele singe" sind nur zwei bekannte Beispiele. Man könnte meinen, wer so dichtet, muss vom Leben verwöhnt worden sein. Das Gegenteil ist der Fall. Paul Gerhardt verlor mit 14 Jahren seine Eltern, seine Frau starb nach 13 Ehejahren und von seinen vier Kindern überlebte ihn nur eins.

▶▶ **Die zweitausendjährige Geschichte des christlichen Martyriums ist voller Zeugnisse dafür, dass es ein Glück gibt, das gespeist ist aus überirdischen Quellen.**

Das krasseste Beispiel für das Glück in Gott habe ich in den Erlebnisschilderungen des deutsch-rumänischen Pfarrers Richard Wurmbrand gefunden. In seinem Buch „Gefoltert für Christus" beschreibt der lutherische Pfarrer seine Erfahrungen in einem Konzentrationslager zur Zeit des rumänischen Kommunismus. „Allein in meiner Zelle, frierend, hungrig und in Lumpen – so tanzte ich jede Nacht vor Freude. Manchmal war ich so voll Freude, dass ich dachte, ich würde zerspringen ..." Der Skeptiker wird denken, dass hier einer durchgedreht ist. Aber die zweitausendjährige Geschichte des christlichen Martyriums ist voller Zeugnisse dafür, dass es ein Glück gibt, das gespeist ist aus überirdischen Quellen.

Was Glücksucher und Gottsucher miteinander zu tun haben

Der moderne Europäer weiß nicht, dass er eigentlich nach Gott verlangt, wenn er nach dem Glück des Lebens sucht. Vor fünfhundert Jahren trieb die Menschen eine Frage um: „Wie bekomme ich einen gnädigen Gott?" Wir fragen heute anders: „Wie werde ich glücklich? Was macht mein Leben wirklich sinnvoll? Was hilft mir, mein Leben mit all seinen Problemen zu bewältigen?" Für die meisten westlichen Menschen ist die Frage nach dem Glück nicht mehr mit der Frage nach Gott verbunden (in der sogenannten Dritten Welt ist das völlig anders). Unsere Sehnsucht nach Heil drückt sich in der Suche nach dem Glücklich-Werden aus. Aber das Glück dieser Welt entpuppt sich meist als kurzer Sinnesrausch, der uns nicht das gibt, was unser Herz wirklich braucht. Glücksforscher haben herausgefunden, dass der Glaube an Gott glücklich macht, weil er seelischen Halt und Geborgenheit verleiht – also Glück stiftet. Wie eine Reihe von Studien belegen, findet sich unter tiefgläubigen Christen ein überdurchschnittlich hoher Prozentsatz von Menschen, die sich als sehr glücklich bezeichnen.

Die Poesie eines Glücksfinders

König David, ein vom Glück nicht gerade verwöhnter Mann, schreibt einen Psalm als eine Liebeserklärung an seinen Gott: „Du bist mein Herr, mein ganzes Glück." David ist glücklich, obwohl sein Leben ein einziger Kampf gegen viele starke Feinde und Bedrohungen war. „Du, Herr, bist alles, was ich habe. Du gibst mir alles, was ich brauche. In deiner Hand liegt meine Zukunft." Happyologen bestätigen, dass Sinn und Geborgenheit dauerhaftes Glück stiften. David findet, wonach unsere Existenz sich sehnt. Gott ist für ihn die Quelle wahren Glücks: „Du zeigst mir den Weg, der zum Leben führt. Du beschenkst mich mit Freude, denn du bist bei mir. Ich kann mein Glück nicht fassen, nie hört es auf."

 Ich kann mein Glück nicht fassen!

Ein Lied Davids.

Beschütze mich, Gott, denn dir vertraue ich!
Du bist mein Herr, mein ganzes Glück!
Darum freue ich mich über alle,
die nach deinem Willen leben.
 Auf sie kommt es im Land entscheidend an!
Wer sich aber von dem lebendigen Gott abwendet
und anderen Göttern nachläuft,
der kommt aus dem Kummer nicht mehr heraus.
Diesen Göttern will ich kein Opfer bringen
und nicht einmal ihre Namen nennen.
Du, Herr, bist alles, was ich habe;
du gibst mir alles, was ich brauche.
In deiner Hand liegt meine Zukunft.
Was du mir gibst, ist gut.
Was du mir zuteilst, gefällt mir.
Ich preise den Herrn, denn er hilft mir,
gute Entscheidungen zu treffen.

Tag und Nacht sind meine Gedanken bei ihm.
Ich sehe immer auf den Herrn.
Er steht mir zur Seite, damit ich nicht falle.
Darüber freue ich mich so sehr,
dass ich es nicht für mich behalten kann.
Bei dir, Herr, bin ich in Sicherheit.
Denn du wirst mich nicht dem Tod
und der Verwesung überlassen,
ich gehöre ja zu dir.
Du zeigst mir den Weg, der zum Leben führt.
Du beschenkst mich mit Freude,
denn du bist bei mir.
Ich kann mein Glück nicht fassen,
nie hört es auf.
(Psalm 16)

Brot des Lebens

Jesus sagt von sich: „Ich bin das Brot des Lebens."[12] Mit anderen Worten: Ich bin der, nach dem sich euer Herz sehnt. Ich stille euren Hunger nach Liebe, nach einem sinnerfüllten Leben, nach dem, was wirklich zählt und Bestand hat. Im Altgriechischen, der Sprache, in welcher das Neue Testament (der hintere Teil der Bibel, der von Jesus handelt) geschrieben wurde, finden wir zwei Worte für Leben: „Bios" und „Zoe". Die Unterschiede zwischen beiden Worten möchte ich mit einem Erlebnis verdeutlichen.

Am Rande einer großen Party hatte ich einmal eine sehr angeregte Diskussion darüber, was uns wirklich glücklich macht. Ich erinnere mich, folgenden Satz gesagt zu haben: „Wenn du Gott findest, findest du das Leben." Mein Gegenüber antwortete: „Mein Leben hat bei meiner Geburt begonnen." Ich erwiderte: „Bei deiner Geburt hat dein Sterben begonnen." Wir redeten aneinander vorbei, weil mein Gegenüber unter Leben „Bios" verstand, also Leben im physischen Sinne. Das biologischen Leben hat in der Tat bei der Geburt bzw. bei der Zeugung begonnen. Und es wird enden mit dem Tod, wenn lebenswichtige Organe ihren Dienst quittieren. Wer also von Leben in diesem Sinne redet, sagt gleichzeitig „Tod", denn „Bios" ist immer Leben auf den Tod hin.

Ich aber redete von „Zoe". Wenn Jesus sagt: „Ich bin das Leben", dann steht dort das Wort „Zoe". Jesus redet nicht vom biologischen Leben, sondern von Leben in einem übernatürlichen Sinne: Leben, das Gott selber ist, das nicht begrenzt ist vom Tod; Leben, das bestimmt ist von Vollkommenheit und Ewigkeit. Es geht hier nicht um das Leben, das geboren wird und stirbt, sondern um das Leben, das erfüllt ist von Sinn und Glück. „Zoe" ist kein funktionaler Begriff, sondern ein qualitativer, der etwas über das Gelingen von Leben aussagt. „Zoe", das ist das Leben, nach dem wir uns sehnen, der Inbegriff unserer Träume von grenzenloser Freiheit und überwältigender Vollkommenheit.

▶▶ „Zoe", das ist das Leben, nach dem wir uns sehnen, der Inbegriff unserer Träume von grenzenloser Freiheit und überwältigender Vollkommenheit.

Eine Person als Inbegriff des Glücks

Jesus sagt: „Ich bin gekommen, damit sie das Leben und volle Genüge haben sollen."[13] Wer dieses Leben gefunden hat, der kann voller Freude zu Gott sprechen: „In dir habe ich das Glück meines Lebens gefunden!"

Der mutige Pfarrer und DDR-Regimegegner Dr. Theo Lehmann besitzt die Gabe, die Dinge auf den Punkt zu bringen. Er schreibt in seinem Büchlein „Verrückt vor Liebe" zum Thema Lebensdurst: „Du kannst mit allen Wassern der Philosophie gewaschen sein, du kannst dich mit Schnaps volllaufen lassen und deine Adern mit Drogen vollpumpen, du kannst aus dem Ozean der Weltreligionen Weisheiten schlürfen, du kannst aus den trüben Tümpeln der Horoskope und Wahrsagerei saufen, du kannst das eiskalte Wasser des atheistischen Materialismus' schlucken – aber deine Seele wird dabei verdursten."

Warum? Weil unsere Seele nicht gemacht ist für das kleine Glück. Sie sehnt sich nach dem großen Glück, das aus der Begegnung mit Vollkommenheit, Ewigkeit und absoluter Schönheit erwächst.

Weil ich durch Gott den Sinn des Lebens finde

> *„Wer nichts hat, wofür es sich lohnt zu sterben,*
> *der hat auch nichts, wofür es sich lohnt zu leben."*
> Martin Luther King (1929–1968), Bürgerrechtler

Was ist der Sinn des Lebens?

Der Rennfahrer Niki Lauda sagte 1979 in einem Interview: „Mir ist die Sinnlosigkeit meiner Sportkarriere aufgegangen. Es gibt Wichtigeres im Leben, als mit dem Auto im Kreis herumzufahren." Aber was ist das Wichtigere? Worum geht es wirklich im Leben? Um Spaß? Erfolg? Gesundheit? Kinder? Gott? Hobbys? Die Nation? Der tschechische Dichter und Politiker Václav Havel sagt: „Die Tragödie des modernen Menschen besteht nicht darin, dass er im Grunde immer weniger über den Sinn des Lebens weiß, sondern dass ihn das immer weniger stört."

Ich habe kürzlich eine Umfrage unter Berliner Studenten und Gymnasiasten gemacht: „Was ist Ihrer Meinung nach der Sinn Ihres Lebens?" Viele zuckten mit den Achseln. Einige sagten, sie wollten das Leben genießen. Andere gaben die Hoffnung auf Erfolg und Karriere als Lebenssinn an. Auf jeden Fall spürte ich, dass diese Frage Verunsicherung auslöste. Gleichzeitig erlebe ich, dass wohl kaum ein anderes Thema besonders junge Menschen so sehr anzieht. Wenn ich die Frage nach dem Sinn des Lebens in einem meiner Gottesdienste thematisiere, so ist dieser immer besonders voll.

Die Sinnfrage in der Leistungsgesellschaft

Viele Menschen wollen mit ihrem Leben etwas Sinnvolles anfangen. Unser Leben bekommt scheinbar einen Sinn, wenn wir etwas tun, das anderen nützt: für Waisenkinder in Indien spenden, Menschen in Not unterstützen, sich sozial engagieren. Die Frage ist nur, ob dieser Lebenssinn wirklich tragfähig ist. Hängt der Sinn des Lebens davon ab, was ein Mensch Gutes tut? Was ist dann mit den Alten, Kranken, Behinderten? Verurteilen wir sie nicht zu einem sinnlosen Leben, wenn wir die Sinnhaftigkeit des Seins über die Leistung definieren?

▶▶ Viele Menschen wollen mit ihrem Leben etwas Sinnvolles anfangen.

Wissenschaftler, die sich mit dem Alter beschäftigen, konstatieren eine erschreckende Zunahme von Seniorenselbstmorden in unserem Land. Wie geht es einem alten Menschen, wenn er plötzlich nicht mehr ohne fremde Hilfe auskommt, wenn er nichts mehr leisten kann, sondern zu einer Belastung für andere geworden ist? Wenn er den Sinn des Lebens davon ableitet, dass man etwas Nützliches und Gutes schaffen kann, dann fällt der Mensch im Alter in das furchtbare Loch der Sinnlosigkeit.

Wenn ich mich über meine Leistung definiere, degradiere ich mich zu einer Maschine, die dazu konstruiert ist, etwas Nützliches zu tun. Wenn sie nicht mehr funktioniert und auch nicht repariert werden kann, dann wird sie verschrottet. Wenn der Sinn des Lebens im Erbringen von Leistungen besteht, dann werden wir irgendwann zu Sozialschrott. Der Sinn des Lebens kann nicht in dem bestehen, was ein Mensch an Nützlichem und Guten erbringt. Ich bin für Leistung. Unsere Gesellschaft braucht Menschen, die etwas leisten. Aber wehe uns, wenn wir uns über die Leistung definieren!

Was hat ein Kochbuch mit der Frage nach dem Sinn des Lebens zu tun?

Nehmen wir einmal an, ein Kochbuch hätte Gefühle. Was macht es glücklich? Stellen wir uns ein Kochbuch vor, das lange in einem Antiquariat herumstand, abgeschoben von irgendwelchen Dilettanten, die nicht umsetzen konnten, was drinsteht. Es führte ein sinnloses und trostloses Dasein, wissend, dass ein Buch, wenn es nicht gelesen wird, eigentlich nichts weiter ist als ein Stapel bedrucktes Papier. Es litt fürchterlich unter diesem Zustand. *Ich würde mich am liebsten selbst verbrennen, wenn das hier so weitergeht,* dachte das Buch und erinnerte sich an eine schlimme Kränkung, die es immer noch nicht überwunden hatte. Sein früherer Eigentümer, ein Student, hatte es als Schrankbein missbraucht. Der Student hatte das dicke alte Kochbuch einfach anstelle des fehlenden Schrankbeines unter die Bodenplatte geschoben, nur damit der Schrank in seiner liederlichen Bude nicht umfiel. Das Kochbuch fühlt noch heute den Schmerz dieser Demütigung: Missbrauch! Verrat!

Eines Tages betrat jemand das Antiquariat und zog das alte Kochbuch aus dem Regal, blätterte darin und sagte: „O ja! Das nehme ich mit und probiere die Rezepte aus, die drinstehen." Das Kochbuch begann, Hoffnung zu schöpfen. Und dann kam der Tag, als es in die Küche getragen und aufgeschlagen wurde, um als Anleitung für ein Partymenü zu dienen. Noch in dieser Nacht wurde das Kochbuch zum glücklichsten Buch der Welt. Es konnte wieder seiner Bestimmung nachgehen und Menschen zum Kochen anleiten. *Dank mir ist die Party gelungen!,* dachte es. *Ich bin dafür gemacht, Menschen zu sagen, wie sie kochen sollen.*

Woher hat das Kochbuch seine Bestimmung? Von Menschen, die es für den einen Zweck geschrieben haben, dass andere reinschauen, die Rezepte ausprobieren und dann Festessen kochen oder die Liebste zum Essen einladen, um sie mächtig zu beeindrucken.

Wenn der Mensch ein Geschöpf ist, dann kann er sich den Sinn des Lebens nicht einfach selbst geben. Er findet ihn, wenn er herausbekommt, wer er ist und wozu er gemacht ist.

Der Sinn des Lebens wird uns gegeben

Dieses simple Beispiel macht deutlich: Ich muss wissen, wer ich bin, um herauszufinden, wofür es sich zu leben lohnt. Was Naturwissenschaft und Evolutionstheorie über uns sagen, ist wenig hilfreich für folgende Fragen: Woher komme ich? Wofür lebe ich? Wohin gehe ich? Auf der biologisch-naturwissenschaftlichen Ebene gibt es keine Antwort auf die Frage nach dem Sinn des Lebens, die unser sehnsüchtig fragendes Herz erfüllt und uns die Würde gibt, nach der unsere Seele dürstet.

▶▶ **Auf der biologisch-naturwissenschaftlichen Ebene gibt es keine Antwort auf die Frage nach dem Sinn des Lebens, die unser sehnsüchtig fragendes Herz erfüllt und uns die Würde gibt, nach der unsere Seele dürstet.**

Die Frage nach dem Sinn des Lebens ist die Frage nach dem Schöpfer. Der Lebenssinn wird uns von unserem Schöpfer gegeben, der uns designt und eine tiefe Sehnsucht nach einem erfüllten und sinnvollen Leben in uns hineingelegt hat. Auf der materiellen Ebene unseres Seins sind wir vielleicht so etwas wie Zufall, funktionierende Materie oder auch ein hochkomplexes System bioelektrischer und biochemischer Prozesse. Aber *ganzheitlich* betrachtet sind wir gewollt, geschaffen, berufen und geliebt, weil wir gleichzeitig geistig-spirituelle Wesen sind. Nur in dieser Ganzheitlichkeit finden wir unsere Würde als Menschen. Wenn wir *ohne* Gott nach dem Sinn des Lebens fragen, kratzen wir nur an der Oberfläche unseres Seins und kommen zu Antworten, die auf der materiellen Ebene unseres Seins sinnvoll sind, aber unserer wahren Natur und Bestimmung als spirituelle Wesen nicht gerecht werden.

Drei Fragen

Tief in uns schlummern drei Fragen. Es genügen unspektakuläre Begebenheiten unseres Lebens wie ein stimmungsvoller Sonnenuntergang, ein Bachkonzert, ein Film, der uns berührt, und schon werden sie wach, die drei Fragen:

Wer bin ich?

Woher komme ich?

Wohin gehe ich?

Diese Fragen unseres Herzens haben wir zum Verstummen gebracht. Durch die alltägliche Hektik, die uns wie ein Strudel erfasst. Durch materialistische Ideologien, die uns suggerieren, der mündige Mensch müsse der Absurdität und Banalität des Daseins tapfer ins Angesicht schauen. Durch die Lüge, dass diese metaphysische Fragerei nur der feige Versuch sei, vor der Endgültigkeit und Sinnlosigkeit unseres Seins zu fliehen und sich in eine religiöse Scheinwelt zu flüchten.

▶▶ Wer bin ich?
Woher komme ich?
Wohin gehe ich?

Auf der Suche nach einem sinnerfüllten Leben aber melden sich die drei Fragen zurück. Vielleicht ärgern wir uns über diese Fragen, weil sie unseren Horizont so beunruhigend weiten und weil wir spüren, dass es darauf keine befriedigende Antwort gibt, wenn wir Gott ausklammern. Ohne Gott regiert nur das eiskalte Gesetz des Zufalls. Ohne Gott gibt es keine Antwort auf die Fragen „Woher komme ich?", „Wozu bin ich da?" und „Wohin gehe ich?". Das Herz friert und die Seele dürstet. Da ist keine Liebe, die uns Menschen will, die uns begleitet und uns ein Ziel gibt. Franz Werfel (1890–1945) schreibt in seinem Roman *Der veruntreute Himmel*: „Wenn ich als junger Mann durch die Straßen der Städte ging, da war mir's, als müsste ich all diese dahinhastenden Leute mit ihren stumpfen Gesichtern festhalten und ihnen zuschreien: So bleibt doch stehen und denkt einmal nach und kostet es aus, dieses ungeheure Woher – Wohin – Warum! Ich habe schon früh erkannt, dass der Aufstand gegen Gott die Ursache unseres ganzen Elends ist."

Wie der Teufel die Menschen davon abhalten will, den Sinn des Lebens zu finden – eine Geschichte

Der Teufel hatte eine unterweltweite Versammlung aller Engel der Finsternis einberufen. In seiner Eröffnungsansprache benannte er das Hauptproblem: „Wie können wir die Menschen davon abhalten, den Sinn des Lebens zu finden? Wir müssen sie daran hindern, dass ihr Leben von Liebe, Güte und Fürsorge bestimmt wird! Und sie dürfen auf keinen Fall auf die obszöne Idee kommen, nach Gott und dem Sinn ihres Daseins zu fragen. Deshalb lautet mein Auftrag an euch, ihr finsteren Geschöpfe der Unterwelt: Lenkt sie ab! Lenkt sie ab von allem, was gut, göttlich und heilig ist! Lenkt sie ab mit allen Mitteln!"

„Wie sollen wir das anstellen?", fragten die Dämonen.

Da antwortete der Fürst der Finsternis: „Beschäftigt sie mit den unwichtigen Dingen des Alltags! Denkt euch immer wieder etwas Neues aus, um ihre Gedanken zu beherrschen! Verleitet sie dazu, dass ihnen keine Zeit bleibt. Sie sollen viel verbrauchen, viel verschwenden, viel ausgeben, viel borgen. Sie müssen ununterbrochen mit Kleinkram beschäftigt werden. Sie dürfen nicht dazu kommen, über ihr Leben und seinen Sinn nachzudenken!"

Und dann schärfte er ihnen ein: „Die Menschen sollen glauben, dass sie leben, um sich noch mehr Dinge kaufen zu können. Sie sollen kaufen, kaufen, kaufen! Überzeugt sie, dass sie vor allem Geld brauchen. Und haltet sie ab vom Denken! Stopft ihre Köpfe so voll, dass sie die sanfte Stimme des Guten nicht mehr hören. Sie sollen ständig das Radio oder den CD-Player anhaben. Ununterbrochen sollen sie zugedudelt und zugetextet werden. Alle öffentlichen Orte sollen mit irgendwelcher Unterhaltung beschallt werden. Und vor allem seht zu, dass sie viel Zeit vor dem Fernseher und mit Computerspielen verbringen. Ihre Gedankenwelt soll allmählich vergiftet werden. Überschwemmt ihre Welt mit oberflächlichen und dummen Zeitschriften. Das kleistert ihre Gehirne zu. Unterbrecht anspruchsvolle Sendungen mit Werbung, welche die Gedanken wieder auf die Banalitäten des Alltags lenkt. Hämmert ihnen 24 Stunden am Tag die neuesten Trends, Katastrophen, Skandale ein. Bedeckt die Straßen mit Plakaten und Postern.

Überflutet die Menschen mit Reizen. Überzeugt sie, dass sie das alles brauchen, um glücklich zu sein. Ihre Briefkästen sollen überquellen von Angeboten für Gratis-Produkte und Schnäppchen.

Überall und zu jeder Zeit soll man die schönsten Frauen sehen: an Hauswänden, in Zeitungsständern, auf Kinowerbungen, in allen Medien – schlank, sexy und verführerisch, damit die Menschen vergessen, dass es so etwas wie innere Schönheit gibt. Überzeugt die Frauen, dass nur schönes Aussehen und Jugend zählen. Wenn sie Falten oder Fettpolster an sich wahrnehmen, sollen sie unglücklich und verzweifelt sein!

Sagt der Jugend, dass man alles mitnehmen muss, was sich einem bietet. Macht die jungen Leute gierig nach den vergänglichen Dingen des Lebens. Sie müssen getrieben werden vom Verlangen nach Spaß. Macht sie süchtig nach dem nächsten Kick. Hauptsache, sie fragen nicht, wofür sie eigentlich leben.

Überzeugt die Männer davon, dass sie nur noch für ihren Job da sein sollen. Arbeit soll ihr ganzer Lebensinhalt sein. Bringt sie dazu, mit allem, was sie sind und haben, Geld zu machen. Benutzt ihre Eitelkeit, damit sie besessen von Macht, Ruhm und Erfolg alles einsetzen und alles andere vergessen. Hauptsache, sie fragen nicht nach dem Sinn des Lebens. Haltet sie davon ab, auf ihr Herz zu hören. Haltet sie davon ab, Zeit mit ihren Kindern zu verbringen. Wenn ihre Familien schließlich auseinandergebrochen sind, wird ihr Zuhause keinen Schutz mehr bieten.

Lasst die Menschen niemals zur Ruhe kommen! Hektisch sollen sie von Ereignis zu Ereignis jagen, von einem Highlight zum nächsten, von einer Party zur nächsten. Auch im Urlaub sollen sie nicht zur Ruhe kommen. Füllt ihre freien Tage mit der Sucht nach Erlebnissen. Erfüllt sie mit Angst, etwas zu verpassen. Haltet sie gefangen in Stress und Unrast. Haltet sie davon ab, über sich oder die Mitmenschen ernsthaft nachzudenken. Sie sollen alle ihre Lebenszeit verschwenden für unwichtige, leblose, zeitliche Dinge, damit das Kostbarste, was es gibt, zum Teufel geht: geschenkte Lebenszeit."

Wer bin ich? – ein geliebtes Geschöpf

Der Sinn des Lebens erschließt sich uns, wenn wir geliebt werden. Unser Leben wird nicht dadurch sinnvoll, dass wir etwas leisten, sondern dadurch, dass wir geliebt sind. Liebende fragen nicht, warum sie lieben und welchen Sinn das überhaupt hat. Sie lieben sich und erfahren in ihrer Liebe den tiefen Sinn des Lebens, füreinander da zu sein. Wir sind geschaffen als Gegenüber der Liebe Gottes. Deshalb erfahren wir in der Liebe den tiefen Sinn des Lebens: Es ist gut, da zu sein, weil ich geliebt bin. Die Liebe Gottes gilt jedem Menschen, lange bevor er überhaupt etwas tun kann. Die Liebe Gottes ist bedingungslos. Ich bin geliebt, allein weil es mich gibt.

Warum meine Frau nicht der Sinn des Lebens sein kann

Das sei gleich zu Beginn gesagt: Ich liebe meine Frau und ich weiß mich von ihr geliebt. Aber den Sinn meines Lebens leite ich nicht von einer irdischen Liebe ab. Das hat zwei Gründe.

Erstens kann kein Mensch die Sehnsucht meines Herzens nach bestätigender Liebe stillen. Wenn ich all mein Verlangen nach Liebe, Annahme und Bestätigung von einem Menschen, meiner Frau, erwarten würde, dann könnte man nur rufen: Arme Frau! Ich würde sie total überfordern und ich würde sie als großen „Glücksbringer" missbrauchen. Sie müsste leisten, was nur Gott kann, nämlich das große, umfassende Lebensglück für mich zu sein. Gott ist es, für den mein Herz geschaffen wurde, der meinem Leben über den Tod hinaus Sinn und Gelingen schenkt. Keine menschliche Liebe kann uns das Maß an Liebe schenken, für das wir designt sind. Viele Beziehungen zerbrechen, weil man einander überfordert. Enttäuschte Erwartungen sind ein Beziehungskiller erster Ordnung.

▶▶ Beziehungen zerbrechen, weil man einander überfordert. Enttäuschte Erwartungen sind ein Beziehungskiller erster Ordnung.

Zweitens: Wenn ein Mensch der große und einzige Lebenssinn ist, dann wird das Leben sinnlos, wenn dieser geliebte Mensch stirbt oder wenn eine Beziehung zerbricht und man ohne die liebende Zuwendung des anderen leben muss. Ein tragfähiger Lebenssinn muss auch vor der Realität des Todes und dem Scheitern von Beziehungen bestehen können. Der Schmerz über den Verlust eines Menschen darf den Sinn des Lebens nicht ertränken.

Gott finden heißt den Sinn des Lebens finden

Gott kennt uns, unsere Geschichte, unsere Stärken und Schwächen, unsere Träume und Begabungen. Wenn wir zu ihm finden, dann beginnt er, mit uns über unser Leben zu reden. Es geht hierbei nicht um Stimmen aus einer jenseitigen Welt. Diese Art von Stimmen gehören in das Gebiet seelischer Erkrankungen. Gottes Reden wird von vielen Menschen als ein wohltuendes und sanftes Reden zu ihrem Herzen erlebt, ein inneres Gespür für das, was Gott möchte und was ihm Freude bereitet.[14]

▶▶ Es gibt einen Lebenssinn, den uns kein Mensch, keine Ideologie, keine Regierung, keine Partei, kein Programm, auch keine Religion geben kann.

Wenn wir Gott innerlich nahekommen, spüren wir: Unser Leben ist in Gottes Augen unglaublich wertvoll und einmalig. Sanft wird unser Augenmerk darauf gerichtet, dass er eine Aufgabe für uns hat. Gott weiß, was uns begeistert und was unser Herz zum Schwingen bringt. Er will uns gebrauchen, damit wir zum Segen für diese Welt werden. Gott macht unser Leben sinnvoll. Er möchte, dass unser Leben gelingt und wir glücklich werden – nicht nur ein paar Jahre hier, sondern für alle Zeit und Ewigkeit. Es gibt einen Lebenssinn, den uns kein Mensch, keine Ideologie, keine Regierung, keine Partei, kein Programm, auch keine Religion geben kann. Nur der Schöpfer selbst kann uns den letzten großen Lebenssinn finden lassen.

Weil mein Leben ein Ziel bekommt

> *„Solange man nicht annimmt, dass es einen Gott gibt, bleibt die Frage nach dem Ziel des Lebens sinnlos."*
> Bertrand Russell (1872–1970), Mathematiker, Philosoph, Schriftsteller, Literatur-Nobelpreisträger

Was der Mensch braucht

Der Mensch ist eine körperlich, seelisch, geistige Einheit. Es ist relativ einfach zu sagen, was er auf der körperlichen Ebene braucht: Sauerstoff, Wasser, Nahrung, Bewegung, Schlaf, Kleidung, eine Wohnung oder Hütte. Wenn man ihm das entzieht, geht er ein. Was aber braucht er als seelisches Wesen? Liebe, menschliche Zuwendung, Gemeinschaft, Anerkennung. Wir möchten, dass jemand zu uns sagt: „Das war prima. Das hast du gut gemacht." Auf der geistigen Ebene braucht der Mensch Lebensziele, die ihn beflügeln, herausfordern, inspirieren. Wenn er die nicht mehr hat, dann geht das Leben zurück.

>> Der Mensch ist ein Sinnwesen. Er braucht etwas, wofür er sich von Herzen engagieren kann, das sein Leben ausfüllt. Er braucht ein großes Ziel.

Es gibt ein Phänomen, das man den „geistigen Rentnertod" nennt. Es umschreibt die traurige Tatsache, dass viele alte Menschen, die eigentlich fit und leistungsfähig sind, den Eintritt in den Ruhestand nicht verkraften. Sie fühlen sich abgestellt und nicht mehr gebraucht. Manche sterben deshalb ziemlich plötzlich, weil sie keine Aufgabe mehr im Leben sehen. Der Mensch ist ein Sinnwesen. Er braucht etwas, wofür er sich von Herzen engagieren kann, das sein Leben ausfüllt. Er braucht ein großes Ziel.

Ziellos von Ziel zu Ziel

Das deutsche Wort Sinn bedeutet so viel wie Lebensziel. „Worauf sinnst du?" heißt: „Was ist dein Ziel?" Zwar kann ein Mensch viele Lebensziele haben, aber nicht viele Lebenssinne. Sinn in der Mehrzahl (also Sinne) bedeutet etwas ganz anderes. Lebensziel hat die gleiche Bedeutung wie Lebenssinn. Wir haben viele Lebensziele, aber hat unser Leben einen Sinn? Wer viele Lebensziele hat, hat noch lange keinen Lebenssinn.

Menschen haben viele Lebensziele. Unser erstes Lebensziel kann man in Zentimetern ausdrücken. Wer klein ist, will groß werden. In meinem Elternhaus gab es eine Tür, in deren Zarge jedes Jahr meine Körpergröße eingekerbt wurde. Ich war stolz, wenn ich im Laufe eines Jahres wieder sieben Zentimeter gewachsen war. „Wenn ich einmal groß bin ...", so begann mancher visionäre Satz. Das nächste Ziel: endlich ein Schulkind sein. Das fand ich großartig. Es klang wie „fast erwachsen". Als ich dann zur Schule ging, wollte ich sie schnell hinter mich bringen. Schon visiert man das nächste Ziel an, nämlich einen ordentlichen Schulabschluss. Dann möchte man einen guten Job und eine Freundin oder einen Freund haben. Das nächste Ziel, das sich viele Menschen stellen, ist der Besitz eines anständigen Fortbewegungsmittels. Dieser Wunsch ist bei Männern ausgeprägter. Wonach sie sich sehnen, ist zwischen Mountainbike und Porsche angesiedelt. Die Wunschliste ist unerschöpflich: eine Familie, Kinder, vielleicht ein eigenes Haus und natürlich eine steile Karriere.

▶▶ **Eben stand man noch mitten im Leben und plötzlich steht die Rente vor der Tür! Man schaut in den Spiegel und fragt sich, ob man den alten Mann da wirklich rasieren soll.**

Und dann – plötzlich sind 30 Jahre vorbei. Man hat den Zenit überschritten und fragt sich augenreibend: Wo ist nur die Zeit geblieben? Eben stand man noch mitten im Leben und plötzlich steht die Rente vor der Tür! Man schaut in den Spiegel und fragt sich, ob man den alten Mann da wirklich rasieren soll. Man hat so gut wie alles erreicht. Und mit einem Mal rückt das Ende ins Blickfeld. Auf der Karriereleiter geht es nicht weiter nach oben. Die

Kinder sind groß. Gesünder wird man auch nicht mehr. Im Gegenteil: Man muss ackern und schuften, um in Form zu bleiben. Man beginnt, sich gesund zu ernähren. Gesundheit wird plötzlich ein kostbares Gut, das einem schnell abhanden kommen kann. Was sind dann unsere Ziele? Nun will man gesund die Rente erreichen. Je älter man wird, desto enger werden die Lebensziele. Ältere Menschen machen allerlei Diäten, unterwerfen sich Hormonkuren, schlucken Pillen und Vitamine mit dem einen Ziel, möglichst lange und gesund die Rente zu genießen. Das geht ja heute viel besser als früher. Die Menschen werden heute immer älter und bleiben länger fit. Aber was dann?

Irgendwann hat man nur noch ein Ziel: noch ein bisschen leben. Man wird Zeuge des Zerfalls seines Körpers. Alle Messen sind gesungen. Man weiß: Jetzt kommt nur noch der Tod. Ist das Leben nun ziellos? Ist der Tod das letzte Ziel? Ist der Tod überhaupt ein Ziel?

Was kommt nach der letzten Sprosse der Karriereleiter?

Einige Topmanager verbringen gemeinsam ein Fortbildungswochenende und haben sich dazu einen Unternehmensberater eingeladen. Der macht eine Übung mit ihnen: „Bitte nehmen Sie sich ein Blatt Papier und beantworten Sie die folgende Frage: Was ist dein Lebensziel?" Die meisten schreiben das Wort „Vorstandsvorsitzender" auf und geben ihre Antwort ab. Der Berater sagt den Managern darauf: „Ich kenne einige, die dieses Ziel erreicht haben. Sie sind auf der Leiter des Erfolgs bis ganz oben gestiegen. Ich kenne diese Leute. Einige von ihnen sind meine Freunde. Und sie alle erzählen das Gleiche. An der letzten Sprosse der Leiter des Erfolges hängt ein Schild. Und auf diesem Schild steht etwas geschrieben. Was dort steht, kann man von unten nicht lesen." Gespannt fragen die Manager: „Was steht denn da drauf, auf dem Schild?" Der Berater fährt fort: „Okay, ich mache hier eine Ausnahme. Ich werde Ihnen verraten, was dort steht. Auf dem Schild steht: ‚Dies ist die letzte Sprosse!'"

Diese Geschichte hat sich tatsächlich zugetragen. Sie bringt eine tiefe Wahrheit zur Sprache: Vorstandsvorsitzender zu sein ist kein Lebensziel! Warum? Weil das Lebensziel etwas ganz anderes ist als einzelne Lebensziele. Es geht um die Frage nach dem *Lebenssinn*.

In unserer Gesellschaft können sich viele Kinder leisten, die Karriere und den Erfolg ihrer Eltern zu verachten. Denn sie sind bis zu einem gewissen Maß durch die Errungenschaften ihrer Ernährer materiell abgesichert. Interessant ist aber, warum sie ihre Eltern kritisieren und deren Lebenswerk nicht anerkennen. Sie merken, dass sich ihre Eltern nur um Lebensziele gekümmert haben, nicht aber um einen Lebenssinn.

▶▶ **Mein Vater ist die Leiter des Erfolges hochgeklettert und musste erkennen, dass sie nirgendwo hinführt.**

So schrieb ein 17-jähriger Gymnasiast in einem Aufsatzwettbewerb zum Thema „Eltern": „Ein dickes Bankkonto, zwei Autos, ein Landhaus und eine Jacht. Mein Vater ist die Leiter des Erfolges hochgeklettert und musste erkennen, dass sie nirgendwo hinführt. Man muss nur immer weiterklettern. Aber jetzt bekommt er Angst. Er leidet unter Depressionen und sein Alter macht sich bemerkbar. Auf dem Gipfel des Ruhmes ist er ein gebeugter, verbrauchter, alter Mann. Ich will nicht so werden wie mein Vater."

Das frustrierende Fazit eines Hedonisten

Ein Hedonist ist ein Mensch, der Genuss zum obersten Lebensinhalt macht. In der Bibel gibt es einen Mann, der als Symbolfigur für Erfolg, Reichtum, Weisheit und Genuss gilt. Sein Name ist König Salomo. Er konnte sich alles leisten, was das Herz begehrt. Keiner in Israel war je so reich wie er, keiner hatte so viele Frauen, keiner wurde von anderen Herrschern so beneidet. Und doch lautet das Fazit seines Lebens: „Doch dann dachte ich nach über das, was ich erreicht hatte, und wie hart ich dafür arbeiten musste, und ich erkannte: Alles war letztendlich sinnlos – als hätte ich versucht, den Wind einzufangen! Es gibt auf dieser Welt keinen bleibenden Gewinn."

König Salomo – einer, der alles hat und trotzdem vor dem Nichts steht! Hören wir doch einmal auf den Text, wie Salomo um den Sinn des Lebens ringt (Prediger 2,1–11): „Also sagte ich mir: ‚Versuch fröhlich zu sein und das Leben zu genießen!'" Doch ich merkte, dass auch dies sinnlos ist. Mein Lachen erschien mir töricht, und das Vergnügen – was hilft es schon? Da nahm ich mir vor, mich mit Wein zu berauschen und so zu leben wie die Unverständigen – doch bei allem sollte die Weisheit mich führen. Ich wollte herausfinden, was für die Menschen gut ist und ob sie in der kurzen Zeit ihres Lebens irgendwo Glück finden können. Ich schuf große Dinge: Ich baute mir Häuser und pflanzte Weinberge. Ich legte Ziergärten und riesige Parks für mich an und bepflanzte sie mit Fruchtbäumen aller Art. Ich baute große Teiche, um den Wald mit seinen jungen Bäumen zu bewässern. Ich erwarb Knechte und Mägde zu denen hinzu, die schon lange bei uns lebten und zu Zeiten meines Vaters in unserem Haus geboren wurden. Ich besaß größere Rinder- und Schafherden als alle, die vor mir in Jerusalem regiert hatten. Meine Schatzkammern füllte ich mit Silber und Gold, mit Schätzen aus anderen Königreichen. Ich ließ Sänger und Sängerinnen an meinen Hof kommen und hatte alle Frauen, die ein Mann sich nur wünschen kann. So wurde ich berühmter und reicher als jeder, der vor mir in Jerusalem regiert hatte, und meine Weisheit verlor ich dabei nicht. Ich gönnte mir alles, was meine Augen begehrten, und erfüllte mir jeden Herzenswunsch. Meine Mühe hatte sich gelohnt: Ich war glücklich und zufrieden. Doch dann dachte ich nach über das, was ich erreicht hatte, und wie hart ich dafür arbeiten musste, und ich erkannte: Alles war letztendlich sinnlos – als hätte ich versucht, den Wind einzufangen! Es gibt auf dieser Welt keinen bleibenden Gewinn."

▶▶ Alles war letztendlich sinnlos – als hätte ich versucht, den Wind einzufangen! Es gibt auf dieser Welt keinen bleibenden Gewinn.

Und dann? Eine irgendwo mal gehörte Geschichte

„Hallo, Opa", sagt der Enkel, ein junger gut aussehender Mann. „Ich hab's geschafft, yeah", ruft er begeistert.

Der Großvater ergreift freudig die Hand seines Enkels. „Wie war's denn mit der Abiturprüfung? Wir haben hier mitgefiebert."

„Wow, ich hab alles mit 1,2 gemacht. Super, oder?"

„He, großartig! Bist ein heller Kopf! Und wie soll's weitergehen? Willst du immer noch Jura studieren?"

„Erst mal geh ich zum Bund."

„Und dann?", fragt der Alte interessiert.

„Dann werde ich auf jeden Fall Jura studieren."

„Das ist prima, und dann?"

„Na, dann werde ich Anwalt, vielleicht Wirtschaftsanwalt, gewinne große Prozesse und mache jede Menge Kohle".

„Das ist schön, mein Junge, da brauche ich mir ja auf meine alten Tage keine Sorgen zu machen, wenn ich mal Ärger bekomme. Du haust mich raus", sagt der Großvater schmunzelnd und fragt: „Und dann, was machst du dann?"

„Na, ich such mir die Schönste im Land und heirate."

„Hm, na hoffentlich. Und was dann?", bohrt der Großvater weiter.

„Ich mach Karriere, kauf mir mein Traumauto und ein Haus für meine Familie."

„Großartig. Und dann?"

„Dann will ich Kinder, drei vielleicht. Wir reisen in ferne Länder, haben ein schönes Haus."

„Und dann?"

„Und dann! Langsam nervt mich die Fragerei. Ich genieße meinen Erfolg, das Leben und werde glücklich alt", erwidert der Enkel leicht gereizt.

„Ach ja?"

„Genau, dann genieße ich meinen Ruhestand."

„Und dann?"

„Wie, und dann? Nix dann! Man stirbt irgendwann."

„Ja, und was dann?"

„Dann hat man halt sein Leben gelebt und ist tot ... Aber was soll das eigentlich? Ich habe gerade mein Abitur gemacht, habe das Leben noch vor mir. Die Welt steht mir offen. Was soll diese Fragerei? Außerdem muss ich jetzt los. Ich komm nächste Woche wieder vorbei." Der Enkel klopft seinem Großvater freundlich auf die Schulter und geht.

Gedankenverloren blickt der alte Mann seinem Enkel hinterher: „Da bist du nun 13 Jahre in die Schule gegangen, willst ein großer Anwalt werden, aber du hast kein wirkliches Lebensziel."

Die Tragik von Nahzielen

Wir setzen uns viele Lebensziele. Wir eilen von Nahziel zu Nahziel, aber haben wir einen Lebenssinn vor Augen? Vergessen wir nicht vor lauter Lebenszielen den Sinn des Lebens? Verdrängen wir nicht in unserem Eifer, Nahziele zu erreichen, die Frage nach dem Lebenssinn?

Nahziele sind wichtig. Sie geben uns Orientierung für den nächsten Schritt. Wir brauchen aber ein großes Ziel, in dem alle Lebensziele nur Stationen sind. Lebensziele sind keine echten Ziele, weil sie uns nirgendwo hinführen. Wenn wir kein großes Ziel haben, ist unser Leben immer von Sinnlosigkeit bedroht.

▶▶ **Wir setzen uns viele Lebensziele. Wir eilen von Nahziel zu Nahziel, aber haben wir einen Lebenssinn vor Augen?**

Dann müssen wir eines Tages, wenn wir nur noch den Tod vor Augen haben, in ein dunkles, unheimliches Nichts blicken. Atheismus ist das Nirwana der Seele, weil er kein Ziel kennt. Der Philosoph Martin Heidegger (1889–1976) schrieb am Ende seines Lebens: „Nur Gott kann uns noch retten. Wenn Gott als der übersinnliche Grund und das Ziel aller Wirklichkeit tot ist, dann bleibt nichts mehr, woran der Mensch sich halten und wonach er sich richten kann. Der Nihilismus, der unheimlichste aller Gäste, steht vor der Tür."

Ich war als Pfarrer oft in Altersheimen. Ich habe die Hoffnungslosigkeit in den Augen alter Menschen gesehen, ihre Verzweiflung und Bitterkeit über ein nun leeres, zielloses Leben. Und ich habe das Leuchten in den Augen derer gesehen, die das Ziel ihres Lebens kannten, weil sie Gott kannten. Oft haben sie mich mit ihrer Hoffnung angesteckt. Oft war ich durch ihre Worte getröstet, weil Ermutigung und ein wunderbares Vertrauen in die Wirklichkeit Gottes von ihnen ausging. Im Altersheim habe ich den Unterschied zwischen denen, die nicht an Gott glauben, und denen, die ihn kennen und lieben, gesehen. Und ich habe mir gesagt: Ich will ein gläubiger Mensch sein, und ich will vielen Menschen helfen, diesen Gott zu entdecken und ihm zu vertrauen.

Der Mensch – designt für das große Ziel

Manchen Menschen ist alles Reden und Schreiben von Ewigkeit und Leben nach dem Tod ein Gräuel. Mir geht es eher umgekehrt. Ich finde es furchtbar, wenn wir die Gesamtheit menschlicher Existenz aus dem Blick verlieren und nur noch das Irdische wahrnehmen. Denn so verkennen wir die Tiefendimension menschlichen Lebens und verengen den Blick auf seine physische Existenz. Unsere Wesensbestimmung kommt eben nicht in diesem Leben zur letztgültigen Bestimmung. Das ist eine fundamentale Erkenntnis der menschlichen Geistesentwicklung. Der Mensch findet das Ziel und die Erfüllung seines Daseins eben nicht nur in diesem Leben. In allen menschlichen Kulturen finden wir diesen Gedanken. Nur der Materialismus der Moderne reduziert den Menschen und seine Bestimmung auf seine irdische Existenz. Das ist ein Irrweg, weil er den Menschen zu einem Wanderer ohne Ziel macht.

▶▶ Nur der Materialismus der Moderne reduziert den Menschen und seine Bestimmung auf seine irdische Existenz. Das ist ein Irrweg, weil er den Menschen zu einem Wanderer ohne Ziel macht.

Der französische Philosoph und Atheist Michel Onfray sagte in einem Interview: „Vom Urknall über die Evolution bis heute wirkte eine Art Mechanik materialistischer Kausalitäten. Und wohin gehen wir? In Richtung unseres Verschwindens. Die ‚Kritik der reinen Vernunft', Beethovens Fünfte – nichts wird bleiben." Gott sei Dank hat Onfray unrecht. Dieser öde Materialismus beleidigt nicht nur unsere menschliche Würde, er macht die Gesellschaft mit seiner zerfressenden Hoffnungslosigkeit und Diesseitsfixiertheit krank. Der Tod ist keine Falltür ins Nichts. Er ist die Tür zu einem neuen Leben. Hinter dieser Tür erwatet uns das letztgültige Urteil über unser Leben. Zuvor haben wir eine Wahl getroffen: die Trennung von Gott oder die Gemeinschaft mit ihm. Gott zwingt niemanden in seinen Himmel. Wir entscheiden uns hier und jetzt.

▸▸ **Gott zwingt niemanden in seinen Himmel.**

Das große, letztgültige Ziel

Ich bin erschüttert, wenn ich Abschiedsbriefe von Menschen lese, die wegen ihres Widerstands gegen die Hitler-Diktatur zum Tode verurteilt wurden.[15] Viele dieser Briefe sind von der freudigen Gewissheit durchzogen, dass der Tod nicht das absolute Ende ist, sondern ein Tor, durch das ein Mensch zu seiner letztgültigen Bestimmung geht. Der Student Christoph Propst gehörte zur Widerstandsgruppe „Die weiße Rose", die sich um die Geschwister Scholl in München gesammelt hatte. Der Vater von drei kleinen Kindern schrieb am Tag seiner Hinrichtung 1943 mit 24 Jahren: „Ich habe nicht gewusst, dass Sterben so leicht ist. Ich sterbe ganz ohne Hassgefühle. Vergiss nie, dass das Leben nichts ist als ein Wachsen in der Liebe und ein Vorbereiten auf die Ewigkeit." Kurz vor seiner Exekution sagte er zu Sophie Scholl, die sein Schicksal teilte: „In wenigen Minuten sehen wir uns in der Ewigkeit wieder."

Der Student und Widerstandskämpfer Roger Peronneau, der mit nur 21 Jahren zum Tode verurteilt und erschossen wurde, schrieb: „Innig geliebte Eltern, ich werde sogleich erschossen werden – um die Mittagsstunde, und jetzt ist es 9 1/4. Das ist eine Mischung von Freude und Erregung. Verzeiht mir allen Schmerz, den ich euch bereitet habe, jetzt bereite und noch bereiten werde. Verzeiht mir alle wegen des Bösen, das ich getan, wegen des Guten, das ich nicht getan habe. Mein Testament ist kurz: Ich beschwöre euch, euren Glauben zu bewahren. Vor allem: keinen Hass gegen die, die mich erschießen. ‚Liebt euch untereinander', hat Jesus gesagt, und die Religion, zu der ich zurückgekehrt bin und von der ihr nicht lassen sollt, ist eine Religion der Liebe. Ich umarme euch mit allen Fasern meines Herzens. Ich nenne keinen Namen, denn es gibt deren zu viele, die in mein Herz eingeprägt sind. Euer euch innig liebender Sohn, Enkel und Bruder Roger."

Der Apostel Paulus schreibt in einem seiner letzten Briefe: „Ich rechne mit meinem Todesurteil. Mein Leben wird nun bald für Gott geopfert. Doch ich habe mit vollem Einsatz gekämpft. Jetzt ist das Ziel erreicht, und ich bin Christus treu geblieben. Nun hält Gott für mich den Siegespreis bereit: seine Gerechtigkeit. Er, der gerechte Richter, wird ihn mir am Tage des Gerichts geben. Aber nicht mir allein, sondern allen, die wie ich voller Sehnsucht auf sein Kommen warten."[16]

Im Hause meines Vaters sind viele Wohnungen

Vor drei Jahren starb ein Freund von mir – der Politologe Bernd Motschmann, einer der großartigsten Menschen und Christen, die ich kenne. Eines Tages eröffnete ihm der Arzt, den Bernd wegen Schmerzen besuchte: „Sie haben einen besonders aggressiven Krebs. Ihnen bleiben höchstens sieben Tage." Er wurde gleich im Krankenhaus behalten. Bernd schrieb an seine Freunde: „Mein Krebs wird mir zur Tür in den Himmel."

Bewegt erzählten die Ärzte und Schwestern nach seinem Tod, dass sie noch nie einen Menschen erlebt hätten, der so fröhlich, getröstet und gefasst seinem Sterben entgegenging. Wer ein gutes Wort bekommen oder einfach nur einen glücklichen Menschen sehen wollte, der brauchte nur in Bernds Krankenzimmer zu gehen.

Ist das Heroismus? Nein! Bernd Motschmann wusste einfach nur zwei Dinge mit Herz und Hirn: Erstens, wer er selbst ist – ein von Gott geliebter und zum ewigen Zuhause bestimmter Mensch. Zweitens, kannte und liebte er den, der gekommen war, damit wir Menschen nicht verloren gehen, sondern das ewige Leben finden: Jesus. Dieser sagt zu seinen Freunden: „Im Hause meines Vaters gibt es viele Wohnungen. Ich gehe hin, um dort alles für euch vorzubereiten."[17]

Weil die sichtbare Welt nur eine Dimension der Wirklichkeit ist

„Es gibt mehr Dinge im Himmel und auf Erden, als eure Schulweisheit sich träumen lässt."
William Shakespeare (1564–1616), englischer Dichter und Dramatiker

Juri hat Gott nicht gesehen

Die Lehrerin trat vor die Klasse und verkündete feierlich: „Liebe Schüler, der sowjetische Kosmonaut Juri Gagarin war, wie ihr wisst, 1961 der erste Mensch im All. Er schaute aus dem Fenster seiner Rakete und suchte überall, ob er vielleicht Gott sieht. Aber er sah nur die Erde und das All. Als er zurückkam, sagte er, dass er keinen Gott dort oben gesehen hat. Also, liebe Kinder, es gibt keinen Gott."

Diese Geschichte habe ich tatsächlich Ende der 60er-Jahre in einer DDR-Schule erlebt. Weil Juri Gott nicht gesehen hat – wie die atheistische Propaganda jener Zeit siegreich verkündete –, kann es Gott nicht geben. Diese Argumentation ist so unglaublich simpel. Aber vielleicht war sie deshalb für viele Menschen einleuchtend. Wir wollen uns deshalb fragen: „Wo wohnt Gott? Wie kann ich mir das vorstellen?" Im Übrigen wissen wir heute, dass Juri Gagarin wahrscheinlich von der sowjetischen Propaganda missbraucht wurde. Er war ein gläubiger Mensch.[18]

>> Weil Juri Gott nicht gesehen hat – wie die atheistische Propaganda jener Zeit siegreich verkündete –, kann es Gott nicht geben.

An diesen Gott glaube ich auch nicht

Vor einigen Jahren wurde ich von einer Ostberliner Gesamtschule eingeladen, um die Schüler dort über das Christentum zu informieren. Einige Schüler verliehen lautstark ihrer Meinung Ausdruck, dass sie es total bescheuert finden, an Gott zu glauben. Als ich merkte, was für einen Gott sie meinten, pflichtete ich ihnen bei. Ich glaube auch nicht an einen alten Mann im Himmel, der auf einer Wolke sitzt und irgendwie die Geschicke der Menschheit lenkt – und dem das mit der Menschheit total über den Kopf gewachsen ist.

▶▶ Ich glaube auch nicht an einen alten Mann im Himmel, der auf einer Wolke sitzt und irgendwie die Geschicke der Menschheit lenkt – und dem das mit der Menschheit total über den Kopf gewachsen ist.

Ich glaube auch nicht an einen himmlischen Weltpolizisten, der Strafzettel verteilt, die Bösen bestraft und die Guten belohnt. Ich glaube auch nicht an einen Gott, der wie ein gigantischer Weihnachtsmann dazu da ist, Wunschzettel zu erfüllen. Ich sagte ihnen: „An den Gott, den ihr da im Kopf habt, glaube ich auch nicht." Der weise Satz des österreichischen Musikers und Schriftstellers Peter Horton – „Ein Atheist ist einer, der sich ein Bild macht und es verneint" – findet hier seine Bestätigung.

Wo wohnt Gott?

Wer eine eindimensionale Vorstellung von der Wirklichkeit hat, kann sich Gott nur als jemanden vorstellen, der irgendwo in diesem Universum wohnen muss. Es gibt aber keinen Ort in diesem Universum, an dem Gott wohnen könnte. Das würde ja bedeuten, dass er woanders nicht ist. Gott ist nicht einfach ein Teil dieser Welt. Menschen mit einem einstöckigen Weltbild kommen hier an ihre Grenzen und müssen logischerweise eine Existenz Gottes für absurd halten. Die Frage ist, welches Weltbild wir in unser Naturbild einbetten. Wir berühren hier hochinteressante und unauslotbare Fragen: Was ist Raum? Was ist Zeit? Wie kann man sich eine vieldimensionale Wirklichkeit vorstellen?

Der Begriff Dimension umschreibt eine Wirklichkeitsebene. Die dreidimensionale Beschreibung des Raumes aus Länge, Breite und Höhe ist logisch, aber unzureichend. Was ist zum Beispiel ein fünfdimensionaler oder ein neundimensionaler Raum? Wir können ihn mathematisch beschreiben, aber wir können ihn uns nicht vorstellen, weil wir nur dreidimensional denken können. Unter Berücksichtigung der fünften Dimension können Gegenstände spurlos verschwinden oder auftauchen. Auch Ereignisse, die chronologisch hintereinanderliegen, verlieren ihre zeitliche Abfolge, weil die vierte Dimension – die Zeit – in der fünften aufgeht. Ich will hier lediglich ein Problem andeuten, ohne mich in dessen Beschreibung zu verlieren. Das sollen Physiker und Mathematiker tun. Ich würde mich hierbei übernehmen. Mir ist aber wichtig, dass uns bewusst ist: Unsere Wirklichkeit ist vieldimensional.

▶▶ Unsere Wirklichkeit ist vieldimensional.

Das hilft zu verstehen, was die Bibel meint, wenn sie vom Vater im Himmel spricht, also von Gott und seiner Wirklichkeit. Gottes Dimension ist eine ganz andere als die unsrige. Er ist uns nahe, ohne ein Teil dieser Welt zu sein. In einer Diskussion mit den Philosophen und Intellektuellen Athens sagte Paulus: „Gott hat gewollt, dass die Menschen ihn suchen, damit sie ihn spüren und finden können. Und wirklich, er ist jedem von uns nahe! Durch ihn leben und existieren wir."[19] Er ist bei uns, und doch ist er der Gott „in den Himmeln". Besonders das Matthäusevangelium verwendet gern die Mehrzahl. Wie können Menschen heute verstehen, was die Bibel mit „in den Himmeln" meint? Die Forschungen einer interessanten Havard-Physikerin im Bereich theoretischer Physik könnten uns weiterhelfen.

Viele Welten nebeneinander und ineinander

Ein Buch über verborgene Dimensionen und Parallelwelten sorgt seit 2006 weltweit für Furore und brachte der Autorin den Ruf ein, die wichtigste Physikerin der Gegenwart zu sein. Lisa Randell beschreibt in ihrem Werk „Verborgene Universen" unsere Welt als eine von vielen dreidimensionalen Inseln, die sich in einem viel komplexeren und gewaltigeren Universum befinden. Nur eine Atomlänge von uns entfernt existieren anderen Welten, Branen genannt. Alles, was wir sehen, die gesamte irdische Welt, klebt an unserer Brane. Die anderen Welten können wir nicht einfach bereisen, ja, wir können sie nicht einmal sehen oder Kontakt zu ihnen aufnehmen. Dennoch sind sie real. Bisher konnte Lisa Randell die verborgenen Dimensionen nur theoretisch, nämlich in ihren Gleichungen nachweisen. Aber schon bald könnte auch der experimentelle Nachweis gelingen, wenn nahe Genf der riesige Teilchenbeschleuniger LHC seine Funktion aufnimmt.[20]

Die sichtbare und die unsichtbare Welt

Was Forscher heute zu entdecken beginnen, war schon immer Grundlage des christlichen Wirklichkeitsverständnisses. Unsere

▶▶ **Was Forscher heute zu entdecken beginnen, war schon immer Grundlage des christlichen Wirklichkeitsverständnisses. Unsere sichtbare und wahrnehmbare Welt ist nur ein kleiner Ausschnitt der Wirklichkeit.**

sichtbare und wahrnehmbare Welt ist nur ein kleiner Ausschnitt der Wirklichkeit. Die Bibel geht ganz selbstverständlich davon aus, dass es die Erde gibt und den vieldimensionalen Himmel. Überhaupt gehen alle Religionen dieser Welt ganz selbstredend von einem doppelten Wirklichkeitsverständnis aus, von einer sichtbaren und einer unsichtbaren Realität. Für das alte Christentum war es völlig klar, dass es neben der irdischen, sichtbaren Realität eine geistliche, unsichtbare Realität gibt. Dazu gehört auch die Welt der Engel und der Geister, der Himmel als Gottes Dimension, das Reich Christi, das Paradies, die Hölle, die Welt der Toten. Wir merken, dass es eine Menge unterschiedlicher Begriffe gibt, die unterschiedliche Wirklichkeiten in der unsichtbaren Welt benennen.

Wir wollen uns einen Satz aus der Bibel näher anschauen: „Wir sehen nicht auf das Sichtbare, sondern wir sehen auf das Unsichtbare, denn was sichtbar ist, das ist vergänglich, was aber unsichtbar ist, das ist ewig."[21] Zunächst klingt das wie ein einziger Widerspruch. Auf etwas Unsichtbares kann man nicht sehen. Da wir davon ausgehen können, dass Paulus – der Autor dieses Satzes – nicht blöd war, müssen wir die geläufigen Vorstellungen von *sehen* hinter uns lassen. Offensichtlich geht es hier um ein Sehen mit den Augen des Herzens. Paulus redet an anderer Stelle von den erleuchteten Augen des Herzens.[22] Er meint, dass es eine Wirklichkeit gibt, die man mit den üblichen Sinnen nicht wahrnehmen kann. Es gibt aber eine Wahrnehmungsbegabung, die Gott schenkt. Was bewirkt sie? Dazu muss man sich den Zusammenhang des Satzes anschauen. Paulus benennt zwei Wirkungen. Erstens: Wir empfangen Mut. Zweitens: Unser innerer Mensch wird von Tag zu Tag erneuert, auch wenn unser äußerer Mensch altert und verfällt.

Was ist Glaube?

Die Rede von der unsichtbaren Wirklichkeit klingt zunächst wie ein Theologentrick. Man glaubt an etwas, das nicht da ist, das man weder sehen noch beweisen kann. Daher wird es in den Bereich der persönlichen Innerlichkeit verschoben. Man ist fein raus. Es bleibt ja die persönliche Welt des inneren Schauens. Da braucht es keine klaren Fakten und nachvollziehbaren Beweise. Viele Menschen denken, es heißt „Glaube", weil man nicht genau *weiß*, ob Gott existiert und ob das alles stimmt; das Wort „Glaube" sei ein Ausdruck dafür, dass sich das Christentum nun mal auf lauter fromme Vermutungen und Hoffnungen gründe. Wenn man sich aber den christlichen Glauben genauer anschaut, dann ist er keine Mutmaßung, sondern feste Gewissheit. Viele Christen waren sich ihres Glaubens so gewiss, dass sie ihr Leben auf diesen Glauben bauten und sogar bereit waren, eher zu sterben, als diesen Glauben aufzugeben.

▶▶ Die Rede von der unsichtbaren Wirklichkeit klingt zunächst wie ein Theologentrick. Man glaubt an etwas, das nicht da ist, das man weder sehen noch beweisen kann.

Das Wort „Glaube" ist als christlicher Insiderbegriff heute eigentlich nicht geeignet, um das wiederzugeben, was die Bibel unter Glauben versteht, nämlich eine feste Gewissheit und Zuversicht, dass Gott wahr und treu ist. Wenn Menschen heute „Glaube" hören, dann bedeutet das für sie, etwas nicht genau zu wissen, zu vermuten. „Ich glaube, dass es morgen regnet" heißt: es kann sein, es kann aber auch nicht sein. Wenn ein Christ sagt: „Ich glaube an Gott", dann drückt er keine Vermutung aus, sondern er sagt, was das Fundament seines Lebens ist. Vermutungen sind ein sumpfiger Morast, auf den kein kluger Mensch das Haus seines Lebens baut. Der Hebräerbrief in der Bibel schreibt: „Der Glaube ist das zuversichtliche Feststehen in dem, was man hofft, und das feste Überzeugtsein von Dingen, die man nicht sieht."[23]

Wie kommen Menschen dazu, das Haus ihres Lebens auf etwas Unsichtbares und Unbeweisbares zu bauen? Haben sie sich in eine religiöse Deutung der Welt hineingesteigert? Haben sie bei einer religiösen Theorie Zuflucht gesucht? Das gibt es auch. Aber Glaube meint eigentlich, dass ein Mensch zu einer unsichtbaren Realität Zugang gefunden hat. Die Bibel gebraucht viele Vergleiche, um die Beziehung des Menschen zu Gottes Wirklichkeit zu beschreiben. Jesus verwendet ein Bild aus dem Weinanbau: „Ich bin der Weinstock, ihr seid die Reben. Wer an mir bleibt und ich in ihm, der bringt viel Frucht."[24] Gläubige Menschen haben eine Beziehung zur Welt des Glaubens gefunden. Paul Tillich (1886–1965), ein bedeutender Theologe, definiert den Glauben als „das Ergriffensein von dem, was mich unbedingt angeht". Ich mag diesen Satz, weil er ohne religiöse Vokabeln auskommt.

Gott im Gehirn?

Vor etwa zwei Jahren ging eine Meldung durch die Presse: Forscher behaupteten, sie hätten Gott im Gehirn gefunden. Was steckt hinter der Meldung? Man hat das Gehirn spiritueller Menschen im Zustand des Gebets oder der Meditation untersucht und festgestellt, dass bestimmte Areale im Gehirn aktiviert sind, wenn Menschen geistliche Erfahrungen machen. Daraus folgern einige Wissenschaftler, dass Gott ein Produkt des Gehirns sei. Unser Gehirn produziere sozusagen Gott.

Wir wollen uns mal Folgendes vorstellen: Wir sitzen vor dem Fernseher – rechts die Chips, links das Bier. Wir schauen in die Glotze und erblicken Thomas Gottschalk. „Oh, Thomas Gottschalk im Fernsehen!", rufen wir begeistert aus, springen aus dem Sessel und holen einen Schraubenzieher. Wir ziehen den Netzstecker, damit wir keinen gewischt bekommen. Dann schrauben wir das Gerät auf und suchen Thomas Gottschalk im Fernseher. Schließlich haben wir ihn dort gesehen. Wir werden ihn vergeblich suchen. Es war zwar seine Stimme, es war sein Gesicht, aber wir finden ihn nicht da drin. Das Fernsehen bildet den echten Thommy nur ab. Es setzt sozusagen eine kleine sprechende Kopie von ihm wieder zusammen. Das Original ist derweil gerade in einem „Wetten, dass?"-Studio in irgendeiner Stadt unseres Landes, aus der gerade live „Wetten, dass?" gesendet wird. Der Fernseher gibt durchaus etwas Reales wieder. So verhält es sich auch mit Menschen, die Erfahrungen mit Gott machen. Gott ist nicht im Gehirn, sondern unser Gehirn bekommt Signale aus der unsichtbaren Welt und versucht, sie zu verarbeiten.

Ich sehe was, was du nicht siehst

Wir finden in der Bibel einen gewaltigen Satz: „Gott ist Liebe."[25] Wenn wir ehrlich sind, dann geht es uns nicht gut mit diesem Satz. Menschen fühlen sich auf den Arm genommen, wenn man ihnen sagt: „Gott ist Liebe." Sie schauen auf die Wirklichkeit dieser Welt: „Das ist ja wohl ein Witz. Lesen Sie keine Zeitung? Sehen Sie keine Nachrichten? Haben Sie keine Bilder gesehen von verhungerten Kindern? Haben Sie schon mal den Namen Auschwitz gehört? Eine Welt, die einen Gott der Liebe hätte, sähe anders aus!"

▶▶ Menschen fühlen sich auf den Arm genommen, wenn man ihnen sagt: „Gott ist Liebe."

Man muss gar nicht in die Wirklichkeit dieser Welt schauen, um zu empfinden, wie absurd der Satz „Gott ist Liebe" ist. Oft genügt schon die eigene Lebenswirklichkeit: „Wissen Sie, was ich durchgemacht habe? Soll ich Ihnen mal von der Hölle meiner Kindheit erzählen? Und was mir meine Schwiegertochter angetan hat!"

Hinter diesen Sätzen steckt ein eklatanter Denkfehler. Er lautet ungefähr so: „Dass Gott Liebe ist, erkennen wir an der Welt und an der Erfahrung des Lebens. Wenn die Welt heil wäre, ohne Krankheit und Krieg, und wenn mein Leben eine helle Straße wäre, voller Erfolg und guter Erfahrungen, dann könnte ich an einen Gott der Liebe glauben. Da das aber nicht der Fall ist, kann ich auch nicht glauben."

Der gewaltige Denkfehler – aus der Weltwirklichkeit und der eigenen Lebenswirklichkeit zu schließen, dass es einen Gott der Liebe nicht gibt – bedeutet noch etwas: Wir unterstellen Johannes, dem Autor der Zeilen „Gott ist Liebe", dass er ein absoluter Ignorant und Dummkopf war, der die Wirklichkeit verdrängte. Die Welt des Johannes' war eine Welt voller Krieg, Krankheit, Ungerechtigkeit, Gewalt, Mord und Sklaverei. In Rom herrschten brutale Kaiser, die sich ein gewaltiges Reich unterworfen hatten. Viele Christen wurden wegen ihres Bekenntnisses zu Jesus bestialisch umgebracht: von wilden Tieren in den Stadien zerrissen, geköpft, gekreuzigt, verbrannt. Unter den Opfern waren auch viele Freunde von Johannes. Seine Welt war nicht heil. Entweder war Johannes ein weltfremder Spinner und Realitätsleugner, oder aber er hatte einen anderen Grund, von der Liebe Gottes zu sprechen. Der Satz „Gott ist Liebe" ist entweder totaler Blödsinn, oder aber er ist aus einer anderen Quelle gespeist, von einer anderen Wirklichkeit inspiriert.

▶▶ Entweder war Johannes ein weltfremder Spinner und Realitätsleugner, oder aber er hatte einen anderen Grund, von der Liebe Gottes zu sprechen.

Ich kann dich sehen

Christlicher Glaube heißt, dass Menschen Gottes Liebe erfahren, dass sie irgendwie Zugang zu Gottes Wirklichkeit gefunden haben. Der Dichter Antoine de Saint-Exupery schreibt in *Der kleine Prinz:* „Der Mensch sieht nur mit dem Herzen gut. Das Wesentliche ist für das Auge unsichtbar." Es gibt im christlichen Glauben ein Schauen des Herzens, ein Trinken der Seele aus ewigen Quellen. Es gibt darüber unendlich viele Berichte, Beschreibungen, Bilder und Vergleiche. Manche beschreiben es als persönliches Pfingsten, als Erfahrung des Heiligen Geistes, als innere Erleuchtung oder als Spüren der Nähe Gottes.

Ich mag das Wort „Erleuchtung". Es bedeutet: Licht fällt in einen dunklen Raum. Der dunkle Raum ist unser Herz und unser Verstand. Er kann geistliche Dinge nicht verstehen. Er ist das ungeeignete Instrument, um Gottes Wirklichkeit zu spüren. Wir sind es gewohnt, die Dinge dieser Welt mit dem Verstand zu erfassen. Aber um Gott zu erfahren und zu erkennen, ist das Licht Gottes nötig, das in unser Herz und unseren Verstand fällt.

Der Popmusiker Xavier Naidoo, der während seiner Zeit als Zivildienstleistender so etwas wie einen persönlichen Durchbruch zum christlichen Glauben erlebte, thematisiert immer wieder die Erfahrung der Liebe Gottes in seinen Liedern. „Sie ist nicht von dieser Welt, die Liebe, die mich am Leben hält", singt er. Dabei hält er die Texte bewusst in der Schwebe. Er singt über Liebe. Man denkt zunächst, er besingt eine Frau. Doch wer den sensiblen Künstler kennt, der weiß, dass viele seiner Lieder beschreiben, was er mit Gott erlebt. Einen Text mag ich besonders. Es ist der Song: „Ich kann dich sehen." Er beschreibt, was es heißt, mit den Augen des Herzens die Liebe Gottes zu schauen:

▶▶ Ich kann dich sehen

Ich sehe dich, wie du bist.
Seh durch dich, was in mir ist.
Du bist wunderbar, unbeschreiblich nah,
immer für mich da.
Während andere sich verschließen
und dich nicht mehr sehen,
können selbst Tränen, die bei mir fließen,
mir mein Bild von dir nicht nehmen.
Ohne weiterhin Kontakt zu dir zu haben,
wäre es dunkel an helllichten Tagen.
Doch tagaus und tagein bist du bei mir und somit mein
drittes Augenlicht, mein Land in Sicht –
dafür lieb ich dich!

Ich kann dich sehen,
weil du heller scheinst als das Licht, alleine dich sehen.

Weil du mich führst, mich berührst,
mit mir meine Schmerzen spürst,
bist du mir so nah, seh ich dich so klar,
werden Träume wahr.
Du hilfst mir, mich zu wehren,
bist meine stille Retterin.
Ich schwör, ich werd dich ehr'n,
indem ich dein Bild auf Blätter bring,
und dann sing, denn du öffnest mir Türen,
die geschlossen zu sein scheinen.
Bist perfekt wie ein Kreis und kannst mir meine
Fehler doch verzeih'n.
Und gedeihen meine Pläne hier nicht,
komm ich heim, schließe mich ein und widme mich
meinem dritten Augenlicht, mein Land in Sicht –
dafür lieb ich dich!

Du siehst, was ist und was war,
wohl auch, was vor uns liegt, und alles gar so klar.
Wie ich dich jetzt seh,
tut es nicht mehr weh, wenn ich weiter geh.
Wirst du mich leiten, mich begleiten
wie ein schützendes Schild,
das es für die, die gegen mich streiten,
zu überwinden gilt.
Du kannst mich seh'n, mich versteh'n.
Und wenn raue Winde wehen,
werd ich dich suchen. Ich werd dich rufen.
Auf höheren Stufen, die sie nicht erklimmen können,
habe ich und nur für mich mein
drittes Augenlicht, mein Land in Sicht –
dafür lieb ich dich!

Ich kann dich sehen,
weil du heller scheinst als das Licht, alleine dich sehen.

Haas, Martin/Pelham, Moses Peter/ Naidoo, Xavier
© by Hanseatic Musikverlag GmbH & Co. KG

Gott finden?

Wie bekommen wir Menschen einen Zugang zur Wirklichkeit Gottes? Wie können wir zu der Gewissheit finden, dass es Gott gibt und dass er uns liebt? Der Zugang zur Erfahrung der Liebe Gottes hat etwas mit Jesus zu tun. Er wird uns die nächsten drei Kapitel beschäftigen.

►► Weil Jesus die faszinierendste Person der Geschichte ist

„Das strahlende Bild des Nazareners hat einen überwältigenden Eindruck auf mich gemacht. Es hat sich keiner so göttlich ausgedrückt wie er. Es gibt wirklich nur eine Stelle in der Welt, wo wir kein Dunkel sehen. Das ist die Person Jesu Christi. In ihm hat sich Gott am deutlichsten vor uns hingestellt."
Albert Einstein (1879–1955), Physiker, Nobelpreisträger

Was für ein Mensch!

Was war das bloß für ein Mensch, dieser Jesus von Nazareth, auch Nazarener genannt? Von den einen als der verheißene Messias gefeiert, von den anderen als Zerstörer von Religion und Tradition gehasst, von den einen zum Sohn Gottes hochgejubelt, von den anderen als Gotteslästerer abgelehnt und bekämpft, von den einen als der Gerechte verehrt, von den anderen als Sünder verachtet. Er hat nicht eine Zeile hinterlassen, aber über keinen anderen Menschen sind so viele Bücher und Lieder geschrieben worden wie über ihn. Er hat keinen einzigen Krieg geführt, aber er hat mehr Gegner überwunden als jeder andere. Er war kein Arzt, dennoch bezeugen mehr Menschen, von ihm geheilt zu sein, als durch sonst irgendeinen. Er hat keine Schule gegründet, aber er hat mehr Schüler als jeder andere. Er war kein Psychologe, aber er hat mehr kaputte Menschen wiederhergestellt als irgendwer sonst.

Kein Mensch hatte jemals so viel Einfluss wie Jesus, obgleich er nur drei Jahre wirkte und als Verbrecher schmachvoll hingerichtet

> ►► Was war das bloß für ein Mensch, dieser Jesus von Nazareth, auch Nazarener genannt?

121

wurde. Napoleon (1769–1821) schrieb am Ende seines Lebens in sein Tagebuch: „Ich habe mit all meinen Generälen und Armeen nicht ein Vierteljahrhundert lang auch nur einen Kontinent unterwerfen können und dieser Jesus siegt ohne Waffengewalt über die Jahrtausende, Völker und Kulturen."

Sein Leben – kurz, intensiv, konsequent, echt

Knapp vor dem Jahr null wird er geboren (übrigens richtet sich die Zeitrechnung nach seiner Geburt aus). Als Geburtsort wird in der Bibel Bethlehem genannt, ein unbedeutendes Kuhnest am Ostrand des Römischen Reiches. Seine Eltern sind eigentlich auf der Durchreise wegen einer Volkszählaktion des Kaisers Augustus. Das junge Paar findet kein Hotelzimmer. So bleibt den beiden nur der Stall, in dem Jesus nachts zur Welt kommt.

Er wächst in Nazareth, einem verschlafenen Dorf im Norden des Heiligen Landes auf. Bei seinem Vater erlernt er den Beruf des Zimmermannes und baut Häuser und Möbel. Mit etwa 30 Jahren verlässt er sein Elternhaus, um seiner inneren Berufung zu folgen. Er beruft Männer als seine Mitarbeiter. Mit ihnen zieht er drei Jahre lang durchs Land, spricht von der Vaterliebe Gottes zu den Menschen, die ihn umlagern wie einen Rockstar, betet für die Kranken und wirkt viele Wunder. Auch Frauen gehören zu seinen Nachfolgern.

Die religiösen Führer fühlen sich durch sein Leben, seine Botschaft und seine Wunder herausgefordert und beschließen seinen Tod. Auf einem Fest greifen sie zu. In einem Blitzprozess wird er zum Tode verurteilt. Der römische Stadthalter Pontius Pilatus bestätigt feige das Urteil. Jesus wird verspottet und misshandelt und morgens gegen neun Uhr zwischen zwei Verbrechern an ein Kreuz genagelt. Und während er stirbt, würfelt das Hinrichtungskommando um das Einzige, was er besitzt: sein wertvolles Obergewand. Nach sechs Stunden ist er tot.

Ein Dichter?

Wo er aufkreuzt, da strömen die Massen. Sie wollen ihn hören. Gebannt hängen sie an seinen Lippen. Seine Predigten sind mitreißend und einfach. Jeder kann sie verstehen. Er verwendet Beispiele und Gleichnisse aus dem Alltagsleben der Menschen. Er verkündigt ihnen einen Gott, der die Menschen liebt und ihnen ihre Schuld vergeben will. Er spricht vom Reich Gottes, das dort ist, wo Menschen Gott an die erste Stelle ihres Lebens setzen. Seine Bilder und Vergleiche gehören zu dem Schönsten, was es in der Weltliteratur gibt. Das Gleichnis vom verlorenen Sohn[26] oder die Geschichte vom barmherzigen Samariter[27] sind an gedanklicher Tiefe und sprachlicher Schönheit nicht zu übertreffen. Viele seiner markigen Sprüche sind längst feste Redewendungen geworden: „Sein Kreuz auf sich nehmen", „Sein Licht nicht unter den Scheffel stellen", „Der Geist ist willig, aber das Fleisch ist schwach", um nur einige Beispiele zu nennen. War er ein Dichter, ein Star der Antike? Auch! Aber er ist viel mehr!

▶▶ Wo er aufkreuzt, da strömen die Massen. Sie wollen ihn hören. Gebannt hängen sie an seinen Lippen. Seine Predigten sind mitreißend und einfach. Jeder kann sie verstehen. Er verwendet Beispiele und Gleichnisse aus dem Alltagsleben der Menschen.

Ein Wundertäter?

Er betet für Menschen. Sie werden gesund. Gelähmte trägt man zu ihm und sie gehen auf eigenen Füßen fröhlich wieder weg. Blinden schenkt er das Augenlicht. Aussätzige macht er rein. Verkrüppelte erlangen Unversehrtheit. Tausende erfahren durch ihn körperliche und seelische Heilung ohne Zuhilfenahme medizinischer Methoden. Sogar Tote soll er wieder lebendig gemacht haben.

Viele Menschen aus unserer Kultur haben Schwierigkeiten mit solchen Berichten. Sie erleben kaum, dass Gott machtvoll und heilend in unser Leben eingreifen kann, und sie haben ein Weltbild, das keinen Raum für spirituelle Kräfte lässt. Sie haben Jesus eingesperrt in das Kästchen ihrer Alltagserfahrung und ihrer Theorien darüber, wie diese Welt funktioniert und wie Jesus zu funktionieren hat. Sie setzen ihm Grenzen aufgrund ihrer eigenen Begrenztheit.

Alle vier Berichte (Evangelien) über Jesus, die wir in der Bibel finden, berichten von unglaublichen Wundern. Sie sind nicht schmückendes Beiwerk, auf das man verzichten kann. Seine Wunder bekräftigen und illustrieren seine Botschaft, und sie bestätigen, wer er ist: der Gesandte aus Gottes Dimension, damit Menschen zurückfinden können zur Liebe ihres Schöpfers. Aber ist er ein Wundertäter? Das Auftreten von Wundertätern ist ein bewiesenes Phänomen zu allen Zeiten und in allen Kulturen. Jesus ist mehr, viel mehr als ein Wundertäter!

Ein großer Menschenfreund?

Immer wieder finden wir ihn in Gemeinschaft mit Menschen, die keinen guten Ruf haben und die schuldig geworden sind. Er isst und feiert mit ihnen, erzählt ihnen von Gottes suchender Liebe und spricht ihnen die Liebe und Vergebung Gottes zu. Den Männern, die gerade eine Frau steinigen wollen, weil sie auf frischer Tat beim Ehebruch erwischt worden war, sagt er: „Wer von euch ohne Sünde ist, der soll den ersten Stein werfen." Einer nach dem anderen lässt seinen Stein fallen und geht, bis Jesus mit der Frau allein ist. Er spricht zu ihr: „Ich verurteile dich auch nicht. Gehe hin und sündige nicht mehr!"[28]

▶▶ **Sein Mitgefühl mit leidenden Menschen, mit den Geplagten, Trauernden und Kranken ist echt und tief. Ihre Not berührt sein Herz.**

Jesus liebt Kinder. Er spielt und tobt mit ihnen. Als einmal Mütter mit ihren Kleinkindern zu Jesus wollen, damit er sie segnet und für sie betet, lassen die Jünger sie nicht zu Jesus durch. Aber Jesus ruft zornig: „Lasst die Kinder zu mir kommen! Hindert sie nicht! Denn für Menschen wie sie ist das Reich Gottes bestimmt."[29] Sein Mitgefühl mit leidenden Menschen, mit den Geplagten, Trauernden und Kranken ist echt und tief. Ihre Not berührt sein Herz. Manchmal sind die Jünger völlig genervt von seiner Güte und Freundlichkeit, wenn er bis zur Erschöpfung mit Menschen redet und betet. Oft versuchen sie, ihn abzuschirmen, wenn Blinde, Aussätzige, Leidende allzu heftig seine Zuwendung verlangen. Jesus tut gut! Die Menschen spüren: Er mag uns. Aber er war mehr als ein Menschenfreund!

Ein Herrscher?

Am Anfang seines Wirkens tritt der Versucher, Satan, auch „Fürst dieser Welt" genannt, an ihn heran und bietet ihm die Herrschaft über diese Welt an. Er stellt nur eine Bedingung: „... wenn du niederfällst und mich anbetest." Jesus wählt den Weg der Niedrigkeit und antwortet: „Weg mit dir, Satan! Denn es steht geschrieben, du sollst allein Gott, deinen Herrn, anbeten und ihm allein dienen."[30] Als er die Massen mit Brot speist, wollen sie ihn zu ihrem König machen. Er lehnt ab und zieht sich in die Einsamkeit zurück.[31] Er will kein König der Bedürfnisbefriedigung sein. Er spricht vom Königreich Gottes. Er ist der König dieses Reiches. Aber er sagt: „Mein Reich ist nicht von dieser Welt."[32] Er will kein weltlicher Herrscher sein. Er führt keine Kriege wie Mohammed, um seine Herrschaft auszuweiten. Er erobert keine Länder, um sie zu unterwerfen. Er ruft: „Kommt her zu mir alle, die ihr mühselig und beladen seid! Ich will euch erquicken. Nehmt auf euch mein Joch und lernt von mir, denn ich bin sanftmütig und von Herzen demütig."[33]

Er ist der König der Herzen. Wo man ihm nachfolgt, dort bricht seine Herrschaft an. Wo man sich seiner Herrschaft unterstellt, dort kommt er, um seine Herrschaft aufzurichten. Wer seine Knie vor ihm beugt, der empfängt seine Regentschaft und erfährt, dass das Reich Gottes im eigenen

▶▶ **Er ist der König der Herzen.**

Leben anbricht. In einem Gespräch mit seinen Jüngern benennt er die Spielregeln für sein Reich: „Wer unter euch groß sein will, der soll allen anderen dienen, und wer unter euch der Erste sein will, der sei der Knecht von allen." Und er fügt hinzu: „Ich bin unter euch wie ein Diener."[34] Obgleich er der König des Reiches Gottes ist, lebt er

125

wie ein Diener aller. Obgleich er Macht hat zu herrschen, wirbt er mit seinem Leben demütig um die Herzen von Menschen. Er ist mehr als ein König.

Ein Revolutionär?

Jesus ist kein Softie, eher ein Bürgerschreck. Hart und schonungslos kritisiert er die Missstände seiner Zeit. Einmal wirft er im Eingangsbereich des Tempels die Tische der Geldwechsler um, verschüttet das Geld der Händler und treibt sie wütend, eine Peitsche aus Stricken schwingend, aus dem Tempel mit den Worten: „Gott sagt: Dieses Haus soll ein Ort des Gebetes sein, ihr aber habt eine Räuberhöhle daraus gemacht!"[35]

▶▶ **Jesus ist kein Softie, eher ein Bürgerschreck.**

Er kann argumentieren wie kein anderer. Oft versuchen seine Gegner, ihm eine Falle zu stellen. So fragen ihn einige Pharisäer (das sind Anhänger einer religiösen Erneuerungspartei, die Gottes Gebote besonders ernst nahmen): „Ist es recht, dem Kaiser Steuern zu zahlen?" Eine hinterlistige Frage. Sagt Jesus Ja, dann macht er sich zum Kollaborateur mit der verhassten römischen Besatzungsmacht. Sagt er Nein, stellt er sich gegen die politische Ordnung und macht sich zum Staatsfeind. Er lässt sich eine Münze reichen, die Bild und Inschrift des Kaisers trägt, und antwortet: „Gebt dem Kaiser, was dem Kaiser zusteht, und Gott, was ihm zusteht."[36] Das ist mehr als eine diplomatische Antwort. Es ist eine Herausforderung, Gott ganz zu dienen.

Jesus nennt Unrecht beim Namen, brandmarkt Ausbeutung und Heuchelei. Den Reichen ruft er zu: „Eher kommt ein Kamel durch ein Nadelöhr als ein Reicher in Gottes Reich."[37] Den frömmsten Männern seines Volkes, den Pharisäern und Schriftgelehrten, sagt er unangenehme Wahrheiten. Er scheut keine Konfrontation mit den Mächtigen. Er wickelt seine Botschaft nicht in Seidenpapier, damit sie bei den Menschen gut ankommt und niemanden verletzt. Er gebraucht Worte, die an Härte und beißender Schärfe nicht zu übertreffen sind. Die Pharisäer vergleicht er mit „schön geschmückten Gräbern, innen voll von Knochen, Schmutz und Verwesung"[38].

Er bewahrt sich eine innere Unabhängigkeit von allen menschlichen Autoritäten. Sogar seinen engsten Freunden, den Jüngern, sagt er harte Wahrheiten. Obgleich er eine permanente Revolution verkündigt, besteht das Ziel seiner Sendung nicht darin, die politischen Verhältnisse umzustürzen oder die Religion seiner Zeit und seines Volkes zu kritisieren. Jesus will mehr. Er ist mehr als ein Gesellschafts- und Religionskritiker! Obwohl er die Revolution der Liebe Gottes brachte, ist er doch mehr als ein Revolutionär.

▶▶ **Jesus nennt Unrecht beim Namen, brandmarkt Ausbeutung und Heuchelei.**

Ein Prophet?

Er kann in Menschenherzen lesen. Als ihm eine Frau am Brunnen Wasser reicht, da sieht er im Geist ihre verletzte Seele und die Geschichte ihrer gescheiterten Beziehungen: „Fünf Männer hast du gehabt und der, mit dem du jetzt zusammenlebst, ist nicht dein Mann." Er spürt einen unstillbaren Lebensdurst in ihr und sagt ihr, wer diesen Durst stillen kann: „Wer von dem Wasser trinkt, das ich ihm reiche, den wird nie wieder dürsten. Dieses Wasser wird in ihm zu einer Quelle, die bis in das ewige Leben hineinfließt."[39]

Einmal ist er zu Gast bei einem Pharisäer namens Simon. Während des Essens geht plötzlich die Tür auf. Eine Hure stürzt herein und wirft sich vor Jesus nieder. Sie weint. Dicke Tränen rollen über Jesu Füße. Sie trocknet sie mit ihren Haaren. Jesus lässt es geschehen. Voller Verachtung schaut der Pharisäer zu und denkt: *Wenn dieser Mann wirklich ein Prophet wäre, dann wüsste er, was das für eine Frau ist.* Jesus aber erkennt die selbstgerechten Gedanken des Mannes und erzählt ihm eine Geschichte von Liebe und Dankbarkeit.[40]

Als Jesus mit seinen Jüngern nach Jerusalem kommt, da sieht er das schreckliche Schicksal der heiligen Stadt voraus. Jesus sieht, wie

Tausende von Menschen hingeschlachtet und gekreuzigt werden, wie der Tempel in Flammen aufgeht und kein Stein auf dem anderen bleibt. Jesus weint und trauert über jene furchtbaren Geschehnisse, die sich 40 Jahre später ereignen sollen, als römische Truppen unter Titus Jerusalem erobern und zerstören.[41] Obwohl Jesus prophetisch begabt war wie kein anderer, so ist er doch mehr als ein Prophet.

Ein Bußprediger?

Von Jesus geht eine große Ernsthaftigkeit aus. Mit markigen Worten warnt er die Menschen, ihr Leben nicht selbst zu zerstören, sondern Buße zu tun und zu Gott umzukehren. Mit drastischen Bildern fordert er sie auf, ihr Leben radikal zu verändern und gegen die Sünde im eigenen Leben zu kämpfen: „Wenn dich deine rechte Hand verführt, von Gott abzufallen und Böses zu tun, dann hau sie ab und wirf sie weg. Es ist besser, ein Krüppel zu sein, als dass der ganze Mensch in die Hölle geworfen werde."[42] Einen reichen und frommen jungen Mann schickt er wieder weg, weil er nicht bereit ist, seinen Besitz den Armen zu geben und Jesus nachzufolgen.[43]

Er verlangt Unmögliches von seinen Zuhörern: Gott über alles zu lieben und die Mitmenschen wie sich selbst, sich niemals Sorgen zu machen, allezeit zu vergeben, mit kindlichem Vertrauen zu Gott zu kommen, in allen Dingen auf Gott zu vertrauen, sein Herz nicht an Besitz zu hängen, sich nicht um die Zukunft zu sorgen, die Feinde zu lieben, Gott über alle Dinge zu stellen, die Zehn Gebote zu halten.

Besitz zu horten ist für Jesus Götzendienst. Stattdessen zeigt er ihnen, wie man reich werden kann – bei Gott. „Häuft keine Reichtümer an in dieser Welt! Sie verlieren schnell ihren Wert oder werden gestohlen. Sammelt euch vielmehr Reichtümer im Himmel, die nie ihren Wert verlieren und die niemand stehlen kann."[44] Ihm war der Wille seines himmlischen Vaters absolut heilig. Er wollte, dass Menschen den Willen Gottes tun. Er war davon überzeugt, dass diejenigen in Gottes Reich kommen, die den Willen Gottes tun. Er fasst sei-

ne Sendung zusammen mit den Worten: „Ich bin gekommen, zu suchen und zu retten, was verloren ist."[45]

Im Umfeld von Jesus findet man viele Menschen
mit einem Knick in der Biografie. Menschen, die ihre
Sünden bereut und ein neues Leben begonnen haben.
Ist Jesus ein Bußprediger? Das ist lediglich ein Teilas-
pekt seines Lebens. Auch Johannes der Täufer, der den Auftrag hatte,
das Kommen Jesu anzukündigen, war ein großer Bußprediger. Aber
Jesus ist mehr!

▶▶ Im Umfeld von Jesus findet man viele Menschen mit einem Knick in der Biografie.

Ein Lebenskünstler?

In den Evangelien wird Jesus als ein lebensfroher Mann beschrieben. Er liebt Partys. Bei einer Hochzeit, auf der der Wein ausgegan-
gen ist – eine schreckliche Blamage für die Brautleute –, hilft er
schon mal mit einem üppigen Weinwunder aus.[46] Man lädt ihn
gerne ein und er lässt sich gern einladen. Bei Betrügern, religiösen
Führern, Huren, Handwerkern, Pfarrern, Zuhältern, Zöllnern (das
waren die verhassten Kollaborateure mit den Rö-
mern), bei allerlei ehrenwerten und unehrenwerten
Leuten ist er ein gern gesehener Gast. Ständig sieht
man ihn mit unterschiedlichsten Menschen zusam-
mensitzen, feiern, essen, trinken, reden. Gespannt
hören sie seinen Geschichten zu. Sein Lieblings-
thema ist Gottes sehnsüchtige Liebe zu den Verlorenen.

▶▶ Nicht bei allen findet Jesus Zustimmung. Einige hassen ihn für seine Art zu leben. Die Huren und Betrüger finden ihren Erlöser, aber die Frommen und Rechtgläubigen ärgern sich schwarz.

Verlorene, das sind die Menschen, die Gott noch
nicht gefunden haben. Doch nicht bei allen findet Jesus Zustimmung. Einige hassen ihn für seine Art zu
leben. Die Huren und Betrüger finden ihren Erlöser,
aber die Frommen und Rechtgläubigen ärgern sich
schwarz. „Er isst und trinkt mit den Sündern", resümieren sie verächtlich. Sie nennen ihn „einen Fresser und Weinsäufer"[47] nach dem
Motto „Gleich und Gleich gesellt sich gern". Und sie beschließen sei-

nen Tod. Einige Pharisäer stellen die Jünger zur Rede: „Wieso lässt sich Jesus mit so einem Gesindel ein?" Jesus antwortet: „Die Gesunden brauchen keinen Arzt, sondern die Kranken. Ich bin gekommen, die Sünder zu rufen, nicht die Gerechten."[48]

Jesus ist kein Miesepeter, kein Partymuffel, kein religiöser Radikalinski, kein frömmelnder Eiferer. Er ist sympathisch, fröhlich und gesellig. Er versteht etwas von Wein und gutem Essen. Er mag Menschen, besonders Kinder. Er hat viele Freunde. Er ehrt Frauen. Man fühlt sich einfach wohl in seiner Nähe. Er versteht es, dem Leben die sonnige Seite abzugewinnen. Einige beklagen sich bei Jesus, dass er und seine Jünger nicht fasten, wie es sich für gottgefällige Menschen gehört. Er entgegnet ihnen, dass die Jünger später noch genug fasten könnten. Solange er, Jesus, bei ihnen sei, sei Partytime.[49] Er besitzt Humor. Seine Geschichten sind hintergründig und witzig. Ein Miesmacher und Stimmungskiller wäre nicht so oft eingeladen worden! So jemanden holt man sich nicht auf seine Cliquenfete oder seinen Betriebsausflug. Obwohl Jesus ein Meister der Lebenskunst war, gehört er doch nicht in diese Kategorie.

Ein Heiliger?

Sein Leben und seine Liebe sind echt. Jesus lebt durch und durch glaubwürdig. Es gibt nicht eine Schattenseite an seinem Wesen. Selbst der römische Prokurator Pontius Pilatus muss zugeben: „Ich finde keine Schuld an ihm." Die Menschen um ihn herum sind von seinem Vorbild tief beeindruckt. Als er am Kreuz mit dem Tode ringt, betet er für seine Peiniger und tröstet andere. Seine Jünger spüren, dass Jesus auf eine ganz neue und innige Weise mit Gott verbunden ist, den er zärtlich „Abba" nennt.

Oft verlässt er vor Anbruch des Morgens das Dorf und zieht sich zum Beten zurück. Tief bewegt beobachten die Jünger, wie eng er mit Gott lebt. Er kennt dessen Gedanken, vernimmt dessen Reden, besitzt dessen Kraft zu heilen. „Lehre uns beten!", bitten die Jünger den Meister. Seine Nähe zu Gott zieht sie an und weckt eine Sehnsucht in ihnen, Gott zu suchen. Wo Jesus aufkreuzt, fassen Menschen neuen Mut. Gebundene werden frei, weil Jesus stärker ist als alle lebenszerstörenden Mächte. Menschen sind tief erschüttert, weil sie in seinem Angesicht das Angesicht Gottes erkennen. Gepackt von heiliger Ehrfurcht bereuen sie ihre Sünden und erfahren Vergebung. In Jesus begegnet ihnen der, dessen Namen sie nicht auszusprechen wagen. Ist Jesus ein Heiliger, ein Mann, den Gott dafür auserwählt hat, dass er den Menschen Gottes Charakter illustriert? Irgendwie hebt er sich ab von allen anderen großen Heiligen, Männern und Frauen, die der Himmel der Menschheit schenkte. Er ist mehr als ein Heiliger!

Der Sohn Gottes?

„Wer sagen die Leute, dass ich sei?", will Jesus eines Tages wissen. Und dann wird der aktuelle Tratsch zum Thema Jesus ausgetauscht. „Wer sagt *ihr* aber, dass ich sei?", fragt Jesus weiter. Und Petrus, der immer ein bisschen schneller ist als die anderen, antwortet: „Du bist Christus, der Sohn des lebendigen Gottes!" Jesus macht ihm ein dickes Kompliment: „Du kannst dich glücklich preisen, Simon, Sohn des Jona! Denn diese Erkenntnis kommt nicht aus menschlicher Einsicht, sondern mein Vater im Himmel hat dir das offenbart."[50]

Einmal erleben die drei engsten Freunde, wer Jesus wirklich ist. Während er auf einem Berg betet, wird er vor ihren Augen in eine Lichtgestalt verwandelt und eine Stimme „geschah" vom Himmel: „Das ist mein lieber Sohn, an dem ich Wohlgefallen habe; den sollt ihr hören!" Die Jünger sehen seine Herrlichkeit und hören den himmlischen Kommentar. Sie sind zutiefst schockiert und beunruhigt.[51] Sie beginnen zu verstehen, dass Jesus von einem unglaublichen göttlichen Geheimnis umhüllt ist. Nein, mehr! Er ist dieses Geheimnis in Person!

▶▶ **Wer es mit Jesus zu tun bekommt, der berührt den Himmel.**

Wer es mit Jesus zu tun bekommt, der berührt den Himmel. Von Jesus, von seinem Leben geht eine Kraft aus, die nicht von dieser Welt stammt. Seine Worte sind die Worte Gottes, seine Berührungen sind die Berührungen Gottes, seine Taten sind die Taten Gottes. Jesus sagt von sich selbst, dass er mit Gott eins sei. Jesus ist ein Mann Gottes. Aber er unterscheidet sich von allen anderen Männern und Frauen Gottes. Wenn man sein Leben betrachtet, so hat man den Eindruck, dass eine göttliche Fülle und Vollkommenheit sein Leben ausmachen, die keinen Vergleich mit anderen Menschen zulassen. Jesus passt in keine Schublade. Er ist absolut einmalig. Er ist nicht einer unter anderen. Er ist auch nicht ein besonders Großer unter anderen großartigen Männern und Frauen Gottes. Er ist der Sohn Gottes, die absolute Nummer eins!

Von einer Jungfrau geboren

Die tiefgründigste Beschreibung der Wahrheit Jesu ist zugleich die Anstößigste: „... geboren von der Jungfrau Maria", so bringt das apostolische Glaubensbekenntnis das Geheimnis Jesu auf den Punkt. Die Evangelien berichten, dass Maria, die Mutter Jesu, durch einen übernatürlichen Schöpfungsakt Gottes ohne das Wirken eines Mannes schwanger wurde. Viele protestantische Theologen des Westens haben schon nach Wegen gesucht, um dieses wunderbare Mysterium christlichen Glaubens dem modernen Verstand anzupassen oder wenigstens die Anstößigkeit zu mildern. Es handele sich bei der Jungfrauengeburt um den in antike Mythologie gekleideten Versuch, die göttliche Herkunft Jesu auszudrücken, sagen sie.

▶▶ Die tiefgründigste Beschreibung der Wahrheit Jesu ist zugleich die Anstößigste: „... geboren von der Jungfrau Maria", so bringt das apostolische Glaubensbekenntnis das Geheimnis Jesu auf den Punkt.

Ich denke, dass viele westliche Theologen hier einem weltanschaulichen Diktat folgen und der Glaubwürdigkeit der christlichen Botschaft einen Bärendienst erweisen. Die Autoren der Bibel haben mit der Erzählung der Jungfrauengeburt nicht auf die frivol-pikanten Geschichten der heidnischen Antike zurückgegriffen, sondern sie haben die Wirklichkeit der besonderen Gotteskindschaft Jesu ausgedrückt. Sie sehen in der Jungfrauengeburt eine souveräne Tat des seinsmächtigen Schöpfers, seine Liebe und Wesensart Mensch werden zu lassen, indem sich Gott und Mensch verbinden und ein Mensch entsteht, der „ganz Gott und gleichermaßen ganz Mensch ist".

Mit dieser sogenannten Zwei-Naturen-Lehre hat schon die frühe Christenheit das Geheimnis Jesu und die Bedeutung der Jungfrauengeburt in Worte gefasst. Man muss kein Katholik sein, um die Tragweite der biblischen Aussage „geboren von der Jungfrau Maria" zu verstehen. Von den Propheten ebenso wie von Paulus heißt es, sie seien von Mutterleibe an erwählt, Gott in Vollmacht zu dienen. Jesus aber ist mehr als ein Prophet und mehr als alle Männer und Frauen Gottes vor und nach ihm. Er ist mehr als „erwählt von Mutterleibe an" wie viele große Gestalten der Heilsgeschichte. Er ist der Sohn Gottes, der entstanden ist durch den Heiligen Geist im Leib der Maria, dieser großartigsten aller Frauen. Jesus ist nicht nur ein Erwählter oder Berufener Gottes. Er ist Gott!

Ganz Mensch und doch Gott

Es war nicht einfach für die Christen der Jahrhunderte, die beiden Wahrheiten Jesu „wahrer Gott und wahrer Mensch" zusammenzubekommen. Es gab Zeiten, in denen die Gottheit Jesu überbetont wurde. Man sah in ihm fast nur noch den göttlichen Siegertyp, der alles weiß und alles kann. Einige Theologen rückten den irdischen Jesus schon so sehr in den Himmel, dass sie sich nicht vorstellen konnten, dass Jesus einen normalen Stoffwechsel hatte. Andere wiederum betonten so einseitig sein Menschsein, dass sie nur noch einen übernatürlich begabten Menschen in ihm sahen.

▶▶ Einige Theologen rückten den irdischen Jesus schon so sehr in den Himmel, dass sie sich nicht vorstellen konnten, dass Jesus einen normalen Stoffwechsel hatte.

Ich stelle mir das Geheimnis, dass Jesus ganz Mensch war und zugleich Gott, so vor: Gottes Liebe und Sehnsucht verbanden sich in einem übernatürlichen Schöpfungsakt mit der Eizelle der Maria. Jesus entstand, ein neuer

Mensch, der beides ist: Mensch und Gott. Er ist ein Mensch wie wir. Er weiß, was Hunger und Durst ist, er kennt Schmerzen. Die Not dieser Welt berührt seine Seele. Er ist einer von uns. Gleichzeitig ist er Gott. Gottes Sohn – das heißt, dass Gott in diesem Menschen wirklich zu uns gekommen ist. Aber wozu ist Jesus gekommen? Was ist der tiefste Grund seiner Sendung?

Zu zeigen, wer Gott ist

Eine der tiefgründigsten Fragen der Menschheit lautet: Wer ist Gott? Daraus folgen weitere Fragen: Wenn es Gott gibt, wie ist er dann? Ist Gott gut? Hat er Interesse an mir? Jesus sagt: „Wer mich sieht, sieht den Vater." An Jesus können wir sehen, wie Gott ist und was er tut, um uns zu gewinnen. Gott wirbt durch Jesus um unsere Aufmerksamkeit. Gott zeigt uns seinen Charakter. Der ferne, unbekannte Gott hat sozusagen ein Angesicht bekommen. Jesus illustriert mit seinem Leben Gottes Wesen. Wer Gott anschauen will, muss Jesus anschauen. Wer hören will, was Gott zu sagen hat, muss auf Jesus hören. Eigentlich ist das Weihnachtsfest ein anstößiges Fest. Es geht um nichts Geringeres als um die unglaubliche Botschaft, dass Gott zu uns kommt. Das Johannesevangelium drückt das so aus: „Das Wort wurde Fleisch und wohnte unter uns, und wir sahen seine Herrlichkeit, die Herrlichkeit des einzigen Sohnes vom Vater, voller Gnade und Wahrheit."[52]

▶▶ An Jesus können wir sehen, wie Gott ist und was er tut, um uns zu gewinnen. Gott wirbt durch Jesus um unsere Aufmerksamkeit. Gott zeigt uns seinen Charakter.

Zu suchen und zu retten, was verloren ist

Jesus zeigt, wie Gott ist und dass Gott den Menschen zu sich zurückholen will. Der Schöpfer will die zerstörte Gemeinschaft zu seinen Geschöpfen wiederherstellen. Gott selber startet durch den Menschen Jesus eine gigantische Rückholaktion. Gott will uns zurück. Er geht durch Jesus den Menschen hinterher, um sie einzuladen, in die Gemeinschaft mit dem Schöpfer zurückzukommen. Jesus sagt über sich: „Ich bin gekommen, um zu suchen und zu retten, was verloren ist."[53] Verloren sind die Menschen, weil sie Gott verloren haben – aus dem Herzen, aus dem Sinn, aus dem Blick.

Zu sterben, um sie zu erlösen

Schockierend ist sein Bekenntnis: „Ich bin gekommen, nicht um mich bedienen zu lassen, sondern um zu dienen und mein Leben zu geben als Lösegeld für alle."[54] Mit anderen Worten: Wir verstehen die Sendung Jesu erst wirklich, wenn wir die Bedeutung seines Sterbens verstehen. Sein Tod am Kreuz ist nicht nur ein tragisches Ende, sondern der Schlüssel zum göttlichen Geheimnis dieses Mannes und zu dem, was er für die Menschen getan hat.

▶▶ **Sein Tod am Kreuz ist nicht nur ein tragisches Ende, sondern der Schlüssel zum göttlichen Geheimnis dieses Mannes und zu dem, was er für die Menschen getan hat.**

Weil Jesus für alle starb

> „Das Kreuz ist ein Zeichen dafür, wie weit Gott geht, um eine zerstörte Gemeinschaft wiederherzustellen."
> Martin Luther King (1929–1968), Bürgerrechtler

Schwarzer Freitag in Jerusalem

Ich möchte Sie mitnehmen nach Jerusalem zu jenem schwarzen Freitag am 7. April des Jahres 30. Wir sind in den Straßen jener Stadt. Es ist vormittags 9:00 Uhr. Wir mischen uns unter das bunte Gewimmel. Wir fühlen: Irgendetwas Besonderes ereignet sich. Eine Spannung, eine Bedrückung liegt in der Luft. Irgendetwas Furchtbares geschieht heute.

Und plötzlich hören wir das Geklirr von Waffen. Wir sehen römische Soldaten mit gezückten Schwertern. In ihrer Mitte taumelt ein Mann mit dem Querbalken eines Kreuzes, den man ihm auf den Rücken gebunden hat. Ihm folgt eine johlende Menge. Wir warten, bis der Zug näher kommt. Was wir sehen, lässt uns schaudern. Der Mann mit dem Kreuz auf dem Rücken ist fürchterlich zugerichtet. Sein Gesicht ist zerschlagen und blutverschmiert. Sein Rücken ist eine einzige offene, blutende Wunde. Offensichtlich ist er gegeißelt worden. Mühsam schleppt sich der Mann voran. Da, er bricht zusammen. Ein Soldat tritt ihn mit Füßen. Der Mann am Boden kann nicht mehr. Er ist zu schwach, um das Kreuz zu tragen. Die Soldaten greifen sich einen beliebigen Mann aus der umstehenden Menge, einen Schwarzen, und zwingen ihn, an seiner statt den Querbalken zu schleppen. Der andere wird weitergestoßen der Hinrichtungsstätte entgegen.

Erschüttert fragen wir: „Wer ist das? Was ist das für ein Wahnsinn, der hier geschieht?" Wir folgen diesem makaberen Zug durch die Gassen von Jerusalem. Auf einem Hügel vor der Stadt halten die Soldaten an. Brutal werfen sie den Mann mit dem blutig gegeißelten Rücken auf das Kreuz. Sie nehmen große Zimmermannsnägel und treiben sie durch seine Hände und Füße. Wir hören seine Schmerzensschreie. Und dann wird das Kreuz aufgerichtet. Wir sehen ihn, wie er da hängt zwischen zwei anderen Gekreuzigten. Ein angenagelter Mensch, ein lebender, atmender Leichnam. Ein Bild des Entsetzens.

Hilflos und verzweifelt stehen wir da. Was soll das? Was hat er getan? Wir verstehen das nicht. Wir fragen einen Mann, der in der Nähe steht: „Wer ist das?"

„Jesus aus Nazareth, ein Wanderprediger. Er hat Kranke geheilt, sogar Tote soll er auferweckt haben. Aber sich selbst kann er nicht helfen." Dann ruft er laut in Richtung Kreuz: „He, steig runter, wenn du wirklich der verheißene Messias bist!" Einige Leute lachen.

Wir fragen einen anderen. Er trägt die Kleidung eines frommen Mannes, eines Pharisäers. „Der da?", fragt er und zeigt mit dem Kopf zu dem Gekreuzigten in der Mitte. „Ein Gotteslästerer! Er hat hier Gott gespielt. Stellen Sie sich vor, er hat den Menschen die Vergebung ihrer Sünden zugesprochen. Das kann nur Gott tun! Jetzt hängt er und stirbt als Verbrecher. Geschieht ihm recht! Er bekommt, was ein Gotteslästerer verdient."

Wir gehen ein Stück weiter und fragen einen Mann in Priesterkleidung: „Wer ist dieser Mann und warum hat man ihn ans Kreuz geschlagen? Warum gehen Menschen so mit Menschen um?"

„Der da am Kreuz, das ist ein arroganter Hochstapler. Er hat sich als Sohn Gottes und als Messias bezeichnet. Der Messias ist ein König, der mit Macht und Herrlichkeit kommt, aber nicht ein lumpiger Wanderprediger aus Galiläa."

Wir fragen einen römischen Soldaten, der in der Nähe Wache schiebt: „Was hat er verbrochen?"

„Das ist irgend so ein jüdischer Spinner, der sich als König der Juden ausgibt, ein Aufrührer und Volksverhetzer. Da auf dem Schild steht es: ‚Jesus von Nazareth, der König der Juden'."

Wir stehen am Kreuz und fragen uns: Wer ist dieser Mann? Warum hängt er da? Was hat er verbrochen? Wir sehen die gaffende und spottende Menge und wir sehen den nackten Gekreuzigten – so tief kann man also sinken. Totales Scheitern! Wir schütteln mit dem Kopf. Wir erfahren: Seine Anhänger haben ihn verlassen. Seine Sendung gilt als gescheitert. Und er selbst stirbt den übelsten Verbrechertod. Hängt da zwischen Himmel und Erde und krepiert langsam – einsam und in Schande. Eine totale Niederlage. Grauenhafter und elender kann ein Leben nicht zu Ende gehen!

Das Sterben Jesu – mehr als ein tragisches Ende

Es gibt viele großartige Menschen, die eines gewaltsamen Todes gestorben sind. Der antike Philosoph Sokrates musste einen Giftbecher leeren. Dietrich Bonhoeffer wurde von den Nazis gehenkt. John F. Kennedy wurde erschossen. Immer besteht die Bedeutung eines Menschen in seinem Leben, nicht in seinem Sterben. Der Tod ist lediglich das Ende eines genialen Lebens, das viel Gutes bewirkt hätte.

▶▶ Immer besteht die Bedeutung eines Menschen in seinem Leben, nicht in seinem Sterben. Der Tod ist lediglich das Ende eines genialen Lebens, das viel Gutes bewirkt hätte. Bei Jesus ist das völlig anders. Das Wichtigste an ihm ist nicht sein Leben, sondern sein Sterben.

Bei Jesus ist das völlig anders. Das Wichtigste an ihm ist nicht sein Leben, sondern sein Sterben. Sein Tod hat eine ungeheure Bedeutung. Das wird schon am Aufbau der vier Lebensbeschreibungen, der Evangelien, deutlich. Über die ersten dreißig Jahre seines Lebens wird nur in zwei Evangelien etwas berichtet, während die drei Jahre seines Wirkens in allen Evangelien breiten Raum bekommen. Aber seine letzten vierundzwanzig Stunden werden besonders detailliert dargestellt. Man nennt die Evangelien deshalb auch „Passionsgeschichten mit ausführlicher Einleitung". Im Tod Jesu liegt das Geheimnis seiner Sendung.

Aber wie kann der Tod das Ziel eines Lebens sein? Wie kann das Leiden und Sterben eines Menschen etwas Heilbringendes bedeuten? Das ist ein völlig sperriger, wenn nicht absurder Gedanke. Nach dem Zeugnis des Johannesevangeliums waren die letzten Worte Jesu am Kreuz: „Es ist vollbracht!"[55] Auf Griechisch „tetelestai". Dieses Wort schrieb man zur damaligen Zeit unter eine bezahlte Rechnung. Das Lösegeld ist bezahlt. Der Schuldner ist kein Schuldner mehr. Offensichtlich ist durch den Tod Jesu etwas ganz und gar Außergewöhnliches gelungen.

Der Tod Jesu – Gott versteht menschliches Leid

Der Journalist Markus Spieker formuliert in seinem herausfordernden Buch „Mehrwert" einen treffenden Satz: „Gott nähert sich unseren Vorfahren auf Augenhöhe. Und sie schlagen ihn ans Kreuz." Wenn Jesus wirklich Gott und Mensch in einer Person war, dann hat dieser Tod eine unglaubliche Bedeutung. Dann kann kein Mensch mehr sagen: „Gott versteht mich nicht." Wenn der leidende Jesus „wahrer Mensch und wahrer Gott" war, dann hat das, was seinem Sohn geschah, Gott direkt getroffen. Dann wurde Gott ausgepeitscht, dann wurde Gott angespuckt und verhöhnt, dann wurde Gott am Kreuz grausam zu Tode geschunden. Dann ist Gott kein ferner Gott, der unendlich erhaben und jenseits allen menschlichen Leids irgendwo im Himmel thront, unberührt und unbeeindruckt von allem, was Menschen widerfährt. Dann hat unser Schmerz seine Seele verwundet und unser Leid sein Herz berührt.

Jesus durchlitt fürchterliche körperliche Qualen. Er wurde brutal gefoltert und der grausamsten Todesart überliefert, die die Antike kannte. Wenn die Lunge keine Luft mehr bekommt, weil durch das Hängen die Atmung aussetzt, versucht der Körper mühsam, sich an den durchbohrten Füßen aufzurichten, bis er vor Erschöpfung wieder in sich zusammensackt. Sechs Stunden dauert solch ein furchtbarer Todeskampf, wie Jesus ihn erlitten hat. Ein Gekreuzigter erstickt langsam. Viele werden vorher wahnsinnig vor Schmerz. Hier können sich alle Kranken, Leidenden und Gefolterten wiederfinden. Gott weiß, wie furchtbar Schmerz ist. Er hat ihn in Jesus durchlitten.

Jesus durchlitt bittersten seelischen Schmerz. Völlig nackt hängt er am Kreuz, den Blicken und der Sonne schutzlos ausgeliefert, entehrt, verspottet, angespuckt, verhöhnt und als Verbrecher gerichtet. Seine Sendung gilt als gescheitert. Seine Anhänger haben ihn verlassen. Leute beobachten sein Sterben und machen böse Sprüche und Witze. Er stirbt in Elend und Schande. Tiefer kann ein Mensch nicht sinken. Hier können sich alle wiederfinden, die gescheitert, verzweifelt und hoffnungslos sind, die nicht mehr weiterwissen, die sich unverstanden fühlen. Eigentlich kann kein Mensch, der seelisch verletzt, verspottet und entehrt ist, mehr sagen: „Gott versteht mich nicht." Gott hat in Jesus unsere Ohnmacht durchlitten und unsere Verzweiflung durchlebt.

Während Jesus am Kreuze mit dem Tod ringt, schreit er plötzlich laut: „Mein Gott, mein Gott, warum hast du mich verlassen?" Was hat das zu bedeuten? Ist sein Glaube am Ende doch zusammengebrochen? Diese Worte sind der Beginn eines Psalms[56], der klagend beginnt und preisend endet. Jesus ist ein frommer Jude und betet Psalmen, besonders in Not. Jesus betet am Kreuz diesen Psalm. Aber warum gerade diesen? Hier stoßen wir vor in das tiefste Geheimnis seines Todes. Gott zieht sich von seinem geliebten Sohn zurück und macht ihn zum Sündenbock der ganzen Welt, um die Welt zu erlösen. Sündenbock – das war zur Zeit Jesu jenes Tier, dem einmal im Jahr symbolisch durch den obersten Priester die Sünden des Volkes auferlegt wurden. Danach jagte man das Tier in die Wüste, wo es verendete.

▶▶ **Während Jesus am Kreuze mit dem Tod ringt, schreit er plötzlich laut: „Mein Gott, mein Gott, warum hast du mich verlassen?" Was hat das zu bedeuten? Ist sein Glaube am Ende doch zusammengebrochen?**

Als Johannes der Täufer, der Wegbereiter des Christus', Jesus sah, da rief er: „Siehe, das ist Gottes Lamm, welches die Sünden der Welt trägt."[57] Die Menschen zur Zeit des Johannes' verstanden, was er damit meinte. Gott lädt Jesus die Sünden dieser Welt auf. Als Jesus gekreuzigt wurde, legte Gott die Sünde dieser Welt auf ihn. Der Gerechte wird zum Ungerechten gemacht, um die Ungerechten zu erlösen. Der Sündlose wird zum Sünder gemacht, um für die Sünde

141

der Welt zu sterben. Der Schuldlose wird zum Schuldigen gemacht, um ihre Schuld zu sühnen.

Jedes menschliche Gerechtigkeitsempfinden wehrt sich gegen so eine Aktion. Ein Unschuldiger stirbt für die Schuldigen. Das ist grausam und gemein. Dennoch ist der stellvertretende Tod Jesu das Zentrum des Glaubens. Gibt es überhaupt einen vernünftigen Zugang zur Bedeutung dieses Todes? Haben nicht vielleicht die Anhänger Jesu das tragische Ende ihres Messias' theologisch überhöht, um seinem Sterben im Nachhinein einen Sinn abzuringen?

Ein geheimnisvoller alter Text über das stellvertretende Sterben eines Erlösers

Im vorderen Teil der Bibel – dem Alten Testament, das die Geschichte des Volkes Israel mit Gott erzählt – gibt es das Buch des Propheten Jesaja. Er lebte rund 700 Jahre vor Jesus. In Jesaja 52,13 bis 53,12 finden wir einen erstaunlichen Text.[58] Dort heißt es: „Er ist um unserer Missetat willen verwundet und um unserer Sünde willen zerschlagen. Die Strafe liegt auf ihm, auf dass wir Frieden hätten, und durch seine Wunden sind wir geheilt. Wir gingen alle in die Irre wie Schafe. Ein jeder sah auf seinen Weg. Aber der Herr warf unser aller Sünde auf ihn."[59]

▶▶ Im Zentrum des christlichen Glaubens steht die Überzeugung: Jesus hat durch seinen Tod alles auf sich genommen, was uns von Gott trennt.

Der Prophet Jesaja kündigte an, dass Gott einen Mann ohne Sünde senden wird, der für die Schuld der Menschheit stirbt. Er übernimmt die Strafe für die Menschen, die frei ausgehen, weil er stellvertretend für sie gelitten hat und gestorben ist. Im Zentrum des christlichen Glaubens steht die Überzeugung: Jesus hat durch seinen Tod alles auf sich genommen, was uns von Gott trennt. Jesus hat alle Mauern der Trennung niedergerissen, damit wir wieder die Liebe, die Nähe und die Zärtlichkeit Gottes erfahren können. Der Zugang zu Gottes Herzen ist frei für alle, die durch die Tür Jesus zu Gott gehen.

Das Problem mit der Stellvertretung

Dass einer zu Tode geschunden wird, damit andere freigesprochen werden – ist das nicht absurd? Ein Sündloser stirbt stellvertretend für die Sünden anderer! Aus welcher kruden Gedankenwelt kommen solche Ideen? Und das alles im Namen Gottes? Wer hier sagt: „Ich verstehe gar nichts", hat die Sympathie des Autors. Die Botschaft, dass jemand aus der Welt Gottes kommt, sich am Kreuz brutal umbringen lässt, um uns Menschen den Weg zu Gott freizumachen, ist sehr merkwürdig und fremdartig für uns. Nur sehr kirchliche Leute merken das nicht mehr. Die Bibel selbst sagt, dass die Botschaft vom gekreuzigten Jesus „für die Juden ein Skandal und für die Griechen reiner Blödsinn"[60] ist. Was hat das Sterben eines Mannes vor zweitausend Jahren mit meinem Leben zu tun? Gibt es einen Zugang zu diesem eigenartigen Stellvertretungsgedanken?

▶▶ **Dass einer zu Tode geschunden wird, damit andere freigesprochen werden – ist das nicht absurd?**

Am 29. Juli wurden im KZ Auschwitz zehn Häftlinge beim Appell aussortiert. Ihr Schicksal? Sie sollten im berüchtigten „Hungerbunker" eingeschlossen werden und dort verhungern. Ihr Vergehen? Keins! Man vermutete, dass ein Mithäftling geflohen sei. Als Vergeltung sollten zehn Lagerinsassen sterben, die man beliebig aus der Menge herausholte. Einer dieser Häftlinge brach in lautes Wehklagen um seine Frau und seine beiden Söhne aus. Unter den Lagerinsassen befand sich ein Priester, der Franziskaner Maximilian Kolbe (1894–1941). Er trat vor und bat, anstelle des Familienvaters in den Hungerbunker gehen zu dürfen. Die SS-Männer entgegneten zynisch: „Uns doch egal, wer im Hungerbunker verreckt." Maximilian Kolbe wurde mit den neun anderen in den Bunker gesteckt. Tagelang hörte man ihn singen und beten. Er bereitete seine Leidensgenossen auf ihren Heimgang vor. Als Maximilian Kolbe am 14. August noch immer nicht verhungert war, wurde er durch eine Giftspritze ermordet. Der Familienvater überlebte das KZ und kehrte zu seiner Familie zurück. Er konnte leben, weil der Mithäftling und Priester Maximilian Kolbe stellvertretend für den Familienvater in den Tod ging, um dessen Leben zu retten.

Es gibt wohl kaum ein anderes Beispiel in der Geschichte, das so erhellend klarmacht, was die Stellvertretung Jesu bedeutet. Ein Unschuldiger stirbt für einen anderen. Der Liederdichter Johann Heermann (1585–1647) hat für dieses Geheimnis wunderbare Worte gefunden:

>
> *Wie wunderbarlich ist doch diese Strafe!*
> *Der gute Hirte leidet für die Schafe.*
> *Die Schuld bezahlt der Herre, der Gerechte,*
> *für seine Knechte.*

Das Kreuz – eine Einladung zu Gottes suchender Liebe

Dieser furchtbare Tod am Kreuz! Warum hat Gott diesen Weg gewählt, uns zu vergeben? Gab es keine andere Möglichkeit? Eigentlich gibt es darauf keine Antwort. Aber eins steht fest: Wenn man das Kreuz aus dem Christentum verbannt, dann bleibt von ihm nur ein banaler Rest: ein großartiger Mann, der leider scheiterte, eine nicht lebbare Moral, ein bisschen Spiritualität, eine Idee von Gott und eine religiöse Weltdeutung. Streicht man die Heilsbedeutung des Kreuzes, so verliert das Christentum jede Kraft und Dynamik. Es bleibt die Frage: Warum dieser Weg? Warum das stellvertretende Leiden? Warum kann Gott die Sünde des Menschen nicht einfach vergeben? Warum bedurfte es so eines grausamen Geschehens wie des Sterbens Jesu am Kreuz?

▶▶ Wenn man das Kreuz aus dem Christentum verbannt, dann bleibt von ihm nur ein banaler Rest: ein großartiger Mann, der leider scheiterte, eine nicht lebbare Moral, ein bisschen Spiritualität, eine Idee von Gott und eine religiöse Weltdeutung.

Ich frage mich, was uns abgebrühte, kaltschnäuzige Menschen wirklich aufhorchen lässt! Welches Zeichen der suchenden Liebe Gottes kann so stark und aufrüttelnd sein, dass wir auf den Gott, der Gemeinschaft mit uns haben will, aufmerksam werden? Cool hocken wir in unserer Gottesferne, verschränken die Arme und belächeln den sentimentalen Kitsch von wegen Liebe Gottes usw. Was geht uns wirklich unter die Haut? Was erschüttert uns, um unser engagiertes Interesse zu wecken? Ich kenne kein stärkeres, alarmierenderes Zeichen der Sehnsucht Gottes nach uns als den gekreuzigten Sohn Gottes. Das Symbol absoluten Scheiterns und totaler Ohnmacht ist ein Schrei des lebendigen Gottes nach uns. Was kann den, den dieses Zeichen kaltlässt, noch retten? Womit lässt sich der noch rufen? Gottes Liebe ist keine sentimentale Romanze. Es ist eine blutige Liebe. Durch das Kreuz wirbt Gott um uns. Er will uns zurück! Das Kreuz sagt: Komm zu deinem Schöpfer. Der Weg ist frei. Gott begibt sich durch Jesus in den tiefsten Schlamassel dieser Welt, um uns dort zu begegnen, wo wir sind.

Das Gericht über das Böse

Als ich zum ersten Mal hörte, dass Jesus für die Schuld der Menschen starb, fragte ich mich: *Warum kann Gott nicht einfach sagen: „Okay, ich vergebe euch. Schwamm drüber! Alles vergessen!"? Was soll dieses grausame Geschehen am Kreuz, das für meine Schuld geschah? Ich verstehe gar nichts!* Überlegen wir einmal, was es bedeuten würde, wenn Gott mit einem majestätischen Wink die Schuld der Menschheit einfach vergeben hätte, ohne den stellvertretenden Tod Jesu. Das hätte zwei Konsequenzen:

Erstens: Das Böse würde triumphieren. Es wäre weder als das Böse benannt noch bestraft worden. Die Vorstellung, dass das Böse, das in der Welt existiert, gar nicht als böse geoutet, sondern bestätigt würde, finde ich furchtbar und pervers. Unrecht, Schuld und Bosheit wären am Ende die Sieger. Nein, das will ich nicht!

Zweitens: Gott stünde am Ende als der Dumme da, der sich mit seinem Projekt Mensch übernommen hat. Er würde seinen Anspruch an seine Geschöpfe zurücknehmen und sagen: „Ich habe euch zu viel zugemutet. Was ich gesagt und gefordert habe, überfordert euch. Das sehe ich jetzt ein. Ich nehme es zurück." Das darf nicht sein! Das wäre ungerecht! Gott ist nicht unser Hampelmann!

Wie kann er uns vergeben und annehmen, ohne dass Gott seinen Anspruch zurücknimmt und sich selbst untreu wird? Es gibt nur einen Weg: Gott sühnt die Schuld. Was bedeutet Sühne, dieser alte, fast vergessene Begriff aus der Rechtssprechung? Sühne heißt, dass Schuld so aus der Welt geschafft wird, dass die Gerechtigkeit nicht darunter leidet, sondern bekräftigt wird. Wie sühnt Gott unsere Schuld? Nicht, indem er den schuldigen Menschen richtet, sondern indem er Jesus ins Gericht schickt. Ein Mensch, der ohne jede Sünde ist. Er wird für unsere Sünde hingerichtet, damit wir freigesprochen werden. Gott opfert sich in Christus selbst. Jesus hat das Lösegeld gezahlt. Wir sind freigesprochen. Es ist so, als ob ich im Supermarkt mit meinem voll beladenen Wagen an der Kasse stehe und merke, dass ich nicht zahlen kann. Da tritt ein freundlicher Herr aus der Reihe und sagt: „Ich zahle für Sie."

Ich krieg das nicht in meinen Kopf!

Je näher man dem Zentrum des Glaubens kommt, desto weniger eingängig und desto geheimnisvoller erscheint uns das Ganze. Man

▶▶ **Irgendwie sperrt sich die Bedeutung des Kreuztodes Jesu jeder Logik.**

kann es in seinen Gedanken drehen und wenden, aber irgendwie sperrt sich die Bedeutung des Kreuztodes Jesu jeder Logik. Dass Jesus für unsere Schuld starb, ist ein tiefes, Leben spendendes Geheimnis, das wir mit dem Instrument unseres Verstandes nicht lüften können. Es gibt Dinge, die man mit dem Verstand begreift – chemische Formeln oder physikalische Zusammenhänge zum Beispiel. Die Wahrheit Gottes ist uns nicht einfach zugänglich und verfügbar. Sie ist ein Geschenk von ihm selbst. Das alte Wort dafür heißt „Erleuchtung". Licht fällt in einen dunklen Raum. Ich kann mich für dieses Geschenk öffnen, es ersehnen und erbitten, aber ich kann es nicht erwerben oder erzwingen. Die Wahrheit des

Glaubens erschließt sich uns nicht durch Grübeln und Spekulieren, sondern durch Schritte der Umkehr! Umkehr heißt, dass sich ein Mensch in der Gesamtheit seines Seins – und nicht nur intellektuell – Jesus zuwendet.

Ich muss es nicht verstehen, ich muss es nehmen

Im letzten kalten Winter zog ich mir eine schmerzhafte Blasenentzündung zu. Der Arzt verschrieb mir ein Antibiotikum. Ich nahm es nach Vorschrift. Eine Woche später war ich wieder total fit. Ich habe keine Ahnung, wie Antibiotika wirken. Eine Medizinstudentin hat es mir später erklärt, aber ich habe es nicht verstanden. Egal. Mein Verstehen oder Nichtverstehen hat keinerlei Auswirkung auf die Wirksamkeit des Präparates. Ich musste es nehmen. Basta! Ich musste dafür sorgen, dass es ein Teil meines Lebens wird. Ich hab's genommen und bin gesund geworden.

Ich kenne viele Menschen, die das, was an jenem schwarzen Freitag in Jerusalem geschah, *er*griffen haben, ohne es zu *be*greifen. Und sie haben erfahren, dass sie dieses Geschehen mit Gott in Beziehung bringt. Man muss diese Selbsthingabe des Gottessohns am Kreuz nicht verstanden haben. Es genügt, sie anzunehmen, dann entfaltet sie ihre befreiende, erlösende Wirklichkeit in unserem Leben.

Ich erinnere mich an eine junge Frau, die durch ein schreckliches Tief gegangen war. Sie fand durch das Kreuz Jesu zurück ins Leben. Sie war eine junge, verliebte Studentin. Sie erwartete ein Kind. Ihr Freund stellte sie vor die Entscheidung: ich oder das Kind. Um die Beziehung mit ihrem Freund nicht aufs Spiel zu setzen, entschloss sie sich zu einer Abtreibung. Trotzdem zerbrach ihre Beziehung wenig später. Depressionen stellten sich ein. In Träumen sah sie immer wieder ein totes Kind im Kinderwagen liegen. Sie fühlte sich schuldig und dachte an Selbstmord. Sie musste in psychiatrische Behandlung und bekam Psychopharmaka. Eine Freundin nahm sie mit in eine lebendige christliche Gemeinde. In einem Seelsorgegespräch brachte sie alle ihre Lasten zum Kreuz Jesu und machte eine befreiende Erfahrung: Jesus nimmt mir meine Schuld. Sie erlebte, wie Gott ihr vergab. Ihre Depressionen und ihre Verzweiflung wichen einer unglaublichen Freude. Sie fand ihren Lebensmut und ihre Fröhlichkeit zurück. Wenn man sie heute trifft, kann man sich nicht vorstellen, was für Dunkelheiten sie durchschritten hat. Die Psychologen hatten versucht, die Schuldgefühle der jungen Frau zu erklären und zu zerreden. Die Psychotherapeuten wollten ihr helfen, die Schuldgefühle zu verdrängen und mit Psychopharmaka zu betäuben. Aber Jesus nahm ihr die Schuld ab. Mit einem erlösten und erleichterten Herzen kehrte sie zurück ins Leben.

Ihre Geschichte ist ein Beispiel dafür, wie ein Mensch das Kreuz nicht versteht, aber durch das Kreuz zu einem lebenswerten Leben findet. Wir wissen nicht, warum Gott diesen eigenartigen Weg wählte, uns zu vergeben. Aber jeder Mensch, der sich Jesus zuwendet, macht die Erfahrung: Gott nimmt mich an. Der tiefe Grund besteht darin, dass Jesus sich am Kreuz für unsere Schuld opferte. Martin Luther (1483–1546) hat in herrlicher Klarheit geschrieben: „Die Sünde hat nur zwei Orte, wo sie ist. Entweder ist sie bei dir, dass sie dir auf dem Rücken liegt, oder sie liegt auf Christus, dem Lamm Gottes. Wenn sie dir auf dem Rücken liegt, so bist du verloren; wenn sie aber auf Christus ruhet, so bist du frei und gerettet. Nun greife zu, welches du willst!" Im letzten Teil dieses Buches wird es um dieses Zugreifen gehen, also um die Frage: Wie kann das, was Jesus für uns am Kreuz tat, Teil meines Lebens werden?

>> Wir wissen nicht, warum Gott diesen eigenartigen Weg wählte, uns zu vergeben. Aber jeder Mensch, der sich Jesus zuwendet, macht die Erfahrung: Gott nimmt mich an.

Weil Ostern alle Grenzen sprengt

„Wer die Auferstehung preisgibt, der ist von Gott und allen guten Geistern verlassen."
Der Dichter Wolf Biermann zu einigen westdeutschen Pfarrern, die sich rühmten, nicht an die Auferstehung Jesu zu glauben

Kein Totenkult!

Im Mittelpunkt des christlichen Glaubens steht Jesus, der Lebendige. Gott hat ihn in der Nacht von Samstag auf Ostersonntag auferweckt. Er lebt. Man kann zu ihm sprechen. Er hört. Man kann ihn anrufen. Er handelt. Er lebt in Gottes Dimension. Vielen Menschen ist er begegnet. Zuerst den Frauen am Grab, die seinen Leichnam salben wollten. Christen betreiben keinen Totenkult, wenn sie Jesus verehren. Sie klammern sich auch nicht an einen Toten, auch nicht an eine Idee, sondern sie orientieren sich an Jesus, der den Tod besiegt hat. So sieht es das Christentum. Und so bekennen es die Christen seit dem Ostermorgen.

Doch können wir dem folgen? Haben sich die Anhänger Jesu möglicherweise in etwas hineingesteigert? Vielleicht konnten sie sich mit dem Tod ihres Meisters nicht abfinden, und ihre verletzten und verunsicherten Seelen haben angefangen, Fantasiebilder von einem auferstandenen Jesus zu produzieren. Vielleicht haben sie die Auferstehung Jesu auch nur inszeniert, um sich an den Behörden zu rächen und selbst groß rauszukommen. Wie ist der Glaube an die Auferstehung Jesu überhaupt entstanden? Was sagen

▶▶ Christen betreiben keinen Totenkult, wenn sie Jesus verehren. Sie klammern sich auch nicht an einen Toten, auch nicht an eine Idee, sondern sie orientieren sich an Jesus, der den Tod besiegt hat.

die Quellen? Wie verlässlich sind sie? Könnte es nicht sein, dass das Ganze nur gefakt wurde? Immerhin kollidiert die Auferstehung eines Toten brutal mit unserem Wirklichkeitsverständnis.

Wir wollen hier nicht vorschnell ins Lager der Auferstehungsleugner oder in das glaubensfroher Naivlinge eilen, sondern nüchtern und skeptisch die Argumente prüfen. Was ist zu Ostern nach der Hinrichtung Jesu wirklich passiert?

Die Quellen

Wir wollen uns dem Thema „die Auferstehung Jesu" ganz unvoreingenommen, aber kritisch stellen. Zunächst einmal schauen wir uns die Quellen an.[61] Es gibt insgesamt sechs. Einmal die vier Evangelien, die von Zeitzeugen (Aposteln) oder von deren Schülern verfasst worden sind. Menschen also, die Jesus entweder persönlich kannten oder viele Jahre lang mit Aposteln zusammengearbeitet und Berichte über die Ereignisse um Jesus gesammelt haben. Außerdem gibt es noch einen Anhang an das Markusevangelium, den sogenannten zweiten Markusschluss[62], der von einem Christen namens Aristion verfasst wurde. Offensichtlich war ihm die Schilderung der Auferstehungsereignisse im Evangelium zu knapp, sodass er sie durch das, was er darüber hinaus selbst wusste, vervollständigte. Die sechste Quelle bilden die Briefe eines Pharisäers namens Saulus, den wir als Paulus kennen.

Vor einigen Monaten führte ich ein interessantes Gespräch mit einem Altphilologen, der sich mit alten griechischen Handschriften befasst. Er sagte: „Ich verstehe die Skepsis, die ihr Theologen gegenüber euren alten Handschriften hegt, überhaupt nicht. Ihr habt eine traumhafte Faktenlage: zahlreiche sehr alte Handschriften, ja, sogar Papyrusfragmente, die bis ins 1. Jahrhundert nach Christus zurückreichen. Die Geschichten um Jesus sind die mit Abstand am besten bezeugten Ereignisse der Antike. Die frühesten Berichte über das Leben von Alexander dem Großen zum Beispiel sind erst 500 Jahre nach seinem Tod verfasst worden. Das Leben von Jesus ist wesent-

150

lich besser bezeugt als das Leben von Cäsar oder Alexander dem Großen. Einmal gibt es mehrere Berichte von verschiedenen Zeugen. Zudem sind sie in vielen Handschriften niedergeschrieben, die teilweise 50 Jahre an die Ereignisse heranreichen. Nicht nur das Alter der Quellen ist grandios. Auch die Anzahl der Abschriften, die der Welt erhalten sind, ist unglaublich hoch. Zu leugnen, dass Jesus wirklich gelebt hat, ist angesichts dieser Faktenlage völlig absurd. Eher kann man leugnen, dass Cäsar oder Alexander der Große jemals wirklich existiert haben."

Okay, die Quellenlage ist gut. Aber sind die Quellen auch verlässlich? Schließlich sind alle Berichte, welche die Auferstehung Jesu bezeugen, von Christen geschrieben. Und die glauben ja gerade das, was wir anzweifeln wollen: die Auferstehung. Gibt es keine neutralen Zeugen? Nun, die gibt es nicht. Aber jeder Geschichtswissenschaftler weiß, dass es keine neutrale Geschichtswissenschaft gibt, weil es keine neutralen Zeugen gibt. Alle Ereignisse der Antike sind von Anhängern geschrieben worden. Die Frage ist, ob wir den Anhängern trauen können. Wir entschließen uns zur Skepsis. Wir wollen alles kritisch hinterfragen, auch den Wahrheitsgehalt der Evangelien. Das steht einem Historiker gut an. Also, wie lauten die Fakten?

> ▸▸ Okay, die Quellenlage ist gut. Aber sind die Quellen auch verlässlich? Schließlich sind alle Berichte, welche die Auferstehung Jesu bezeugen, von Christen geschrieben. Und die glauben ja gerade das, was wir anzweifeln wollen: die Auferstehung.

Die vermaledeite Lücke

Die Quellen machen deutlich: Jesus hat als wundertätiger Wanderprediger gewirkt und Anhänger um sich gesammelt. Er ist aufgrund eines Justizmords am Kreuz gestorben. Seine Anhänger haben ihn verlassen. Für sie bedeutete die Hinrichtung Jesu eine furchtbare Katastrophe. Um diesem Wanderprediger zu folgen, hatten sie alles verlassen und aufgegeben: ihre Familien, ihre guten Jobs; ein paar leiteten ein Fischereiunternehmen, einer hatte eine profitable Zollstation – kurz: ihr gesamtes altes Leben. Sie hatten alles auf diese eine Karte „Jesus" gesetzt, und der hat sich als Lusche erwiesen. Sie hofften, er wäre der verheißene Messias, der Israel von der Knechtschaft der Römer befreien und zu alter Größe führen würde. Stattdessen stirbt er einen schändlichen Verbrechertod am Kreuz, hingerichtet als Aufrührer und Gotteslästerer. „Wir aber hofften, er wäre der, der Israel erlösen würde", sagten einige Jünger nach der Hinrichtung.[63] Man kann die bittere Enttäuschung in ihren Worten hören.

Wer so endet wie Jesus, der ist nicht der verheißene Messias. Im Gegenteil. Für jeden gläubigen Juden war nun offensichtlich, wer Jesus wirklich war: ein von Gott Verfluchter. Denn im Alten Testament, dem vorderen und älteren Teil der Bibel, steht: „Ein Aufgehängter ist verflucht bei Gott."[64] Das Sterben Jesu hatte den schrecklichen Beweis erbracht: Dieser Jesus war ein religiöser Hochstapler. Gott hat keine Engel gesandt, um Jesus vom Kreuz zu holen und ihn der Welt als Messias zu präsentieren. Er starb qualvoll und in Schande. Ein weiterer der zahlreichen Messiasanwärter in der jüdischen Geschichte war kläglich gescheitert.

Der Glaube der Jünger brach an diesem furchtbaren Tage ärmlich zusammen. „Da verließen ihn alle und flohen", berichtet das Markusevangelium lakonisch.[65] Man kann sich ihre totale Verzweiflung und Hoffnungslosigkeit vorstellen. Sie waren einem falschen Messias auf den Leim gegangen. Ihr religiöser Trip endete als ein einziges Fiasko. Nun standen sie als elendiglich Verführte da. Ein Spott für alle Welt. Wie sollte es jetzt weitergehen? Ihnen blieb nichts anderes übrig, als sich still und leise davonzustehlen und in der Anonymität unterzutauchen. Und in der Tat gingen etliche nach Hause, zurück in ihr altes Leben und in ihre alte Heimat nach Galiläa im Norden des Landes.[66]

Aber was ist das? Wenige Tage später sieht man dieselben Jünger, die eben noch verzweifelt alles hingeworfen hatten, wie sie in Jerusalem unerschrocken verkündigen, dass Jesus lebt. Mutig und begeistert bezeugen sie die Auferstehung Jesu. Gestern niedergeschlagen, orientierungslos, verängstigt, enttäuscht, fertig, am Ende.

Wenige Tage später fröhlich, kühn, selbstbewusst, positiv, zukunfts-
orientiert, leidenschaftlich. Mit einer unglaublichen Kühnheit und
Überzeugungskraft erzählen sie: „Jesus lebt!" Sie sind bereit, für
diese Überzeugung in den Tod zu gehen. Und es dauert nur ein paar
Wochen, da gibt es den ersten Märtyrer: Stephanus. Er wird gestei-
nigt, weil er die Herrlichkeit des Auferstandenen verkündigt.[67]

Was ist geschehen? Irgendetwas Dramatisches muss sich in den
ersten Tagen nach dem Tode Jesu ereignet haben. Aber was? Was hat
die Jünger so verwandelt? Was hat aus frustrierten und resignierten
Leuten mutige und strahlende Männer und Frauen
gemacht, die den Mund vor lauter Begeisterung nicht
halten können? Irgendetwas muss vorgefallen sein.
Was ist bloß in dieser vermaledeiten Lücke zwischen
dem Tod Jesu und dem Auftreten der Jünger, die seine
Auferstehung verkündigen, geschehen? Dass etwas
geschehen sein muss, steht historisch fest. Aber was?
Die Quellen berichten, den Jüngern sei der auferstandene Jesus begegnet. Aber wollen wir dieser Version
folgen? Schließlich wissen wir: So etwas gibt es nicht!
Es ist noch nie einer zurückgekommen. Wenn einer
richtig tot ist, dann bleibt er tot. Finito! Alles andere
ist Blödsinn! Oder etwas netter: fromme Fantasie.
Aber welche vernünftige Erklärung gibt es dafür, dass

▶▶ Die Quellen
berichten, den
Jüngern sei der
auferstandene
Jesus begegnet.
Aber wollen wir
dieser Version
folgen? Schließlich
wissen wir: So
etwas gibt es nicht!
Es ist noch nie
einer zurückge-
kommen.

die Jünger so total verändert waren? Was war mit ihnen passiert? Es
gibt verschiedene Ideen dazu. Die wollen wir mal etwas genauer in
Augenschein nehmen.

Fromme Halluzinationen?

Die Sache scheint ziemlich einfach zu sein: Die Jünger konnten sich
mit dem Tod ihres Meisters nicht abfinden. Sie steigerten sich in die
Überzeugung hinein, dass Jesus auferstanden sein muss. Schließlich
gaben ihre Gehirne dem Wunsch ihrer Herzen nach und sie hatten
tatsächlich eine Begegnung mit Jesus als Auferstandenem. Klarer

Fall! Sicherlich bestärkten sie einander noch in ihren frommen Fantasien. Jesu Persönlichkeit hatte einen so gewaltigen Eindruck in ihnen hinterlassen. So jemand kann nicht einfach tot sein! Wir wissen, dass sich nach dem Tod von Superstars manchmal Anhänger finden, die sich in die Hysterie hineinsteigern, dass ihr Idol noch lebt. Es gibt einige extreme Elvis-Presley-Fans, die tatsächlich glauben: „Elvis lebt. Er ist nicht tot!" Und das meinen sie nicht im Sinne von „Beethoven ist unsterblich". Natürlich ist Beethoven unsterblich, obgleich er tot ist. Sein Genius trotzt dem Tod. Die Elvis-lebt-Leute aber glauben tatsächlich, dass Elvis nicht wirklich gestorben ist, sondern irgendwie weiterlebt. Wir müssen fragen: Haben sich die Anhänger Jesu da auch in etwas hineingesteigert?

Wir wollen das prüfen und die Situation betrachten. Eine erste Frage: Waren die Jünger psychisch überhaupt in der Verfassung, sich in die Hoffnung hineinzusteigern, dass Jesus doch der verheißene Messias war? Waren ihre Seelen so von Gewissheit durchglüht, dass ihre Gehirne Bilder von einem auferstandenen Jesus halluzinierten? Immerhin hatte Jesus mehrfach angedeutet, dass er leiden, sterben und auferstehen werde.

Die Quellen sagen etwas anderes. Die Jünger waren total am Ende. Sie hatten sich offensichtlich damit abgefunden, dass Jesus gescheitert war und sie mit ihm. Sie schmissen ihren Glauben und ihren Dienst hin und verdrückten sich: die meisten wohl in Richtung Zuhause.

Da war kein Glaube, der aus frustrierten und depressiven Leuten Männer und Frauen der strahlenden Zuversicht und des todesbereiten Bekennens hätte machen können. Da war keine Hoffnung, die einen Toten auferstehen lässt. Da war keine religiöse Begeisterung, die Visionen von einem lebendigen Gekreuzigten erzeugt. Da waren nur bodenlose Verzweiflung und abgrundtiefe Hoffnungslosigkeit. Die Evangelien berichten sogar, dass die Nachricht von der Auferstehung bei den Jüngern auf blanken Unglauben stieß. Sie hielten das, was ihnen die Frauen vom leeren Grab und von der Engelserscheinung be-

▶▶ **Die Evangelien berichten sogar, dass die Nachricht von der Auferstehung bei den Jüngern auf blanken Unglauben stieß.**

richteten, für makabres Geschwätz.[68] Die Frauen selbst waren von blankem Entsetzen ergriffen, als ihnen von Engeln kundgetan wurde, dass Jesus auferstanden sei: „Und sie gingen hinaus und flohen von dem Grabe, denn Zittern und Entsetzen hatte sie ergriffen."[69]

Es bleibt also die Frage: Wer oder was holte die Jünger aus dem finsteren Loch der Depression? Es kann nicht die Kraft ihres eigenen Glaubens gewesen sein.

Ein zweiter Sachverhalt spricht dagegen, dass die Jünger Halluzinationen von einem auferstandenen Jesus hatten. Die Quellen berichten gar nichts von Visionen. Diese haben Skeptiker in die Texte erst hineininterpretiert. Die Zeugen berichten von Begegnungen mit einer realen Person: Er redet, trinkt und isst mit ihnen. Für Petrus und seine Freunde bereitet er ein Frühstück. Obgleich er irgendwie verändert ist, erkennen sie ihn an seinem Leib, seinen Wundmalen, seinen Gesten. Es gibt keinen Zweifel. Der Auferstandene erscheint ihnen nicht als Vision, sondern sie haben eine wirkliche körperhafte Begegnung. Also, die sogenannte Visionshypothese kann nicht überzeugen.

Scheintod?

Einige Kritiker der Auferstehung sagen, dass Jesus gar nicht wirklich tot war. Vielmehr sei er in der Kühle des Grabes wieder zu sich gekommen, habe sich aufgerappelt und sich dann seinen Jüngern als lebendiger Messias präsentiert, als Herr über Leben und Tod. Obwohl diese These völlig absurd ist, findet sie doch gelegentlich einen Vertreter. Der letzte mir bekannte war der indische Guru und Sektengründer Bhagwan. Er behauptete allen Ernstes, dass Jesus die Kreuzigung überlebt und sich am Ostermorgen seinen Jünger gezeigt habe. Danach sei er nach Indien ausgewandert, wo er ein berühmter Guru geworden sei und noch viele Kinder gezeugt habe. Toll!

Jesus wurde vor der Kreuzigung halb totgeprügelt. Die römische Geißelung war so schlimm, dass nicht wenige schon dabei star-

155

ben. Nach einer solchen Geißelung rappelt man sich nicht so schnell wieder auf. Und erst recht nicht, wenn man anschließend auch noch gekreuzigt wird! Die Fersenknochen und die Unterarme werden dabei von Zimmermannsnägeln durchbohrt und zerstört. Außerdem bezeugen die Quellen, dass ein römischer Soldat einen Speer durch die Seite bis in die Herzkammer trieb, um sicherzugehen, dass Jesus wirklich tot war. Aus der Seitenwunde drangen Blut und Wasser heraus – ein Hinweis, dass der Tod schon einige Zeit zuvor eingetreten war.[70] Also, die Scheintodtheorie ist reine Fantasie.

Ein leeres Nobelgrab?

Einige behaupten, Jesus sei gar nicht leiblich aufgestanden, sondern nur auf einer geistigen Ebene. Wie sieht es mit diesem Argument aus?

Gekreuzigte wurden meistens in ein anonymes Massengrab geworfen. Im Fall von Jesus war das anders. Josef von Arimathäa stellte dem toten Jesus sein in Fels gehauenes Nobelgrab zur Verfügung. Josef gehörte zur jüdischen High Society und war ein heimlicher Anhänger Jesu. Als Mitglied des Hohen Rates hatte er Zugang zu Pontius Pilatus. Josef von Arimathäa wollte, dass der in seinen Augen zu Unrecht hingerichtete Jesus eine ordentliche jüdische Bestattung erhielt. Diese musste nach jüdischem Recht selbst bei einem zum Tode Verurteilten noch am Tag seines Todes erfolgen. Außerdem war der folgende Tag ein Sabbat, an dem sowieso kein Leichnam unbestattet bleiben durfte. Also ging Josef noch am Freitag zu Pontius Pilatus und holte sich die Genehmigung, den toten Jesus in seinem Grab zu bestatten. Josef nahm den Leib, wickelte ihn in ein Leinentuch und legte ihn in sein Felsengrab. In der Nacht nach dem Sabbat machten sich einige Frauen auf, um den Leichnam Jesu zu salben. Sie fanden das Grab leer und hatten eine Engelsbegegnung. Entsetzt liefen sie davon. In Windeseile verbreitete sich das Gerücht vom leeren Grab. Auch die Behörden bekamen Wind davon. Sie hatten Wachen vor dem Grabe aufgestellt.

Wo war die Leiche? Eine peinliche Geschichte! Sie gaben den Wachen Geld, damit diese sagten, sie hätten geschlafen, während die Jünger die Leiche gestohlen hätten.

Abgesehen davon, dass ein leeres Grab gar nichts beweist, wollen wir wissen, ob das Grab tatsächlich leer war. Nun, die Botschaft der Jünger von der Auferstehung Jesu hätte sich keine fünf Minuten in Jerusalem halten können, während der Leichnam Jesu im Grab vermoderte. Man stelle sich das bloß mal vor! Eine kleine Gruppe religiöser Außenseiter verkündet, dass Jesus nach seiner öffentlichen Hinrichtung auferstanden sei, während 300 Meter weiter der „Auferstandene" in einem Grab des bekannten Senators Josef verwest. Die ganze Stadt hätte gelacht und auf Josefs Grab mit den sterblichen Überresten gezeigt. Eine Art geistiger Auferstehung Jesu, während der Leib im Grabe bleibt, kommt absolut nicht infrage. Das widerspricht zutiefst dem biblisch-jüdischen Denken. Auferstehung umfasst immer die Leiblichkeit mit.

Komm, wir klauen die Leiche!

Was ist geschehen? Der Auferstehungsglaube der Jünger ist eine historisch unbestreitbare Tatsache. Aber wie ist er entstanden? Vielleicht war ja die ganze Geschichte mit der Auferstehung Jesu eine geniale Fälschungsaktion der Jünger? Grund dafür hatten sie ja wahrlich genug. Die Erfindung mit der Auferstehung wäre eine gute Gelegenheit, die Hinrichtung Jesu als einen Justizmord zu erweisen und damit dem verantwortlichen Hohen Rat eins auszuwischen. Denn schließlich hatte dieser samt dem feigen Pontius Pilatus den Mord ihres Meisters zu verantworten. Außerdem wäre das für die Jünger eine Chance, selbst groß herauszukommen. Wie inszeniert man eine Auferstehung? Ganz einfach! Man klaut die Leiche und lässt sie verschwinden. Danach verkündigt man überall, dass Jesus auferstanden sei. In der schwülen religiösen Atmosphäre des antiken Israels –

▶▶ Vielleicht war ja die ganze Geschichte mit der Auferstehung Jesu eine geniale Fälschungsaktion der Jünger.

wohlgemerkt ein günstiges Klima für religiöse Fanatiker – würden sich wohl genügend Leute finden, die die Geschichte mit der Auferstehung glauben.

Die Sache hat nur einen Haken! Wie lässt sich die Todesbereitschaft erklären, mit der die Jünger die Auferstehung Jesu bezeugten? Sie gingen lieber in den Tod, als die Auferweckung Jesu von den Toten zu leugnen. Es ergibt einfach keinen Sinn, todesmutig zu bezeugen, dass Jesus auferstanden ist, während zu Hause im Keller die Leiche Jesu vermodert. Es macht einfach keinen Sinn, erst die Leiche zu klauen und dann für die Überzeugung zu sterben, dass Jesus auferstanden ist. Wer hält schon bis zur letzten Konsequenz des Todes bewusst an einer Lüge fest? Spätestens wenn einem selbst Geißelung und Kreuzigung angedroht werden, würde man zugeben: „Okay, jetzt wird mir der Preis zu hoch. Leute, grabt mal in meinem Keller. Da haben wir ihn beiseitegeschafft. Sorry, das mit der Auferstehung war eine Erfindung von uns."

> ▶▶ **Die Sache hat nur einen Haken! Wie lässt sich die Todesbereitschaft erklären, mit der die Jünger die Auferstehung Jesu bezeugten?**

Man muss sich einmal vergegenwärtigen, dass die meisten Jünger den Märtyrertod starben, weil sie die Auferstehung Jesu verkündigten. Zehn wurden hingerichtet, die meisten von ihnen gekreuzigt. Nur ein einziger der Apostel starb eines natürlichen Todes: der Jünger Johannes. Ihn hatten die Machthaber lediglich verbannt, sozusagen aus dem Verkehr gezogen wegen seines Zeugnisses, Jesus sei der lebendige Sohn Gottes. Mit den Jüngern muss etwas Gewaltiges geschehen sein, dass sie bereit waren, ihr Leben in die Verkündigung des auferstandenen Jesus zu investieren. Auf sie wartete ein hartes Los: Entbehrungen, Demütigungen, Schläge, Gefängnis und schrecklicher Tod. Und wofür das alles? Für eine Lüge? Für eine religiöse Spinnerei? Eine Fälschung der Auferstehungsgeschichte ist also höchst unwahrscheinlich. Der Glaube der Jünger an die Auferstehung Jesu war echt, unerschütterlich, dynamisch und todesmutig. Das steht fest! Doch die Frage bleibt weiter bestehen: Wie ist dieser Glaube entstanden?

Alles nur gefakt!

Wir versuchen es noch einmal: Die ganze Geschichte mit der Auferstehung Jesu ist ein einziger Schwindel! Das Jahr 70, in dem die Römer nach der Eroberung Jerusalems alles kurz und klein geschlagen und keinen Stein auf dem anderen gelassen hatten, bietet eine gute Gelegenheit, eine große Lüge zu etablieren – die Lüge von der Auferstehung! Alle Beweise und Erinnerungen an ein leeres Grab sind verwüstet. Mögliche Zeitzeugen sind zerstreut oder gestorben. Ein guter Zeitpunkt, um die Mär von der Auferstehung Jesu zum Durchbruch zu bringen. Zwei Fakten aber zerstören unsere schöne Theorie, dass die Auferstehung eine groß angelegte Fälschung sei:

Erstens: die Frauen. Sie werden in den Evangelien als erste Zeugen der Auferstehung benannt. Aber nach damaligem patriarchalischem Rechtssystem waren die Zeugenaussagen von Frauen völlig wertlos. Frauen waren als Zeugen nicht zugelassen. Wären die Berichte von der Auferstehung nur getürkt, dann hätte man auf jeden Fall Männer als erste Zeugen auftreten lassen, nicht Frauen. Dass aber Frauen in diesen Texten als Zeugen auftreten, kann nur eins bedeuten: Es waren leider nun mal Frauen und eben keine Männer, die als Erste erfuhren, dass der Herr auferstanden ist. Die Erwähnung von Frauen als erste Zeugen ist der sichere Beweis dafür, dass es sich hierbei um ein historisches Faktum handelt, nicht um Fiktion. So etwas hätte man sich nicht ausgedacht!

▶▶ **Wären die Berichte von der Auferstehung nur getürkt, dann hätte man auf jeden Fall Männer als erste Zeugen auftreten lassen, nicht Frauen.**

Zweitens: die Unterschiede in den Berichten. Liest man die Auferstehungsberichte in den Evangelien genau, so fallen einem eine Reihe von Unterschieden auf: Zahl und Namen der Frauen, die am Ostermorgen zum Grabe eilen, differieren leicht, ebenso die Anzahl der weiß gekleideten Engel am Grab, auch einige Details in den Abläufen weichen voneinander ab. Diese Unterschiede sind immer wieder als Argument gegen die historische Zuverlässigkeit der Evangelien ins Feld geführt worden. Was auf den ersten Blick wie ein Indiz *gegen* den geschichtlichen Wert der Evangelien aussieht, entpuppt sich bei genauem Hinsehen als eines der stärksten Argumente *für* die historische Zuverlässigkeit der Auferstehungsberichte.

Wie das? Die bestehenden Unterschiede sind sozusagen der Beweis dafür, dass die Evangelien nicht im Nachhinein überarbeitet wurden. Würden alle Osterberichte detailliert übereinstimmen, dann könnte man davon ausgehen, dass wir sie in einer harmonisierten Fassung vor uns hätten. Das ist nicht der Fall. Vielmehr berichten vier Autoren aus ihrer jeweiligen Sicht über die Ereignisse und verwenden unterschiedliches Zeugenmaterial. Die Unterschiede beweisen die historische Echtheit. Man muss sich nur einmal vorstellen, dass man fünfhundert Jahre nach dem Fall der Berliner Mauer drei unterschiedliche Berichte über jenes Ereignis vor sich hat: den Bericht eines ostdeutschen Bürgerrechtlers, einen Bericht von Michael Gorbatschow und die Ereignisschilderung eines Zeitzeugen, der in jener Nacht friedlich und unbehelligt auf der Mauer saß. Drei Berichte aus völlig unterschiedlicher Perspektive. Vermutlich würde man zu dem Schluss kommen, dass es den Fall der Mauer vom 9. November 1989 nie wirklich gab.

Totaler Knick einer Biografie

Wenn wir ein paar Zeilen zuvor behauptet haben, dass es keine neutralen Zeugen der Auferstehung gibt, so stimmt das nicht ganz. Es gibt zumindest einen militanten Gegner der Auferstehung. Die Rede ist vom Pharisäer Saulus, der uns als Paulus bekannt ist. Man muss sich einmal genau anschauen, was das für einer war. Er gehörte ursprünglich nicht zu den Anhängern von Jesus. Im Gegenteil! Er war der schärfste Feind der jungen christlichen Bewegung. Die Botschaft von der Auferstehung des Gotteslästerers Jesus hielt er für einen üblen Betrug. Und er setzte alles daran, die Anhänger Jesu hinter Schloss und Riegel zu bringen. Mit fanatischer Härte verfolgte er die Christen. Bis zu jenem denkwürdigen Tag, an dem er eine Begegnung mit dem Auferstandenen hatte. Dreimal berichtet die Apostelgeschichte davon.[71]

Saulus war mit einem Trupp bewaffneter Männer auf dem Weg von Jerusalem nach Damaskus. Er sollte dort Anhänger der Auferstehung Jesu aufspüren und verhaften. Auf dem Weg machte er eine Erfahrung mit dem auferstandenen Christus, die ihn im wahrsten Sinne des Wortes vom Pferd warf und seiner Biografie einen totalen Knick verpasste. Aus dem Verfolger wurde einer der entschiedensten Anhänger des Auferstandenen. Seitdem wird er Paulus genannt. Paulus hat sich in einem Brief als den letzten Zeugen bezeichnet, dem Jesus persönlich nach der Auferstehung begegnet ist. „Zuletzt von allen ist er auch von mir – als einer Fehlgeburt – gesehen worden."[72] Paulus trifft hier keine Aussage über seine Geburt, sondern darüber, dass er den Auferstanden zu einer Zeit gesehen hat, in der die körperhaften Erscheinungen längst aufgehört hatten. Von dieser Begegnung leitet Paulus seine Berufung als Apostel ab: „Bin ich nicht ein Apostel? Habe ich nicht unseren Herrn Jesus gesehen?"[73], fragt er die Korinther, die wohl seine Berufung anzweifelten, weil er nicht zu den Jüngern gehörte, die schon vor der Auferstehung mit dem Herrn zusammen waren.

▸▸ Saulus war der schärfste Feind der jungen christlichen Bewegung. Die Botschaft von der Auferstehung des Gotteslästerers Jesus hielt er für einen üblen Betrug. Und er setzte alles daran, die Anhänger Jesu hinter Schloss und Riegel zu bringen.

Der älteste Text

Im 1. Korintherbrief finden wir einen Text, der unsere besondere Aufmerksamkeit verdient: „Ich habe euch als Erstes weitergegeben, was ich auch empfangen habe: dass Christus gestorben ist für unsere Sünden nach der Schrift, dass er begraben worden ist, und dass er auferstanden ist am dritten Tage nach der Schrift, und dass er gesehen worden ist von Kephas, danach von den Zwölfen."[74] Dieser Text ist höchst erstaunlich.

Zunächst fällt seine Form auf. Es ist das älteste Glaubensbekenntnis der Christen, eine Art Zusammenfassung der zentralen Aussagen. Wir wollen das Alter dieses Textes ermitteln. Paulus ist

161

kurz nach seiner Bekehrung in Damaskus von Hananias getauft worden. Zur Taufe gehört eine Taufunterweisung. Was wurde in diesem Taufunterricht gelehrt? Paulus schreibt, dass er am Anfang – also beim Taufunterricht – das Glaubensbekenntnis an die Korinther weitergegeben hatte, das er nun zitiert. Diese zitierte Kurzfassung des Glaubens hatte Paulus nach seinen Angaben selbst empfangen. „Weitergeben" ist ein rabbinischer Fachbegriff, der andeutet, dass eine heilige Tradition weitergegeben wird. Wann könnte Paulus selbst dieses Bekenntnis empfangen haben? Wahrscheinlich bei seinem eigenen Taufunterricht kurz nach seiner Bekehrung. Die lag zeitlich etwa zwei Jahre nach der Auferstehung Jesu. Möglich wäre auch, dass Paulus dieses Bekenntnis empfing, als er drei Jahre nach seiner Bekehrung (also 5 Jahre nach der Auferstehung Jesu) nach Jerusalem ging, um die Apostel kennenzulernen. Das bedeutet, dieser Text existierte bereits zwei bis fünf Jahre nach der Auferstehung Jesu als Glaubensbekenntnis, das Paulus in diesem Brief zitiert.

Dieses Bekenntnis benennt nicht ausdrücklich das leere Grab wie die Evangelien. Aber die Angabe „dass er begraben worden ist" setzt ganz selbstverständlich das leere Grab voraus, denn Auferstehung geschieht nach biblisch-jüdischem Verständnis leiblich.

Paulus benennt Kephas als ersten Zeugen. Dieser Name ist die aramäische Form des griechischen „Petrus". Auf Deutsch: Fels bzw. – eingedeutscht – Peter. Jesus hatte Simon, wie er mit bürgerlichen Namen hieß, einen Spitznamen verpasst: „Du bist der Fels, und auf diesen Felsen will ich meine Kirche bauen." Auf Aramäisch: „Du bist der Kephas ..."[75] Die Verwendung dieser Urform des Spitznamens in der Muttersprache Jesu zeigt an, dass dieses Bekenntnis, das Paulus im 1. Korintherbrief zitiert, in der frühen Zeit kurz nach der Auferstehung entstand, als nämlich das Christentum noch ganz im aramäischen Sprachraum zu Hause war.

Dann werden die Zwölf als Zeugen benannt. „Die Zwölf" war damals schon ein feststehender Begriff und bezeichnete den inneren Mitarbeiterkreis Jesu, also die zwölf Jünger. Zur Zeit der Auferstehungsbegegnungen waren sie nur noch elf. Einer hatte Jesus verraten und sich danach umgebracht.

Diesem sehr alten Glaubensbekenntnis fügt Paulus einen höchst bemerkenswerten Satz an: „Danach ist er gesehen worden von mehr als fünfhundert Brüdern auf einmal, von denen die meisten noch heute leben, einige aber sind gestorben." Der 1. Korintherbrief wurde 55 n. Chr. geschrieben, also 25 Jahre nach der Auferstehung Jesu. Zu dieser Zeit lebten noch viele der Männer, die eine Begegnung mit dem Auferstandenen hatten. Es waren mehr als fünfhundert. Paulus sagt den Korinthern damit: „Ihr könnt die Zeugen zur Auferstehung befragen. Die meisten dieser Männer leben noch." Die Frauen wurden aus den bekannten Macho-Motiven nicht mitgezählt. Es war leicht für die Korinther, etliche dieser Zeugen ausfindig zu machen und zu befragen. Sie lebten in verschiedenen Gemeinden des Römischen Reiches, die in regem Kontakt miteinander standen.

Paulus benennt nach den fünfhundert Männern noch andere Zeugen der Auferstehung: „Danach ist er gesehen worden von Jakobus, danach von allen Aposteln." Jakobus war ein Familienangehöriger des Auferstandenen, nämlich der Bruder von Jesus. Jakobus befand sich eigentlich im Lager der Skeptiker. Er war gar nicht begeistert über den Messias-Trip seines großen Bruders. Erst die Begegnung mit dem auferweckten Jesus muss ihn zu einem Anhänger Jesu gemacht haben. „Alle Apostel" bezeichnet die Männer und Frauen, die zum äußeren Jüngerkreis gehörten.[76]

Was ist denn nun tatsächlich Ostern passiert?

Es muss etwas passiert sein, das den Auferstehungsglauben der Jünger und vieler anderer begründete. Aber was? Die Frage ist immer noch nicht vom Tisch. Die Quellen nennen ganz klar einen Grund: Den Menschen ist der auferstandene Jesus begegnet. Aber wollen wir dieser Erklärung folgen? So viel müssen wir zugeben: Alle anderen Erklärungsversuche – angefangen von den halluzinierenden Jüngern über die Scheintodhypothese und die Leichenklau-Aktion bis hin zur Alles-nur-gefakt-

▶▶ Es muss etwas passiert sein, das den Auferstehungsglauben der Jünger und vieler anderer begründete. Aber was?

Theorie – sind gescheitert.[77] Die einzige vernünftige Erklärung ist die, welche die Bibel selbst gibt: Er ist auferstanden von den Toten und vielen Menschen begegnet. Aber was heißt hier vernünftig?! Das ist ja gerade unser Problem. Die Geschichtswissenschaft kommt hier an eine Grenze. Obgleich die Auferstehung Jesu ein Ereignis ist, das in der Geschichte geschah, so kann man es doch nicht historisch beweisen, weil sich eine Auferstehung den Kriterien der Geschichtswissenschaft entzieht. Gott hat eingegriffen in die Geschichte. Die Auferstehung Jesu ist eine Tat Gottes, die alle Grenzen – aber auch wirklich alle! – sprengt.

Auferstehung Jesu heißt nicht, dass der Leichnam Jesu wieder lebendig wurde und Jesus wieder in sein alltägliches Leben zurückkehrte nach dem Motto: „Hallo Jungs, da bin ich wieder. Es geht weiter!" Obwohl die Jünger ihn wiedererkennen, obwohl sich sein äußeres Erscheinungsbild offensichtlich nicht verändert hat, so ist er doch ein ganz anderer. Er ist plötzlich mitten unter ihnen, er kann durch Wände und verschlossene Türen gehen. Sie erkennen ihn erst nach einiger Zeit am Brotbrechen. Er erscheint wie ein Wesen aus einer anderen Welt. Sein Körper ist verwandelt worden in eine völlig neue Seinsweise, transformiert in eine neue Seins-Gestalt in Gottes Dimension. Der Auferstandene wandelt sozusagen in zwei Welten: Er erschien körperhaft und materiell in Zeit und Raum der unsrigen Welt und nun lebt und regiert er in Gottes Dimension. Er ist allgegenwärtig wie Gott, weil er Gott ist. Das alte apostolische Glaubensbekenntnis drückt das so aus: „Aufgefahren in den Himmel. Er sitzt zur Rechten Gottes."

Und was bedeutet Ostern?

Ostern bedeutet unendlich mehr, als dass ein Toter lebendig wurde. Erst durch die Auferstehung Jesu erkennen wir, wer Jesus wirklich ist und was er für uns tat. Der evangelische Bischof Hans Lilie sagte treffend: „Die Auferstehung Jesu ist der Schlüssel zum Notensystem des Christentums."

Für mein tägliches Leben heißt das: Jesus lebt. Ich kann zu ihm sprechen. Er hört und versteht mich. Ich kann zu ihm beten. Er greift schützend, helfend und segnend in mein Leben ein. Ich bin durch ihn gehalten und durch ihn ist Gott mir nahe. Das trägt, erfreut und tröstet mich.

Wenn ich versage, wenn ich wichtige Dinge einfach nicht auf die Reihe bekomme, so weiß ich, dass meine Schuld niemals das letzte Wort hat. Weil Jesus auferstanden ist, gibt es die Vergebung als das große Angebot für mein Leben. Ich ergreife es demütig und dankbar und empfange die Kraft, wirklich umzukehren und mein Leben zu bessern. Denn weil Jesus auferweckt wurde, habe ich einen Heiland, einen Retter. Wenn Jesus irgendwo in einem Grab vermodert wäre, würde kein Hahn mehr nach ihm krähen. Keiner würde sich an ihn erinnern. Auch nicht einer! Keine einzige Geschichte wäre über ihn überliefert worden. Keines seiner Gleichnisse würde man erzählen. Er wäre vergessen für immer und ewig.

Wenn Jesus im Grab geblieben wäre, hätten wir keinen guten Grund, uns auf das ewige Leben mit Gott zu freuen. Dann hätte mich, als ich mit 23 Jahren vor dem Sarg meiner toten Mutter stand, die pure Verzweiflung über die Macht des Todes gepackt. Aber so weiß ich, dass Jesus lebt und dass meine Mutter, eine gläubige Frau, bei ihm lebt. Und ich weiß, dass ich mit ihm leben werde.

▶▶ **Die Finsternis wird nicht siegen. Die Betrüger und Unterdrücker, die Verbrecher und Terroristen der Welt werden nicht gewinnen.**

Hätte es die Auferstehung Jesu nicht gegeben, dann wäre das Ende der Welt total ungewiss. Aber durch die Auferstehung weiß ich: Es gibt einen Sieg Gottes. Er wird die Welt vollenden. Sie wird nicht im Chaos versinken. Die Finsternis wird nicht siegen. Die Betrüger und Unterdrücker, die Verbrecher und Terroristen der Welt werden nicht gewinnen. Die Freiheitskämpfer, die für die Armen und Entrechteten ihren Kopf hingehalten haben, sind nicht die Dummen und Loser der Geschichte. Es gibt eine letzte Gerechtigkeit, und die wird sich durchsetzen.

Glauben kann man nicht erzwingen

Den Glauben an die Auferstehung Jesu kann selbst die überzeugendste Beweisführung nicht erzwingen. Glaube entsteht nicht dadurch, dass ich vor den Fakten kapituliere. Glaube bleibt eine freie Entscheidung des Einzelnen, der sich öffnet für das, was Gott durch Jesus für uns unternahm, damit wir Gottes Wirklichkeit erkennen und erleben. Darum werden sich die nächsten Kapitel damit auseinandersetzen, wie der auferstandene Jesus in unser Leben kommt. „Selig sind, die nicht sehen und doch glauben"[78], sagt der Auferstandene zum zweifelnden Jünger Thomas.

Die körperhaften, materiellen Erscheinungen Jesu haben vor fast zweitausend Jahren aufgehört. Die Himmelfahrt Jesu bedeutet nicht nur, dass er von Gott zum Herrn über das Universum eingesetzt wurde, es bedeutet auch, dass er nicht mehr körperlich erscheint. Er kommt aber durch die Kraft seines Geistes zu uns und wirkt unter uns. Jesus macht sich erfahrbar. In der Abschiedsrede im Johannesevangelium sagt Jesus: „Ich will den Vater bitten, und er wird euch einen anderen Beistand geben, dass er bei euch sei in Ewigkeit: den Geist der Wahrheit, den die Welt nicht empfangen kann, denn sie sieht ihn nicht und kennt ihn nicht. Ihr kennt ihn, denn er bleibt bei euch und wird in euch sein. Ich will euch nicht als Waisen zurücklassen. Ich komme zu euch!"[79] Wie dieser Geist der Wahrheit unser Leben ergreifen, beleuchten und verändern kann, wird uns nun im Folgenden beschäftigen.

►► Weil Gott sich finden lässt

> *„Es gibt zwei Arten vernünftiger Menschen: diejenigen, die Gott von ganzem Herzen dienen, weil sie ihn kennen. Und die, die Gott von ganzem Herzen suchen, weil sie ihn noch nicht gefunden haben."*
>
> Blaise Pascal (1623–1662), Mathematiker, Naturwissenschaftler, Philosoph

Keine alte Geschichte

Obwohl ich Jesus schon als Teenager irgendwie faszinierend fand, war die ganze Sache doch zu weit weg, um sie bedeutsam zu finden. Zweitausend Jahre sind zu viel. Da verschwindet alles im Grau der Geschichte. Dann traf ich Johanna, eine Krankenschwester, mit der ich auf einer Chirurgiestation arbeitete. Sie erzählte mir, was sie in ihrem Leben mit Jesus erlebt hat. Sie lieh mir ein Buch, das ich in einer Nacht las: *Das Kreuz und die Messerhelden*.[80] Dieses Buch beschreibt die Anfänge einer Drogenarbeit, durch die unter dem Namen „Teen Challenge" Tausende von rauschgiftsüchtigen Jugendlichen rund um den Globus von Heroin frei wurden. Was ich da las, weckte meine Neugier und meine Skepsis. In diesem Buch wurde

►► Obwohl ich Jesus schon als Teenager irgendwie faszinierend fand, war die ganze Sache doch zu weit weg, um sie bedeutsam zu finden. Zweitausend Jahre sind zu viel.

von einem lebendigen Jesus berichtet, der das Leben krimineller Bandenmitglieder der New Yorker Jugendszene veränderte und sie von lebenszerstörenden Bindungen an Drogen und Gewalt befreite. Sollte am Christentum wirklich mehr dran sein, als ich für möglich gehalten hatte? Sollte Jesus auch heute noch wirken?

Natürlich haben positive Ideen positive Auswirkungen. Aber der Jesus, den dieses Buch beschreibt, ist mehr als eine positive Idee und mehr als eine geschichtliche Person, die noch lange nachwirkt. Eins hat mich besonders ins Grübeln gebracht: Um vom Heroin loszukommen, gibt es eine besonders rabiate Methode, „cold turkey" genannt. Das ist ein kalter Entzug, bei dem einem Süchtigen von einem Moment zum anderen das Heroin entzogen wird. Tagelang wälzen sich die Opfer vor Entzugsschmerzen und Krämpfen auf dem Boden, bis sie ihre Sucht überwinden. Das Buch behauptete, dass durch Jesus ein fast schmerzfreier Entzug möglich sei. Dies geschehe vor allem mithilfe einer besonderen Gebetssprache[81], welche die Süchtigen bei ihrer Bekehrung empfangen hätten. Wenn die Entzugsschmerzen anfingen und unerträglich wurden, beteten sie in dieser Sprache und die Schmerzen verschwanden.[82] Später entdeckte ich, dass Wilkerson hier vom sogenannten Sprachengebet redet, das vielfach in der Bibel bezeugt wird und als Begleitphänomen von geistlichen Aufbrüchen in der Kirchengeschichte, vor allem aber in der Gegenwart, bekannt ist.

Obgleich mir das, was ich von dem Beginn dieser Drogenarbeit las, recht fremd erschien, so war dennoch ein Hunger in mir wach geworden. Ich wollte wissen, was es wirklich mit dem christlichen Glauben auf sich hat. Der Bericht von Wilkerson passte überhaupt nicht in mein Bild vom Christentum. Klar, Jesus war ein toller Kerl. Aber das war ja lange her. Aber jetzt – ein Jesus, der Süchtige befreit, ein Jesus, den man heute erfahren kann, ein Jesus, der heute Menschen verändert – das war ja haarsträubend: Ja, spinnen die denn?! Oder fehlte mir da ein Ausschnitt der Wirklichkeit?

Dann lernte ich noch andere junge Leute kennen, die mir ihre Geschichten mit Jesus erzählten, wie sie vom Alkohol freigekommen waren, wie sie Gott gefunden hatten, wie Jesus heute noch im Leben von Menschen wirkt. Auf einmal rückte mir dieser Jesus auf den Pelz. Er war kein bloßer Titelheld aus einer grauen Zeit mehr, sondern womöglich einer, mit dem heute noch zu rechnen ist. Ist Jesus wirklich mehr als eine historische Persönlichkeit? Ich kannte

▶▶ Ist Jesus wirklich mehr als eine historische Persönlichkeit?

zwar die Geschichten von seiner Auferstehung, dass Jesus nicht im Tod geblieben ist, aber ich konnte nichts mit ihnen anfangen.

Jesus heute

Ich merkte: Diesen Jesus kann ich nicht einfach in mein Weltbild einbauen. Er ist womöglich mehr als eine alte Story aus einer längst vergangenen Zeit. Menschen können zu ihm finden und durch ihn Gott erleben. Den Gott, der Grenzen sprengt, der in die Freiheit führt, der Hoffnung schenkt und das Dunkel besiegt. Aber ist das wahr? Vielleicht haben sich diese Jesus-Typen einfach in etwas hineingesteigert! Diese Welt ist voller Spinner, und die religiösen sind die Peinlichsten von ihnen. Jetzt wollte ich es wissen! Spinner oder Finder? Fantasten oder Entdecker? Psychopathen oder Gläubige, die Gott wirklich erfahren haben.

> ▶▶ Vielleicht haben sich diese Jesus-Typen einfach in etwas hineingesteigert! Diese Welt ist voller Spinner, und die religiösen sind die Peinlichsten von ihnen.

Ich begann, die Bibel zu lesen. Am meisten interessierten mich die Geschichten, in denen Menschen Gott fanden. Welche Schritte sind sie gegangen? Was haben sie erlebt? Was hat sich in ihrem Leben verändert? Was war hilfreich auf dem Weg zum Glauben? Und ich las Worte von Jesus wie „Ich bin das Wasser des Lebens". Dieses Bild sprach zu mir. Ich fühlte mich wie ein Verdurstender. Mir ging es gut. Aber gleichzeitig fühlte ich eine innere Leere in mir, weil ich nicht wusste, wozu ich da bin. Was ist der Sinn meines Lebens? Was soll ich mit meinem Leben anfangen? Gibt es eine Antwort? Hat die Antwort etwas mit Jesus zu tun? Ich war jung und voller Tatendrang, Abenteuerlust und Rebellion. Ich wollte etwas bewegen! Aber was? Was lohnt sich? Was ist gut?

Ich begann, mich ernsthaft für die Wahrheit von Jesus zu interessieren. Und ich wusste, das Geheimnis dieses Mannes besteht in dem, was er *heute* ist. Ich wollte keine zweitausend Jahre alte Konserve. Ich wollte den Jesus, der heute lebt und heute wirkt. Ich wollte den Jesus, der mir sagt, wer ich bin und dass er etwas mit mir vorhat.

Ich war so hungrig, dass ich damals an keiner offenen Kirche vorbeikam, ohne einzutreten. Oft kniete ich mich vor dem Altar hin und betete: Jesus, komm zu mir. Ich will dich finden. Ich will dich erfahren.

Museales Geschwätz

Neugierig und hungrig begann ich, Gottesdienste zu besuchen – evangelische und katholische. Ich wollte gern wissen, wie bekomme ich einen Zugang zu Jesus? Oder besser: Wie kommt der Jesus von vor zweitausend Jahren heute zu mir? Ich freute mich auf jede Predigt, weil ich so sehr auf Antworten hoffte. Ich kann mir nicht vorstellen, dass es einen aufmerksameren Predigthörer gab als mich. Aber ich wurde enttäuscht. Ich hörte nur religiöses Gerede über einen zweitausend Jahre alten Jesus. Ich hörte, was er damals tat (oder nach Ansicht des modernistischen Predigers vielleicht in Wirklichkeit auch nicht tat), aber ich hörte nicht, was er *heute* tut. Ich hörte, wer er damals war, aber nicht, wer er heute ist für Menschen wie mich, die hungrig in der harten Kirchenbank sitzen und sich nach Worten des Lebens sehnen.

Ich wollte den Jesus, der *heute* Menschen einen Sinn gibt, den Jesus, dessen Wirklichkeit und Liebe heute erfahrbar ist. Ich wollte keine *Theorie* über einen guten Hirten. Ich wollte *den* guten Hirten. Ich wollte kein *Dogma* über den Sohn Gottes, ich wollten *den* Sohn Gottes. Ich wollte den Jesus, der heute den Lebensdurst stillt, den so viele Menschen in sich spüren. Ich wollte Jesus nicht nur als religiöse Theorie, sondern als Begegnung. Ich wollte den Jesus, der mich die Liebe Gottes spüren lässt und der mir zuspricht: „Ich lebe und du sollst auch leben." Ich wollte ihn so sehr und mein Herz war bereit. Stattdessen dieser Theologenbrei ... langweilige Etüden abstrakter Gelehrsamkeit. Einmal – ich saß vor lauter Interesse vorn in der zweiten Reihe – kam nach dem Gottesdienst der Pfarrer auf mich zu und sagte mir, dass ich, wenn ich schon vorn

▶▶ Ich wollte Jesus nicht nur als religiöse Theorie, sondern als Begegnung.

sitze, ordentlich dazusitzen hätte. Wie soll ein langhaariger junger Mann im damaligen Jugendlook denn sitzen, fragte ich mich?

Das muss man halt glauben!

Einmal ging ich nach einem Gottesdienst zum Pfarrer. Ich fragte ihn, wie man Christ werden und Gott erfahren könne. Er sagte mir, dass ich an Jesus, den Gekreuzigten und Auferstandenen glauben müsse. Da hat er zwar völlig recht, aber das war ja genau mein Problem. Wie kann man von Herzen an Jesus glauben? Wie kann man seine Wirklichkeit und Liebe erfahren und gläubig werden? Die Erkenntnis, dass ich an Jesus glauben *muss*, brachte mich keinen Schritt weiter. Ich wollte wissen, wie man an Jesus glauben *kann*.

▶▶ Die Erkenntnis, dass ich an Jesus glauben muss, brachte mich keinen Schritt weiter. Ich wollte wissen, wie man an Jesus glauben kann.

Der Wind vom Himmel

Wer jetzt denkt, ich mache die Kirche madig, irrt. Denn durch den Dienst meiner (evangelischen) Kirche fand ich zu Jesus. Gott sah den Hunger meines Herzens und arrangierte eine Möglichkeit, mir das zu schenken, wonach ich mich so sehr sehnte: Glauben und Gotteserfahrung. Dann kam dieser großartigste und wichtigste Tag. Ich besuchte einen Jugendgottesdienst. Der Jugendpfarrer Klaus Vogt sprach über ein Thema, das mir unter die Haut ging: „Jesus lebt!" Das war genau der Punkt, mit dem ich nichts anfangen konnte und der mich dennoch brennend interessierte. Wie ein trockener Schwamm sog ich jedes Wort auf. Er sprach genau das an, wonach ich monatelang gesucht hatte, als ich in Kirchen kniend gebetet und als ich Gottesdienste besucht hatte.

Nach der Predigt bat ich den Pfarrer um ein Gespräch. Wir gingen in einen kleinen Raum, damit wir ein wenig Ruhe hatten. Ich sagte ihm: „Ich will diesen Jesus!" Wir knieten uns hin, um gemeinsam zu beten. Endlich mal ein Pfarrer, der nicht nur rumerklärte. Ich bekannte Jesus meine Sünden, die mir an jenem Abend einfielen. Das muss nicht immer das erste Gebet sein. Aber ich war so ein wilder Kerl. Ich spürte: *Dieser Jesus und meine Sünden – das passt einfach nicht zusammen. Ich brauche Vergebung!*

Ich betete ein Hingabegebet: „Jesus, ich gehöre dir mit allem, was ich bin und habe. Komm in mein Leben. Ich will dir dienen!" Dann legte mir der Pfarrer die Hände auf und bat Jesus, in mein Leben zu kommen. Er sagte Amen, gab mir noch ein paar Ratschläge und ich ging fröhlich nach Hause. Ich wusste: *Jetzt ist etwas ganz Wichtiges in meinem Leben passiert. Ich gehöre jetzt zu Jesus. Ich habe einen neuen Herrn. Ihm folge ich jetzt nach.* Eine große Gewissheit erfüllte mein Herz. Es war so einfach und unspektakulär. Wenn man auf dem Weg zum Glauben ist, dann sieht alles so unheimlich kompliziert und schwierig aus. Wenn man angekommen ist, dann merkt man, dass Gott die ganze Zeit da war und auf den rechten Moment gewartet hat, um einem zu begegnen.

▶▶ **Was an jenem Morgen geschah, ist die gewaltigste und faszinierendste Erfahrung, die ich je gemacht habe.**

Am nächsten Morgen kamen ein unglaublicher Jubel und eine überschäumende Freude in meine Seele. Es war, als ob Gott mich spüren lassen wollte, dass er mich liebt. Ich spreche nur zurückhaltend darüber. Was an jenem Morgen geschah, ist die gewaltigste und faszinierendste Erfahrung, die ich je gemacht habe. Sie ist zu persönlich, um sie preiszugeben. Es war eine besondere Umarmung Gottes.

Gott finden?

Wir haben eben eine Geschichte gelesen, die davon erzählt, wie jemand zu Gott fand – *meine* Geschichte. Aber wieso „Gott finden"? Haben wir Gott verloren? Wer hat hier wen verloren und warum? Dieser Satz, dass man zu Gott finden kann, zieht sich durch das ganze Buch wie ein roter (goldener!) Faden. Überhaupt stellt sich hier eine wichtige Frage: Wenn es Gott doch angeblich gibt, wieso kann Gott sich nicht einfach bei mir melden? Das würde mich freuen und die Sache erleichtern. So sieht aber alles nach einer komplizierten Suche aus. Und das ist, wenn nicht nervig, so doch zumindest suspekt.

▶▶ **Wenn es Gott doch angeblich gibt, wieso kann Gott sich nicht einfach bei mir melden?**

Dass der Mensch durch Jesus zurück zu Gott finden kann, ist die Grundaussage und die Grunderfahrung des christlichen Glaubens. Das heißt aber eben auch, dass der Mensch getrennt war. Nur wer in der Fremde ist, muss sich nach Hause aufmachen. Wer zu Hause geblieben ist, braucht nicht nach Hause zu gehen. Der christliche Glaube geht davon aus, dass die gesamte Menschheit in die Entfremdung von Gott geraten ist. Wir sind nicht bei Gott, sondern wir leben in einer tiefen Trennung von unserem Schöpfer.

Far, far away!

Wir stellen uns einmal etwas vor: Ein Mensch zieht sich in einen ruhigen Raum zurück. Dort gibt es keinerlei Ablenkung: keinen Fernseher, keine Musik, keine Bilder, nichts zu rauchen, ja, nicht einmal etwas zu trinken. Was will er dort? Warum die Einsamkeit? Ganz einfach. Er will dort versuchen, irgendwie mit Gott in Kontakt zu kommen. Schließlich muss Gott irgendwie erfahrbar und erkennbar sein, wenn er wirklich da ist. Sonst ist die Frage nach Gott sinnlos. Also zieht sich unser Proband für den Versuch, mit Gott in Beziehung zu treten, zurück. Wie wird es ihm ergehen? Was wird er erleben? Wahrscheinlich nichts! Er wird sich unendlich hilflos und einsam fühlen. Wenn er zu beten versucht, weiß er nicht, was er sagen soll. Und wenn er irgendein Gebet stammelt, so hat er vermutlich das Gefühl, dass sein Gebet höchstens bis zu Decke geht. Wahrscheinlich wird er nicht einmal wissen, wie er den unheimlichen Unbekannten (Gott) anreden soll. Er spürt, dass dieser Gott so unendlich weit weg ist. Aber da ist noch die andere Möglichkeit: Es gibt ihn gar nicht, diesen großen Unbekannten.

173

Das Gleichnis vom Overheadprojektor

Seit meiner Schulzeit kenne ich dieses Ding. Wenn man es anschaltet, dann wirft es Bild oder Schrift einer transparenten Folie an die Wand. Der Overheadprojektor gehört nicht gerade zum Modernsten und wird wohl in Zukunft vom Beamer abgelöst werden. Aber hier und jetzt soll er für ein Gleichnis herhalten.

Wir wollen uns einmal in einen Overheadprojektor hineinversetzen. Er steht also da und kann nicht leuchten. Warum? Der Stecker ist nicht drin. Der Projektor ahnt, wozu er auf der Welt ist: um irgendwie zu leuchten. Er fühlt diese Bestimmung in sich, aber er weiß nicht, wie das geht, leuchten. Man muss auf den Knopf drücken. Nichts geschieht! Alles bleibt dunkel. Er kann nicht leuchten. Er ist von der Energiequelle getrennt. Irgendwo gibt es ein gigantisches Kraftwerk. Das hat Energie für Millionen von Overheadprojektoren. Der Projektor muss mit dieser Licht- und Energiequelle in Kontakt kommen. Wie kann er das? In der Wand gibt es einen Kontaktpunkt, der ihn mit dem Kraftwerk verbindet – die Steckdose. Unter den nicht leuchtenden Overheadprojektoren gibt es welche, die sagen: „Das Gerede von diesem gewaltigen Kraftwerk, das sich irgendwo befinden soll, ist doch Quatsch. So etwas gibt's doch gar nicht." Andere sagen: „Kraft aus der Wand? Vergiss es! Das ist Blödsinn!"

Worin besteht das Problem des Overheadprojektors? Er ist von der Quelle der Erleuchtung getrennt. Was braucht er, um zu leuchten? Er muss mit dem Kraftwerk in Beziehung treten. Wie geht das? Der Stecker muss in die Dose.

Dieses simple Gleichnis verdeutlicht fünf wichtige Grundaussagen des christlichen Glaubens. Erstens: Es gibt eine großartige Kraft-, Licht- und Energiequelle. Zweitens: Der Mensch lebt in Trennung von dieser Quelle. Er hat nur noch eine dunkle Ahnung, dass er dafür gemacht ist, mit dieser Quelle, mit Gott, in Verbindung zu sein. Drittens: Es gibt eine Möglichkeit für den Menschen, mit diesem Kraftwerk in Beziehung zu treten: die Steckdose. Jesus ist der Ort, an dem wir Gottes Liebe und Realität empfangen können. Viertens: Glauben heißt, dass ein Mensch sich hinstreckt zu Jesus. Das Kabel symbolisiert den Glauben. Fünftens: Es geht in erster Linie nicht um Moral, nicht um eine religiöse Weltdeutung, nicht um Lebensbewältigung. Es geht darum, dass der Mensch zu einer lebendigen Beziehung zu seinem Schöpfer zurückfinden kann. Das ist das Grundanliegen des christlichen Glaubens.

Sünde

Der christliche Glaube ist die Antwort auf das fundamentale Problem des Menschen – seine Trennung von Gott. Es gibt ein altes Wort, das diesen Zustand der Trennung samt Folgen beschreibt: „Sünde". In unserer Sprache hat Sünde eine andere Bedeutung als in der Bibel. Sünde ist bei uns ein moralischer Begriff und umschreibt das, was ein anständiger Mensch nicht tut. Es gibt die sündigste Meile der Welt, eine Schmuddelsexgegend in Hamburg. Sünde heißt auch, dass jemand etwas tut, was zwar Spaß macht, aber nicht guttut. Eine fette Frau mit einem Stück Torte auf dem Teller sündigt, wenn sie sich über die Torte hermacht. Ein Freund von mir sagt gern: „Alles, was Spaß macht, ist entweder Sünde oder macht dick." Wir kennen den Verkehrssünder, der mit 70 km/h durch eine Tempo-30-Zone brettert.

▶▶ Der christliche Glaube ist die Antwort auf das fundamentale Problem des Menschen – seine Trennung von Gott.

Ein Kollege von mir war Dorfpfarrer. Das war er nicht lange, weil er sich durch einen Fehler im ganzen Dorf so unmöglich gemacht hat, dass er sich nur noch eine neue Stelle suchen konnte. Er sagte in der Beerdigungspredigt für einen dorfbekannten Säufer und Raufbold: „Er war ein Sünder wie wir alle." Die Leute hörten gar nicht mehr den zweiten Teil des Satzes, das „Wie wir alle". Für sie war klar: Der Pfarrer hat in seiner Predigt den Toten beleidigt. Man nennt einen Menschen nicht einfach Sünder, gleich gar nicht zu seiner Beerdigung, auch wenn er ein berüchtigter Trunkenbold war. Das Problem der Leute im Dorf war, dass sie unter „Sünde" offensichtlich etwas anderes verstanden als der Pfarrer. Ein „Sünder", das ist ein irgendwie schlechter, haltloser oder unanständiger Mensch.

„Sünder" ist in der Bibel eigentlich kein moralischer Begriff, sondern ein relationaler. Er umschreibt eine Beziehungsstörung. „Sünde" ist ein unschönes Wort. Es ist aber genauso unvermeidlich wie das Wort „Krankheit". „Krankheit" besagt, dass etwas mit unserem Körper oder unserer Seele nicht in Ordnung ist. „Sünde" besagt, dass unsere Beziehung zu Gott gestört ist. Wenn die Bibel sagt: „Alle Menschen sind Sünder", dann bedeutet das nicht: „Alle Menschen sind schlecht", sondern: „Alle Menschen leben in einem Zustand des Getrenntseins von Gott". Weil der Begriff „Sünder" in unserer Kultur so missverständlich ist, vermeide ich ihn weitgehend. Ich spreche lieber von „Entfremdung" oder von „Trennung".

Das altgriechische Wort des Neuen Testaments für Sünde heißt „Hamartia". Es bedeutete ursprünglich „Zielverfehlung". Wenn die Soldaten beim Übungsschießen danebenschossen, dann sprach der Übungsleiter von Hamartia. Im Deutschen ist „Sünde" mit dem Wort „Sund" verwandt. „Sund" umschreibt eine Meerenge – Wasser zwischen zwei Küsten, das Menschen trennt.

Ein Schicksal, keine Wahl!

„Wieso von Gott getrennt? Ich bin nie von Gott weggegangen!", mag man hier einwenden. Unsere Erfahrung lehrt, dass wir uns in der

▶▶ **Die Trennung von Gott war nicht unsere Wahl, sie ist unser Schicksal.**

Trennung von Gott befinden, obwohl wir nicht bewusst weggegangen sind. Die Entfremdung von Gott ist nicht unsere Entscheidung, sondern unsere Wirklichkeit, für die wir persönlich nichts können. Die Trennung von Gott war nicht unsere Wahl, sie ist unser Schicksal. Die christliche Tradition hat für diesen Zustand ein Wort gefunden: Ursünde oder Erbsünde. Ein wichtiger, aber missverständlicher Begriff.

Was hinter diesem Wort steht, möchte ich mit einem Beispiel verdeutlichen: Im alten Russland wurden Verbrecher meistens nach

Sibirien verbannt. Dort mussten sie ihre Lebenszeit in Strafgefangenenkolonien verbringen. Zwischen ihnen und dem heimatlichen Petersburg lagen Tausende Kilometer Wildnis. Die Verbannten konnten ihre Frauen mitnehmen. Dadurch kamen im fernen Sibirien viele Kinder in der Verbannung zur Welt. Sie wuchsen als Verbannte auf, fern ihrer eigentlichen Heimat, dem schönen Petersburg. Das war nie ihre Wahl. Das war ihr Schicksal. Wenn sie mündig wurden, konnten sie die Verbanntenkolonie verlassen. Sie waren frei. Aber sie mussten zwei tiefgründige Entscheidungen treffen. Erstens: Die Verbannung ist nicht meine Heimat, obwohl ich hier aufgewachsen bin. Es ist schwierig, das einzusehen. Wenn wir hinter Stacheldraht aufwachsen, wird das Leben hinterm Stacheldraht unser Zuhause. Zweitens: Ich muss mich aufmachen und umkehren. Ich muss bereit sein, die Gefangenschaft zu verlassen und ein neues Leben in der Freiheit anzufangen.

Ein folgenschweres Nein

Am Anfang der Bibel, in 1. Moses 2–3, finden wir eine alte Beispielgeschichte, welche die Entfremdung des Menschen von Gott erzählt. Es ist die Geschichte von Adam und Eva im Paradies zum Thema „Wie kam das Böse in die Welt?".

Ich diskutierte einmal mit einem Richter über den Glauben. Wir kamen zum Sündenfall. Da sagte er: „Ich habe mit der Kirche und ihren Lehren meine Schwierigkeiten. Aber es gibt eine Lehre, die ich gar nicht *glauben* muss, weil ich sie jeden Tag erlebe: den Sündenfall." Ohne diese Geschichte erschöpfend auszulegen, sind für unser Thema fünf Grundzüge wichtig.

Erstens: Gottes Schöpfung war eine gute Schöpfung. Der Mensch lebte glücklich und in Harmonie mit sich, mit seinem Mitmenschen und mit seinem Schöpfer.

Zweitens: Die Tragik des Menschen begann, als er, getrieben von der Stimme des Misstrauens, Gottes Maßstab für Gut und Böse verneinte. Der Baum der Erkenntnis des Guten und des Bösen symbolisiert die Freiheit des Menschen, Gottes Maßstäbe anzuerkennen oder sie zu verwerfen.

Drittens: Die Abkehr des Menschen von Gott zerstörte seine Beziehung zum Mitmenschen. Adam und Eva verlieren ihre Unbefangenheit. Sie entdecken, dass sie nackt sind, und versuchen mühsam, ihre Blöße mit Naturalien zu bedecken. Diese archaische Bildersprache illustriert, dass sie einander nicht mehr begegnen können, wie sie sind. Sie müssen sich hinter Fassaden verstecken. Angst und Scham bestimmen ihre Beziehung.

Viertens: Sie wollen nichts mehr mit Gott zu tun haben. Ängstlich verstecken sie sich vor ihm. Die Beziehung zum Schöpfer ist irreparabel zerstört. Misstrauen, Ignoranz und Angst bestimmen nun das Verhältnis. Atheismus ist die letzte Konsequenz.

Fünftens: Die Menschen verlieren das Paradies. Gott ist nicht mehr in ihrer Mitte. Das Leben wird hart und ungerecht.

Eine Geschichte über Umkehr

In Lukas 15 erzählt Jesus eine Geschichte über eine Umkehr – die Geschichte von den beiden verlorenen Söhnen. Wir interessieren uns hier besonders für den jüngeren Sohn. Der geht eines Tages zu seinem Vater, einem reichen Großgrundbesitzer, und fordert die Auszahlung seines Erbes. Obwohl der Sohn mit seinem Vater umspringt, als wäre dieser schon tot, zahlt der Vater ohne Wenn und Aber seinem Sohn das gewünschte Erbe aus. Der nimmt das Geld und geht in ein fremdes Land. Dort verprasst er alles. Er faulenzt, säuft und hurt. Dann geht sein Vermögen zur Neige. Zu allem Übel kommt eine Wirtschaftskrise mit Inflation. Dem Sohn bleibt nichts anderes übrig, als sich einen Job zu suchen. Er muss den lausigsten und verachtetsten Job annehmen, den es für einen Juden gibt: Schweine hüten. Tiefer geht es nicht nach unten. Er hat keine Freunde mehr. Seine Familie ist weit entfernt. Er hat seine Selbstachtung verloren. Er hat seinen Gott verloren, denn für einen Juden gilt: „Verflucht ist, wer Säue hütet." Und er kommt fast um vor Hunger.

Verzweifelt erinnert er sich, wie gut es selbst dem letzten Tagelöhner bei seinem Vater ging. Da fasst er einen verzweifelten Ent-
schluss: Ich will mich aufmachen und zurück zu meinem Vater gehen. Ich will zu ihm sagen: „Vater, ich bin schuldig geworden an Gott
und an dir. Ich bin es nicht wert, länger dein Sohn zu sein. Kann ich
nicht als Tagelöhner bei dir bleiben?" Und er macht sich auf und
geht zurück zu seinem Vater. Der sieht ihn schon von Weitem. Offensichtlich hatte er sehnsuchts- und sorgenvoll an seinen Sohn gedacht. Als der Vater die jammervolle Gestalt seines Kindes erblickt,
krampft sich vor Liebe und vor Schmerz sein Herz zusammen. Er
rennt seinem Sohn entgegen. Und ehe dieser sein Schuldbekenntnis
stammeln kann, fällt ihm der Vater um den Hals und küsst ihn. Der
Sohn spricht zu ihm: „Vater, ich bin schuldig geworden an Gott und
an dir. Ich bin es nicht wert, länger dein Sohn zu sein." Aber der Vater ruft nach den Dienern und befiehlt ihnen: „Bringt schnell das
beste Gewand! Gebt ihm einen Ring an seine Hand und Schuhe an
seine Füße! Schlachtet das Kalb, das wir gemästet haben! Wir wollen
feiern. Denn mein Sohn war tot. Er ist wieder lebendig geworden. Er
war verloren, aber er ist gefunden worden!" Und sie feiern ein fröh-
liches Fest.

Der Gott, der auf dich wartet!

Mit dieser Geschichte malt Jesus ein Bild von Gott für uns. An-
schaulich beschreibt er den Charakter Gottes und das Drama der
Entfremdung von Vater und Sohn und seine Rückkehr.

Der Vater in dieser Geschichte ist reich und weitherzig. Als sein
Sohn kommt und das Erbe ausgezahlt bekommen möchte, da verhält sich der Vater ausgesprochen tolerant: Er versucht nicht, seinem Sohn das Vorhaben auszureden nach dem Motto: „Ich kann
mir schon vorstellen, wie das endet ..." Er macht dem Jungen keine
Vorwürfe wie: „Nach allem, was ich für dich getan habe, behandelst
du mich, als wäre ich bereits tot." Er macht seinem Sohn kein
schlechtes Gewissen, indem er sagt: „Ich habe dir alles ermöglicht

und jetzt lässt du mich im Stich!" Nichts von alledem! Ohne Kommentar gibt er dem Sohn das Erbe und entlässt ihn in die totale Freiheit.

Als sein Sohn dann zurückkehrt, ist er so außer sich vor Freude, dass er etwas tut, was ein orientalischer, zur Leibesfülle neigender Patriarch nie tut: Er *rennt* seinem Sohn entgegen. Ein orientalischer Vater schreitet würdig in seinem langen Gewand. Rennen ist unwürdig. Ohne ein Wort des Vorwurfs nimmt er ihn in den Arm. Ohne eine Bedingung auszuhandeln, setzt er ihn in alte Sohnesrechte ein. Wer den Ring des Hausherren trägt, besitzt die Verfügungsgewalt über das ganze Haus samt allen Dienern. Was für ein unglaubliches Bild malt uns Jesus hier von Gott! Ein gütiger, reicher Vater, der darauf wartet, dass seine Kinder zu ihm zurückkehren, und der sie, nachdem sie heimgekommen sind, mit väterlicher Liebe und Ehrenbezeugungen überschüttet. Ist Gott wirklich so?

▶▶ **Was für ein unglaubliches Bild malt uns Jesus hier von Gott! Ein gütiger, reicher Vater, der darauf wartet, dass seine Kinder zu ihm zurückkehren, und der sie, nachdem sie heimgekommen sind, mit väterlicher Liebe und Ehrenbezeugungen überschüttet.**

Und der Sohn? Was trieb ihn in die Fremde? Wir erfahren es nicht. War es Abenteuerlust? War es Misstrauen gegenüber seinem Vater? War ihm sein behütetes Zuhause zu eng geworden? Er lässt sich sein Erbe auszahlen und zieht los. Endlich raus! Endlich frei! Und dann tut er alles, wonach ihm der Sinn steht: Sex, Drugs and Rock 'n' Roll. Aber sein Ausflug in die Freiheit geht daneben. Er landet bei den Schweinen. Am Ende steht das Scheitern. Oft merken wir erst, wenn wir an diesem Punkt angekommen sind, dass wir uns in der Fremde und in der Selbstzerstörung befinden. Der jüngere Sohn geht in sich und analysiert seine Situation. Der einzige Ausweg für ihn ist: back home! Er versinkt nicht im Selbstmitleid, sondern tut das einzig Vernünftige: Er macht sich auf und geht zurück zu seinem Vater. Dabei geht es ihm nicht um den enttäuschten Vater. Der Sohn will einfach nur überleben. Interessanterweise sind Gott die Motive, aus denen wir zu ihm umkehren, egal. Hauptsache, wir kommen!

180

Ich habe diese Geschichte in meinen Glaubensseminaren immer wieder mit ganz unterschiedlichen Menschen durchdiskutiert. Fast immer fanden sie das Verhalten des Vaters viel zu liebevoll und zu verzeihend. Aber Jesus stellt uns so seinen Vater vor. Gott ist gut. Er wartet auf uns. Und wenn wir umkehren, empfängt er uns mit offenen Armen.

Jesus und unsere Umkehr zu Gott

Diese Geschichte ist von Jesus erzählt worden. Wo? Vermutlich bei einer Party. Menschen erfuhren durch Jesus die Umarmung Gottes. Wenn er dem Gelähmten zusprach: „Dir sind deine Sünden vergeben!", so waren das nicht nur Worte. Ein Mensch erfuhr sowohl körperliche Heilung als auch die Heilung seiner Gottesbeziehung. Durch Jesus erlebte er die liebevolle Zuwendung Gottes. Jesus *erzählte* nicht nur von der Liebe Gottes. Menschen erfuhren sie an Geist, Seele und Leib. Wo ein Mensch sich Jesus zuwendet, dort erfährt er die heilende, erneuernde Liebe Gottes.

Ein Weg?

Jesus sagt über sich: „Ich bin der Weg, die Wahrheit und das Leben. Niemand kommt zu Gott, dem Vater, außer durch mich."[83] Das sind steile Sätze. Jesus ist nicht *ein* Weg, *eine* Wahrheit, *ein* Leben, sondern *der* Weg, *die* Wahrheit und *das* Leben. Das klingt nach Intoleranz und nach einem unerträglichen Absolutheitsanspruch. Wie tolerant ist eigentlich das Christentum? Das lateinische Wort „tolerare" heißt einfach „ertragen". Toleranz ist das Tragen und Ertragen eines anderen Standpunktes.

In unserer Kultur wird Toleranz häufig mit Beliebigkeit und Gleichgültigkeit verwechselt. Wenn alle Wege gleich gültig sind, dann sind sie eigentlich gleichgültig. Erst die eigene Überzeugung, dass dieser Weg mich zum Ziel führt, macht Toleranz erforderlich,

▶▶ **Jesus ist nicht ein Weg, eine Wahrheit, ein Leben, sondern der Weg, die Wahrheit und das Leben. Das klingt nach Intoleranz und nach einem unerträglichen Absolutheitsanspruch.**

dass nämlich andere Menschen andere Wege gehen. Toleranz heißt hier: Ich glaube nicht, dass dein Weg dich zum Ziel führt, aber das will ich tragen, dich akzeptieren und fördern. Erst wenn ein Mensch einen Standpunkt hat und andere, die diesen Standpunkt verneinen, achtet und unterstützt, kann man überhaupt von Toleranz sprechen. Wenn zum Beispiel Christen und Muslime friedlich nebeneinander und miteinander leben, sich fördern und helfen, ohne ihren eigenen Glauben aufzugeben, kann man von einem toleranten Miteinander sprechen. Christen, die behaupten, dass Jesus nur der Weg für Christen sei, sind nicht tolerant. Sie sind beliebig und indifferent. Dieses konturlose Wischiwaschi-Christentum hat nichts mit Toleranz zu tun.

Der Leitstrahl vom Himmel

Es war an einem fürchterlich verregneten und nebeligen Abend im November 1988. Ich wollte vom damaligen Westberlin nach München fliegen. Über Lautsprecher hörte ich, wie ein Inlandsflug nach dem anderen wegen schlechten Wetters gestrichen wurde. Aber da – welch gute Nachricht: Mein Flug fiel nicht aus. Ich bestieg die Maschine und freute mich auf zu Hause. Zehn Minuten vor der Landung gab der Kommandant die Wetterbedingungen in München durch: „Nebel mit Sichtweite unter 50 Meter und Nieselregen." Ich dachte: *Jetzt bin ich aber gespannt, wie der Pilot den Vogel heil runterbringt. Er sieht nichts. Die Maschine fliegt mit 500 km/h in eine dunkelgraue Suppe. Irgendwo in der Finsternis gibt es eine Landepiste. Die Orientierungslichter bleiben im Nebel verborgen. Die einzige Orientierung ist der Leitstrahl vom Flughafen. Der sagt dem Piloten, wo er sich befindet und wie er die Landepiste findet. Der Pilot muss seine Maschine genau auf den Leitstrahl setzen. Dann kann nichts schiefgehen.* Ich dachte mir: *Hoffentlich fliegt der Pilot ganz engstirnig den Leitstrahl entlang und landet nicht nach dem Motto: Viele Wege führen nach Rom und viele Wege führen nach unten.* Ich stellte mir vor: *Was ist, wenn der Pilot den Leitstrahl ignoriert und auf gut Glück irgendwo runtergeht? Vielleicht kommen wir ja trotzdem heil an und landen auf einem Acker.* Ich bin froh, dass der Pilot keine Experimente machte, sondern den bewährten Weg wählte.

Jesus ist wie ein Leitstrahl Gottes. Wer das Flugzeug seines Lebens nach dem Leitstrahl ausrichtet, kommt bei Gott an. Ich weiß nicht, ob auch andere Wege zu Gott führen. Man kann darüber die wildesten Spekulationen anstellen. Die Bibel nennt Jesus den einzigen Weg zu Gott. Das ist auch meine Erfahrung. Durch Jesus habe ich zu Gott gefunden.

▶▶ **Die Bibel nennt Jesus den einzigen Weg zu Gott. Das ist auch meine Erfahrung. Durch Jesus habe ich zu Gott gefunden.**

183

Weil man Gott erfahren kann

„Der Christ der Zukunft wird Mystiker sein, einer, der etwas erfahren hat, oder er wird nicht sein."
Karl Rahner (1904-1984), katholischer Theologe

So ging's los

Die Initialzündung der christlichen Bewegung gab ein außergewöhnliches Ereignis in einem Dachgeschosssaal in Jerusalem zu Pfingsten, wenige Wochen nach der Auferstehung Jesu:

Die Anhänger Jesu, ungefähr einhundertundzwanzig Personen, sitzen zusammen. Unter ihnen auch Maria, die Mutter Jesu, und seine Brüder, die durch Begegnungen mit dem Auferstandenen zu Anhängern ihres großen Bruders geworden waren. Was tun sie da alle an jenem Vormittag? Sie warten und beten. Worauf warten sie? Auf das Kommen des Heiligen Geistes. Hinter den Jüngern liegen vierzig Tage, in denen ihnen der auferstandene Jesus leiblich begegnet ist und mit ihnen geredet hat. Und er hat ihnen eingeschärft: „Bleibt in Jerusalem und wartet auf die von Gott verheißene Gabe des Heiligen Geistes! Ihr werdet die Kraft des Heiligen Geistes empfangen und werdet meine Zeugen sein hier in Jerusalem und bis an die Enden der Erde."[84]

Und wie sie warten und beten, geschieht plötzlich etwas, für das die Bibel Bilder und Vergleiche findet, die das Außergewöhnliche illustrieren. Es ist, als ob ein gewaltiger Sturm das Zimmer, in dem die Jünger sind, erfüllt. Etwas kommt über sie, das ihnen wie Feuerflammen erscheint. Und gleich darauf erheben sich Stimmen. Sie werden immer lauter. Alle einhundertundzwanzig Männer und Frauen reden[85] laut zur gleichen Zeit. Was ist los? Was reden sie da?

Jerusalem ist im Allgemeinen voller jüdische Pilger, die aus allen möglichen Provinzen des Römischen Reiches in die Stadt des Tempels gekommen sind. Als sich an jenem Pfingsttag mitten in der Stadt der ungewöhnliche „Heilig-Geist-Lärm" erhebt, da trauen die Juden aus den verschiedenen Ländern ihren Ohren kaum. Sie hören ihre Sprachen: Parthisch, Medisch, Elamitisch, Arabisch usw. Sie hören, wie in ihren Muttersprachen die großen Taten Gottes gepriesen werden. Und wer preist Gott da in diesen Sprachen? Die vom Heiligen Geist erfüllten Freunde Jesu, einfache Juden aus dem Heiligen Land, die diese Sprachen nie gelernt haben. Immer mehr Leute laufen zusammen. Einige sind geschockt. Andere machen sich lustig. „Die haben sich einen auf die Lampe gegossen!", sagen sie.

Die Jünger merken, dass sie hier etwas erklären müssen. Petrus, der Wortführer der Zwölf, tritt vor die bunte Menge und hält eine zünftige Predigt. Es ist die Art von Predigt, die ich mag. Petrus theoretisiert und theologisiert nicht weltfremd herum. Klar verkündigt er den Menschen dreierlei: Erstens: was Gott tut, nämlich machtvoll seinen Geist ausgießen auf Menschen, die zu Jesus gehören. Zweitens: wer Jesus ist und was er für uns getan hat. Drittens: was man tun muss, um selbst den Heiligen Geist zu empfangen.

Wer ist der Heilige Geist?

Das Wort „Geist" dient nicht gerade dazu, eine Sache zu erhellen. Es steht für alles Mögliche: Intelligenz, Gespenst, Ideologie, Gedanken. Was um Himmels willen ist jetzt auch noch der „Heilige" Geist? Lieber Leser, ich sehe ein, dass es nicht einfach ist, dieses Buch zu lesen. Nun, wir wollen nicht aufgeben. Die Sache ist gar nicht so schwer, besonders wenn man nicht nur seinen Geist gebraucht. Der Startschuss für den Beginn der christlichen Bewegung ist eine Erfahrung mit Gott. Kein Programm, keine Aktion, kein Appell. Nur wartendes Gebet und das machtvolle Eingreifen Gottes.

Was bzw. wen haben die Jünger da eigentlich an jenem Pfingsttag in Jerusalem erlebt? Den Heiligen Geist. Wer ist er? Eine Kraft von Gott? Nun, er bringt Kraft. Das hat Jesus angekündigt. Das Bild des Sturms, das für den Heiligen Geist gebraucht wird, zeigt ja schon an, dass es um eine Kraft geht, die zwar unsichtbar ist, aber Dinge mächtig bewegen kann. Aber nach dem Zeugnis der Bibel ist der Heilige Geist mehr als eine Kraft. Er spricht, er führt, er ist sensibel, man kann ihn betrüben, er verwehrt Dinge, er forscht und weiß, was in Gott ist.[86] Von Anfang an erleben die Menschen: Wenn der Heilige Geist wirkt, dann wirkt Gott selbst. Wenn der Heilige Geist redet, dann redet Gott selbst. Wenn der Heilige Geist gegenwärtig ist, dann ist Gott gegenwärtig. Der Heilige Geist *ist* Gott, der *in* uns, *an* uns und *unter* uns wirkt.

Gott kann man wirklich erkennen und erfahren. Er bleibt nicht in der Unnahbarkeit und Verborgenheit. Er kommt zu uns und wirkt in unseren Herzen, in der Kirche und in der Welt. Deshalb liebe ich das Thema Pfingsten und Heiliger Geist. Es wird nicht bloß rumtheoretisiert, gegrübelt und analysiert. Nein, Gott wird erfahren als der Liebende und Handelnde. Die Theorie folgt später als Reflexion der Erfahrung.

> ▶▶ **Gott kann man wirklich erkennen und erfahren. Er bleibt nicht in der Unnahbarkeit und Verborgenheit.**

In den Abschiedsreden des Johannesevangeliums betont Jesus, dass er zwar zu Gott geht, dass dadurch aber zugleich eine neue Wirklichkeit anbricht. Die Jünger bleiben nicht als „Waisen" zurück, sondern Jesus kommt zu ihnen durch den Heiligen Geist. Jesus wirkt durch das Kommen des Geistes in dieser Welt. Darum spricht das Neue Testament an vielen Stellen nicht nur vom Heiligen Geist, sondern vom Geist des Herrn.

Was bewirkt der Heilige Geist?

Der Heilige Geist führt uns in eine dreifache Grunderfahrung des Christseins. Von Grunderfahrung spreche ich deshalb, weil es hier nicht um ein Erlebnis für besonders fromme oder emotionale Menschen geht. Es geht überhaupt nicht nur um ein Erlebnis, gleich gar nicht um ein einmaliges. Bei der Erfahrung des Heiligen Geistes geht es um eine Grunderfahrung, die zum Christsein dazugehört und die einen Christen bis in das ewige Leben begleitet. Es ist die dreifache Erfahrung: Gott nimmt mich an um Jesu willen. Er vergibt mir meine Schuld. Er erfüllt mich mit seinem Geist.

▶▶ **Bei der Erfahrung des Heiligen Geistes geht es um eine Grunderfahrung, die zum Christsein dazugehört und die einen Christen bis in das ewige Leben begleitet. Es ist die dreifache Erfahrung: Gott nimmt mich an um Jesu willen. Er vergibt mir meine Schuld. Er erfüllt mich mit seinem Geist.**

Lassen wir einmal Martin Luther zu Wort kommen, der gewiss kein religiöser Spinner (zu seiner Zeit wurden diese „Schwärmer" genannt) war: „Dass Christus dein Erlöser ist, der dir die Vergebung deiner Sünden bringt, das musst du fühlen und bekennen in deinem Herzen. Fühlst du das nicht, so denk nur nicht, dass du den Glauben hast." Bevor ich die Erfüllung mit dem Geist Gottes erlebte, war ich eigentlich kein ungläubiger Mensch. Ich war auf der Suche. Ich glaubte an Jesus. Als ich aber zur Erfahrung des Geistes durchbrach, veränderte sich mein Leben. Es war, als ob jemand einen Lichtschalter in meinem Herzen umgelegt hatte, und im Licht entdeckte ich, dass ich plötzlich Dinge sah und konnte, die ich vorher weder gesehen noch gekonnt hatte: zum Beispiel glauben, beten, verstehen, dass ich vor Gott und Menschen schuldig geworden bin, Gott anbeten, sein Wort verkündigen, Menschen vergeben, die mich verletzt haben, weil ich selbst die Vergebung Gottes erfahren habe.

Viele Menschen wachsen langsam in ein Leben mit Jesus hinein. Sie haben kein konkretes Bekehrungserlebnis. Es gibt kein Erinnerungsdatum, an dem sie mit dem Geist Gottes erfüllt wurden. Meistens sind es Menschen, die von Kindesbeinen an die gute Nachricht hören und sie in ihr Leben aufnehmen. Wenn man aber sieht, mit welchem Glauben sie Gott ehren und mit welcher Hingabe sie für Jesus leben, dann erkennt man die Kraft des Geistes. Manche von ihnen sind etwas neidisch auf Christen, die eine krasse Geschichte der Veränderung vom Nichtchristen zum Christen erzählen können. Aber man muss festhalten: Es gibt viele Wege zum Glauben. So unterschiedlich wie Menschen sind, so verschieden sind auch die Formen, wie Menschen das in Christus dargebotene Heil annehmen. Wichtig ist, dass ein Mensch seinen Erlöser findet und aus dessen Kraft lebt in dieser Welt.

Die Erfahrung des Heiligen Geistes ist kein einmaliges Erlebnis am Beginn eines Lebens mit Gott. In der Apostelgeschichte kann man lesen, wie immer wieder die gleichen Menschen mit dem Geist erfüllt werden. Das Leben im Geist ist eine Lebenshaltung der Hingabe an Jesus und der Offenheit für seinen Geist. In diesem Buch konzentrieren wir uns darauf, wie Menschen, die dem Glauben distanziert gegenüberstehen, einen Zugang zur Erfahrung der Erlösung finden können.

Ein geliebtes Kind

Was bewirkt der Geist in uns? Kurze Zeit nachdem Paulus die Gemeinde in Thessaloniki gegründet hatte, schrieb er ihr einen Brief, der uns in der Bibel überliefert ist. In diesem Schreiben heißt es, dass „die Verkündigung des Evangeliums nicht allein durch das Wort zu ihnen kam, sondern auch in der Kraft, im Heiligen Geist und in großer Gewissheit".[87] Was für eine Gewissheit? Wie war das, als ich Gottes Geist empfangen hatte? Meine Seele jubelte darüber, dass ich nun Gottes Kind geworden war.

Ich kann mich noch genau an den Ort und an die Tageszeit erinnern, als der Geist Gottes meinem Herzen zusprach, dass Gott mich liebt und ich für immer zu ihm gehöre. Am Morgen nach jener Nacht, in der ich Jesus mein Leben gegeben und seinen Geist empfangen hatte, erlebte ich buchstäblich, was ich später in der Bibel las: „Der Geist selbst gibt Zeugnis unserem Geist, dass wir Gottes Kinder sind."[88] Wo vorher Zweifel und Ungewissheit waren, kehrte nun eine große Gewissheit ein, dass Gott mich liebt und trägt. Diese Gewissheit wuchs als Frucht aus einer wunderbaren Erfahrung der Liebe Got-

▶▶ Wo vorher Zweifel und Ungewissheit waren, kehrte nun eine große Gewissheit ein, dass Gott mich liebt und trägt.

tes. Es war, als ob man eine Tasse glühender Liebe in mein Inneres gegossen hätte. Der Römerbrief spielt auf diese Erfahrung an, wenn es dort heißt: „Die Liebe Gottes ist ausgegossen in unsere Herzen durch den Heiligen Geist, der uns gegeben ist."[89]

Nicht Notar, sondern Erbe

Als Nächstes fiel mir auf, dass die Bibel ein spannendes Buch ist. Ich fragte mich verwundert: Ist das noch die gleiche Bibel? Ich verschlang jede Seite. Innerhalb kurzer Zeit las ich das Neue Testament mehrmals durch. Wenig später die gesamte Bibel. Die Worte sprachen zu meinem Herzen. Ich erkannte plötzlich, dass ich gemeint bin. In diesem Buch steht, was Gott für mich getan hat und was er mir schenken will. Ich las die Bibel irgendwie anders: so wie ein Erbe das Testament liest, das für ihn bestimmt ist. Vorher hatte ich die Bibel gelesen wie ein Notar. Wo sind Fehler? Was stimmt nicht? Was ist unlogisch? Nun las ich sie wie einer, der überreich erben soll. Was bekomme ich? Was hat mein himmlischer Vater für mich unternommen, um mich und alle seine Kinder reichlich zu beschenken?

▶▶ **Vorher hatte ich die Bibel gelesen wie ein Notar. Wo sind Fehler? Was stimmt nicht? Was ist unlogisch? Nun las ich sie wie einer, der überreich erben soll. Was bekomme ich? Was hat mein himmlischer Vater für mich unternommen, um mich und alle seine Kinder reichlich zu beschenken?**

Aus einem langweiligen Juristenpapier war ein hoch spannendes Testament geworden, das mich über mein Erbe in Kenntnis setzt, aber auch klar die Bedingungen benennt, unter denen ich das Erbe antreten darf. Welche Bedingungen? Gott wirft uns die Gabe des Heiligen Geistes nicht hinterher. Sie ist für die Nachfolger Jesu bestimmt. Der Geist Gottes ist keine Allerweltsgabe für die, die den spirituellen Kick brauchen. Sie ist eine Dienstgabe für die, die Jesus groß machen wollen in dieser Welt.

Lizenz zum Beten

Schon am nächsten Morgen nach der Nacht meiner Hingabe an Jesus entdeckte ich die Wirklichkeit des Gebetes. Gebet spielt ja in den Religionen eine große Rolle. Es wird meist als ein Ritus praktiziert, den man zu bestimmten Zeiten und an bestimmten Orten verrichtet. Ich entdeckte sehr schnell, dass das Gebet, von dem Jesus spricht, viel mehr ist als eine rituelle Übung der Versenkung. Christliches Gebet ist eine Kommunikation zwischen geliebtem Kind und gegenwärtigem Gott, der dem Beter interessiert zugewandt ist. Die Erfahrung der Nähe Gottes eröffnet eine neue, irgendwie unreligiöse Dimension des Gebetes. Jesus ist durch den Heiligen Geist gegenwärtig. Ich kann zu ihm sprechen. Ich muss keine feierlichen Worte benutzen. Ich kann mein Herz ausschütten und ihm sagen, was mich bewegt, was mich freut, was mir Angst macht, womit ich nicht klarkomme.

> ▶▶ Ich entdeckte sehr schnell, dass das Gebet, von dem Jesus spricht, viel mehr ist als eine rituelle Übung der Versenkung. Christliches Gebet ist eine Kommunikation zwischen geliebtem Kind und gegenwärtigem Gott, der dem Beter interessiert zugewandt ist.

Gebet ist eigentlich keine Verrichtung, sondern ein Lebensstil; es bedeutet, mit dem gegenwärtigen Gott verbunden zu sein und sein tägliches Leben mit ihm zu teilen. Irgendwie hatte sich die Art, wie ich betete, nun total verändert. Vor der Erfahrung des Heiligen Geistes war ich unsicher gewesen, ob mein Gebet überhaupt ankommt. Gibt es einen Gott, der mich hört und der sich für mich interessiert? Ich war wie einer, der unsicher an die Tür klopft: Ist da jemand? Aber nun wusste ich, die Tür ist offen. Du kannst eintreten. Jesus ist da für dich.

Kühnheit zum Zeugnis

Ich spreche nicht von jener Kühnheit, die ich zu meiner Schulzeit zweimal im Jahr nötig hatte, nämlich immer zum Ende eines Halbjahres, wenn es Zeugnisse gab. Es geht vielmehr um das Bedürfnis,

191

die gute Nachricht von Jesus mit anderen Menschen zu teilen. Als Jesus in mein Leben kam und ich die Liebe Gottes schmeckte, da wollte ich es allen sagen: „Ich habe Gott gefunden. Es ist das Großartigste, was es gibt!" Hätte ich geschwiegen, dann wäre ich mir vorgekommen wie einer, der anderen Verdurstenden die Quelle verschweigt, die er gefunden hat.

Ich glaube, dass ich in der ersten Zeit meines gefundenen Glaubens einigen Freunden mit meinem Jesus ziemlich auf die Nerven ging. Ich musste erst lernen, wie man sensibel mit der Skepsis anderer umgeht. Dennoch denke ich heute etwas mit Wehmut an die Frische zurück, mit der ich damals über meinen Glauben sprechen konnte. Vor meiner Erfahrung der Zuwendung Gottes hätte ich mir nie vorstellen können, einfach so über Gott zu reden. Religion ist Privatsache. Man kann begeistert über Sport oder über seine Lieblingsband reden. Wenn aber einer mit Begeisterung über seinen Glauben spricht, dann ist das peinlich. Jesus sagt: „Wovon das Herz voll ist, davon spricht der Mund."[90] Wenn das Herz voll ist von Jesus, dann reden wir darüber.

Kurz nach Pfingsten verkündeten Johannes und Petrus im Tempel, dass Jesus lebt und dass er der verheißene Retter ist. Sie wurden verhaftet und vor den Hohen Rat gebracht, vor jenes Gremium also, das wenige Wochen zuvor Jesus zum Tode verurteilt hatte. Der Hohe Rat verbot ihnen unter Androhung harter Strafen, über Jesus zu reden. Petrus und Johannes aber antworteten mutig: „Wir können es nicht lassen, von dem zu reden, was wir gesehen und gehört haben."[91] Wenn Christen über ihren Erlöser schweigen, dann sind entweder ihre Herzen kalt oder ihnen sind die Menschen gleichgültig oder sie haben nicht wirklich verstanden, wer Jesus ist. Diese Welt braucht auskunftsfähige Christen, die verständlich über den Grund ihrer Hoffnung und Freude sprechen. Aber wenn ihre Herzen nicht von Liebe und Freude voll sind, dann helfen auch keine Seminare, welche die Sprachfähigkeit über den Glauben trainieren. „Das Schweigen der Lämmer" ist ein Symptom für die Geistvergessenheit der Kirche in

▶▶ Diese Welt braucht auskunftsfähige Christen, die verständlich über den Grund ihrer Hoffnung und Freude sprechen.

unserem Land. Das Wissen über den Glauben allein macht einen Menschen nicht zum Zeugen der Erlösung. Er braucht ein be-*geist*-ertes Herz.

Wir entwickeln einen veränderten Charakter

Wenn Jesus in unser Leben tritt, beginnt ein lebenslanger Veränderungsprozess. Gott beginnt, uns von innen heraus zu verändern. Normalerweise schleppen wir unsere Fehlprägungen ein Leben lang mit uns herum. Auch wenn wir sagen, dass wir ein neues Leben beginnen wollen, fehlt uns meistens die Kraft, wirklich anders zu leben. Viele gute, zu Silvester gefasste Vorsätze stürzen schon am Neujahrstag ärmlich wieder in sich zusammen. Durch die Vergebung unserer Schuld erhalten wir eine großartige Chance, von vorn zu beginnen. Dieser Neuanfang setzt Kraft zu echten Veränderungen in unserem Leben frei.

Ich kenne Menschen, die jahrelang vergeblich gegen schlechte Angewohnheiten wie zum Beispiel Pornografie, Lügen, Unpünktlichkeit oder Drogenmissbrauch gekämpft haben. Erst die Hinwendung zu Jesus und die Erfahrung der Vergebung half ihnen, mit dem alten Lebensstil zu brechen. Auch wenn zu diesem Prozess der Veränderung Rückfälle und Versagen gehören, bekommt unser Leben grundsätzlich eine Dynamik zum Guten, weil der Geist Gottes uns hilft, das neue Leben zu entfalten. Die Bibel redet von den Früchten des Heiligen Geistes: „Die Frucht des Geistes ist Liebe, Freude, Frieden, Geduld, Freundlichkeit, Güte, Treue, Sanftmut und Selbstbeherrschung."[92] Früchte wachsen nicht von heute auf morgen. Sie brauchen Zeit zur Reifung. Gottes Frucht ist ein zum Positiven veränderter Charakter. Er ist das Resultat unzähliger einzelner Entscheidungen, in denen wir uns entschieden haben, den Willen Gottes zu tun.

▶▶ Früchte wachsen nicht von heute auf morgen. Sie brauchen Zeit zur Reifung. Gottes Frucht ist ein zum Positiven veränderter Charakter.

Was erfahren Menschen, wenn sie den Heiligen Geist empfangen?

Ich habe mit unzähligen Menschen gebetet, dass sie den Heiligen Geist empfangen. So unterschiedlich die Menschen waren, mit denen ich gebetet habe, so unterschiedlich waren auch die Erfahrungen, die die Menschen machten, als Gottes Geist ihre Herzen berührte. Viele spürten gar nichts. Aber sie merkten trotzdem eine starke Veränderung in ihrem Leben. Sie konnten plötzlich glauben und beten. Interessiert studierten sie die Bibel. Sie gaben anderen Menschen begeistert Auskunft über ihren Glauben. Oft waren es die eher rational Veranlagten, die keine Empfindungen hatten. Andere Menschen begannen, vor Freude zu weinen, als sie Gottes zärtlichen Wind vom Himmel spürten. Andere wurden mit so einer überschäumenden Freude erfüllt, dass sie vor lauter Begeisterung nicht mehr still sitzen konnten. Wieder andere erlebten Gottes Geist als flüssige Liebe, die in ihr Inneres gegossen wurde. Ich kenne Menschen, deren Herz plötzlich voller neuer Worte war, die ihr Verstand nicht kannte. Sie konnten von da an in dieser neuen, geheimnisvollen Gebetssprache sprechen, die der Geist Gottes ihnen geschenkt hatte. Wichtig sind nicht die Begleitphänomene, sondern die Auswirkungen. Wir beginnen, uns danach zu sehnen, Jesus in dieser Welt groß zu machen. Mit Wort und Tat.

Der Zugang zur Erfahrung des Heiligen Geistes

Als Petrus seine Pfingstpredigt beendet hatte, da nickten die Menschen nicht nur beipflichtend und gingen dann wieder ihrer Wege. Sie waren in ihren Herzen getroffen und fragten: „Was sollen wir tun?" Sie spürten, dass die gute Nachricht sie in eine Entscheidungssituation gebracht hatte. Petrus antwortete ihnen: „Kehrt um! Jeder von euch soll sich taufen lassen auf den Namen Jesu Christi, damit Gott euch eure Sünden vergibt und ihr den Heiligen Geist empfangt. Denn diese Verheißung gilt euch, euren Kindern und allen Menschen aus aller Welt, die der Herr, unser Gott, in seinen Dienst rufen wird." Petrus nennt zwei Voraussetzungen: Umkehr und Taufe.

Was heißt Umkehr?

Zur Zeit Jesu gab es kaum Wegweiser. Menschen liefen oft stunden- oder tagelang, ehe sie bemerkten, dass sie auf dem falschem Weg sind. Ihnen blieb nichts anderes übrig als umzukehren. Petrus sagt den Zuhörern, dass sie umkehren müssen, um den Heiligen Geist zu empfangen. Ich glaube, wir verstehen diese Bildersprache. Umkehr heißt: Wende dich ab von einem Leben ohne Gott und wende dich Gott zu! Wenn du den Weg, auf dem du dich befindest, weitergehst, wirst du Gott nicht finden. Umkehr schließt die Bereitschaft ein, sein Leben zu ändern. Das ist oft mit sehr konkreten Schritten verbunden. Ich kenne einen attraktiven Studenten, der es als eine Art sportliches Hobby betrieb, hübsche Frauen in sein Bett zu kriegen. Als er Christ wurde, kehrte er diesem Lebensstil radikal den Rücken zu. Bei einigen Frauen entschuldigte er sich. Und die Frau, in die er sich kurze Zeit später verliebte, heiratete er.

▶▶ Wir bekommen die Kraft, unser Leben wirklich zu verändern, erst, wenn wir Gottes Geist empfangen haben. Am Anfang aber steht die Bereitschaft, um Christi willen unser Leben zu ändern.

Ein anderer junger Mann besaß eine nicht geringe Anzahl von CDs, die er bei *Saturn* geklaut hatte. Als er sein Leben in Ordnung brachte, gab er mir die CDs mit der Bitte, diese an seiner statt zurückzubringen. Er selbst war wohl zu feige dazu. Ich ging fröhlich mit einer Plastiktüte voller CDs zu *Saturn* und verlangte den Geschäftführer. Der staunte nicht schlecht, als ich ihm die Tonträger überreichte und ihm erzählte, dass ich Pfarrer sei und dass ein junger Mann aus meiner Gemeinde sich zu Jesus bekehrt habe und nun sein Leben aufräume.

Eine Jugendliche beichtete mir, dass sie ab und zu einen Zwanzigeuroschein aus dem Portemonnaie ihrer Mutter genommen habe.

Ihre Umkehrschritte bestanden darin, ihrer Mutter diesen Diebstahl zu bekennen und Wiedergutmachung anzubieten. Ein anderer Student, der für seine gelegentlichen Alkoholexzesse bekannt war, stellte sein Trinkverhalten für längere Zeit auf alkoholfreies Bier um. Wir bekommen die Kraft, unser Leben wirklich zu verändern, erst, wenn wir Gottes Geist empfangen haben. Am Anfang aber steht die Bereitschaft, um Christi willen unser Leben zu ändern.

Erlösung ist ein Geschenk

Schon von klein auf lernen wir, dass wir nur etwas bekommen, wenn wir etwas leisten. Manche elterliche Zuwendung haben wir uns durch Gehorsam und Freundlichkeit „erkauft". Wir übertragen dieses Prinzip auf Gott. Wir denken, dass wir erst etwas vorweisen müssen, ehe wir die Erlösung empfangen können. Die Leistungspalette, mit der wir Gott beeindrucken wollen, ist groß. Sie reicht von guten Taten bis hin zu radikalen religiösen Übungen. Ein gelegentlicher Gottesdienstbesucher meinte nach einer Predigt, in der es um Umkehr ging, zu mir: „Ich muss erst mein Leben ändern, ehe ich Christ werden kann." Ich sagte ihm: „Komm, wie du bist. Gott nimmt dich an und hilft dir, dein Leben zu ändern!" Wir müssen nicht erst einen Bußkatalog abarbeiten, ehe er uns die Erlösung gibt. Sie ist ein Geschenk. Das wirft Gott uns nicht hinterher. Wir müssen uns vor dem Gekreuzigten beugen und ihn bitten. Das ist eine Zumutung. Für die einen ist das peinlich, andere halten sich für zu klug, auf jeden Fall ist das Geschenk der Versöhnung nichts für Stolze. Denn nur wer sich vor dem Sohn Gottes niederkniet – zumindest im Herzen –, der empfängt das kostbare Geschenk der Erlösung.

Jesus, der Herr

Eigentlich müsste Pfingsten voll im Trend liegen. Schließlich geht es um „Power". Nun, das Christentum ist kein Konzept dafür, sein selbstzentriertes Leben mit himmlischem Beistand zu meistern. Der Heilige Geist ist kein Sahneklecks auf unserer Egotorte. Er ist eine Dienstausrüstung für Menschen, die in dieser Welt für das Anliegen Jesu leben wollen. Wir empfangen Jesus nur als den *Herrn* unseres Lebens. Am Kreuz ist er für uns der Knecht geworden, der an unserer statt litt und starb. Aber nun ist er der Auferstandene, eingesetzt zum Herrn des Universums. Und er kommt in unser Leben, wo wir seine Herrschaft demütig erbitten und unser Leben ihm übereignen. Er kommt nicht als unser himmlischer Butler, den wir rufen, wenn wir seine Dienste brauchen, der sich aber ansonsten diskret zurückzuhalten hat. Er ist der Herr aller Herren. Wer ihm dienen will, den tränkt er mit dem kostbaren Wasser des Lebens.

▶▶ Er kommt nicht als unser himmlischer Butler, den wir rufen, wenn wir seine Dienste brauchen, der sich aber ansonsten diskret zurückzuhalten hat.

„Sir, übernehmen Sie!"

Im Prolog des Johannesevangeliums lesen wir einen Satz, der das Wunder umschreibt, wie ein Mensch Gottes Kind wird: „Die ihn [Jesus] aufnahmen, denen gab er die Vollmacht, Gottes Kinder zu werden."[93] Ein Mensch wird Christ, wenn er Jesus in sein Leben aufnimmt. Weil Jesus der Herr ist, bedeutet Christ zu werden, Jesus als Herrn zu empfangen. Christ zu werden bedeutet einen Herrschaftswechsel. Jesus betritt die Kommandobrücke unseres Lebens. Er kommt nicht als Schiffskoch oder als Schiffsjunge. Nur als Kapitän betritt er das Schiff unseres Lebens. Warum? Weil Jesus Gott ist und weil Jesus das Schiff unseres Lebens sicher in den Zielhafen bringen möchte. Jesus übernimmt die Führung des Schiffes nicht gewaltsam. Nur wenn wir ihn bitten: „Sir, übernehmen Sie!" und ihm das Steuer überlassen, ergreift der neue Kapitän die Leitung über das Schiff.

Und wir? Haben wir nichts mehr zu sagen? Können wir uns nun sorglos in die Kombüse verkriechen? Nein, wir bleiben auf der Kommandobrücke des Lebens. Jesus entlässt uns nicht aus der Verantwortung über das Schiff. Aber Jesus bestimmt von nun an den Kurs des Lebens und wir fahren gemeinsam dem wunderbaren Ziel entgegen. Es gibt viele Klippen, an denen das Schiff zerschellen könnte. Auf der Route unseres Lebens warten viele Stürme und Eisberge. Aber wir werden nicht das Schicksal der Titanic teilen. Jesus ist an Bord. Er kennt den Kurs. Am Ende der Reise erwartet uns eine wunderbare Hafenstadt und ein grandioses Fest mit vielen alten und neuen Freunder. ist geplant.

Ein Jünger werden

„Jünger" ist im Neuen Testament die ursprüngliche Bezeichnung für einen Christen. Wie wird man ein Jünger/eine Jüngerin? Was zeichnet einen Jünger aus? Im Matthäusevangelium gibt es einen Abschnitt (4,18–22), in dem berichtet wird, wie Jesus die Jünger beruft. Dabei fallen zwei Merkmale auf, die beschreiben, was es heißt, ein Jünger zu sein. Erstens: Jesus fordert sie auf, ihr altes Leben hinter sich zu lassen und ein neues in Gemeinschaft mit Jesus zu beginnen. „Folgt mir nach, ich will euch zu Menschenfischern machen!", spricht er zu den Fischern Andreas und Simon, der später den Namen Petrus bekommt. Er fordert sie heraus, ihr Leben in die Sache Gottes zu investieren. Zweitens: Die Jünger vertrauen ihr Leben Jesus an, mit dem sie nun zusammen sind. Sie singen *Time to say goodbye* und ziehen mit Jesus los. Sie lassen ihr altes Leben hinter sich und beginnen ein neues Leben für das Evangelium. Daran hat sich bis heute nichts geändert. Ein Christ ist ein Mensch, der Jesus an die erste Stelle setzt, ihm vertraut und ihm nachfolgt.

▶▶ Ein Christ ist ein Mensch, der Jesus an die erste Stelle setzt, ihm vertraut und ihm nachfolgt.

Loslassen

Hape Kerkeling fasst am Ende seines Bestsellers *Ich bin dann mal weg* die Erkenntnisse seiner Pilgerwanderung zusammen. Ein Spitzensatz daraus lautet: „Der Mensch sucht nach Halt; dabei liegt der einzige Halt im Loslassen." Jesus sagt: „Wer sein Leben findet, der wird es verlieren. Und wer sein Leben verliert um meinetwillen, der wird es finden."[94] Kein Satz von Jesus kommt so häufig in der Bibel vor wie dieser. Wer einen Sinn für die Sprache Jesu hat, der wird sogleich merken, dass Jesus hier nicht über den Märtyrertod redet. Es geht um etwas Grundlegendes, das für alle Christen gilt. Es geht um das tiefe Geheimnis des Loslassens. Wer die Regie über sein Leben loslässt, der empfängt es. Wer sein Leben an Jesus verliert, der bekommt es neu geschenkt. Der sich an Jesus Verschenkende erfährt sich als den maßlos Beschenkten. Das Leben um Jesu willen loslassen heißt erfülltes Leben von Jesus geschenkt bekommen.

Uns (post)modernen Europäern sind solche Aussagen unheimlich. Sie klingen paradox. Ihr Sinn geht uns nicht auf. Um uns herum wird das Gegenteil dessen gelebt. Bediene dich, sonst kommst du zu nichts! Lang zu, sonst gehst du leer aus! Raffen statt gaffen! Aber in Hinblick auf Gott liegen die Dinge anders. Jesus sagt: „Gebt, so wird euch gegeben!" Jesus selbst ist ein Beispiel für Hingabe und für Loslassen. Er gab seine himmlische Herrlichkeit auf, um als sterblicher Mensch unter uns Menschen zu leben. Er gab sein Recht auf Ehre auf und starb den schändlichen Tod am Kreuz. Er ließ sein Recht auf Leben los, um uns mit Gott zu versöhnen.

Das Konzept „geistliches Leben" und das Konzept „Selbstverwirklichung" passen nicht zusammen. Ich verstehe es, wenn die 68er aus dem feigen Mitläufertum der Nazizeit ihre Lehren gezogen haben und den emanzipierten und selbstverantwortlichen Menschen propagierten. Ich teile den emanzipatorischen Ansatz. Aber im Hinblick auf Gott verhindert dieses Autonomie-Konzept, dass wir unser Leben mit seiner Schuld, mit seinen Sorgen und Verletzungen wirklich loslassen und Jesus anvertrauen können. Ein sinnvoller Schutzmechanismus gegenüber menschlicher Manipulation wird zur Barriere gegenüber Gott. Es ist eine tiefe Weisheit, für deren Richtigkeit es unzählige Beispiele gibt: Wer vor Gott kniet, kann vor Menschen

▶▶ Das Konzept „geistliches Leben" und das Konzept „Selbstverwirklichung" passen nicht zusammen.

stehen. Wir müssen vertrauen, dass die Hingabe an den Willen Gottes nicht zur Verengung und zur Verarmung unseres Lebens führt, sondern, im Gegenteil, zur Erfüllung.

Martin Luther nennt die Hingabe des Christen an Jesus einen „fröhlichen Tausch und Wechsel". Wir geben Jesus unsere Sünde. Er gibt uns seine Reinheit. Wir geben ihm unsere Lieblosigkeit. Er gibt uns seine Liebe. Wir geben ihm unsere Verlorenheit. Er gib uns seine Erlösung. Wir geben ihm unseren Unfrieden. Er gibt uns seinen Frieden. Wir geben ihm unseren Hass. Er gibt uns seine Menschenfreundlichkeit.

Umkehr praktisch

Jeder Mensch ist ein Gebet weit von Gott entfernt. Im Gebet wenden wir uns an Jesus und laden ihn ein, der Herr unseres Lebens zu werden. Wir bitten ihn, uns mit seinem Geist zu erfüllen. Jörg Zink, der bekannte Pfarrer und Autor, hat in seinem wunderbaren Buch „Wie wir beten können" einen Gebetstext verfasst, der die Hingabe an Jesus ausdrückt. Ich empfehle diesen Text als Hingabegebet:

 Ich lasse mich dir, heiliger Gott, und bitte dich:
Mach ein Ende aller Unrast.

Meinen Willen lasse ich dir.
Ich glaube nicht mehr, dass ich selbst verantworten kann,
was ich tue und was durch mich geschieht.
Führe du mich und zeige mir deinen Willen.

Meine Gedanken lasse ich dir.
Ich glaube nicht mehr, dass ich so klug bin,
mich selbst zu verstehen,
dieses ganze Leben oder die Menschen.
Lehre mich deine Gedanken denken.

Meine Pläne lasse ich dir.
Ich glaube nicht mehr, dass mein Leben seinen Sinn findet
in dem, was ich erreiche von meinen Plänen.
Ich vertraue mich deinem Plan an,
denn du kennst mich.

Meine Sorgen um andere Menschen lasse ich dir.
Ich glaube nicht mehr,
dass ich mit meinen Sorgen irgendetwas bessere.
Das liegt allein bei dir. Wozu soll ich mich sorgen?

Die Angst vor der Übermacht der anderen lasse ich dir.
Du warst wehrlos zwischen den Mächtigen.
Die Mächtigen sind untergegangen. Du lebst.

Meine Furcht vor meinem eigenen Versagen lasse ich dir.
Ich brauche kein erfolgreicher Mensch zu sein,
wenn ich ein gesegneter Mensch sein soll
nach deinem Willen.

Alle ungelösten Fragen, alle Mühen mit mir selbst,
alle verkrampften Hoffnungen lasse ich dir.
Ich gebe es auf, gegen verschlossene Türen zu rennen,
und warte auf dich. Du wirst sie öffnen.

Ich lasse mich dir. Ich gehöre dir, Gott.
Du hast mich in deiner guten Hand. Ich danke dir.

aus: Jörg Zink: Wie wir beten können
© Kreuz Verlag, Stuttgart 1970/2002, S. 191

Ein Hingabegebet könnte auch so lauten:

Lieber Herr Jesus Christus,
ich nehme deine Einladung an
und komme zu dir.
Ich gebe jetzt mein Leben in deine Hand
mit meiner Schuld,
mit allen Problemen,
mit allem, was ich bin und habe.
Von nun an sollst du der Herr meines Lebens sein.

Ich wende mich ab von allem Bösen
und wende mich zu dir, Herr Jesus.
Bitte vergib mir meine Schuld.

Herr, ich öffne dir jetzt mein Herz.
Erfülle mich mit deinem Heiligen Geist.
Komm in mein Leben und mach es neu.

Ich danke dir, dass du für mich gestorben bist.
Ich danke dir, dass du mich angenommen hast.
Ich bin ein Kind Gottes geworden. Amen.

Wie beten?

Auf jeden Fall braucht man Ruhe und Zeit, um sich für Jesus zu öffnen und sein Leben vor ihm auszubreiten.

Es gibt keine Methode, kein Rezept, keine Strategie. Manche Menschen beten allein in ihrem Zimmer. Sie schließen die Tür ab, damit sie nicht gestört werden. Viele knien sich hin als Ausdruck der Demut und Hingabe an Gott. Auf jeden Fall braucht man Ruhe und Zeit, um sich für Jesus zu öffnen und sein Leben vor ihm auszubreiten. Viele haben den Heiligen Geist empfangen, als andere Christen unter

Handauflegung mit ihnen beteten. Wichtig ist die Haltung, mit der wir zu Gott kommen. Sind wir wirklich bereit, Jesus als Herrn zu empfangen? Wollen wir Jesus nachfolgen, oder wollen wir lediglich ein bisschen Religion, um im Leben besser klarzukommen?

Raum für das Wasser des Lebens?

Jesus nennt den Heiligen Geist auch „das Wasser des Lebens". Unser Herz ist wie eine Schüssel. Jesus möchte sie mit dem Wasser des Lebens füllen. Wenn aber unser Herz voller Steine ist, dann ist kaum Raum für das Lebenswasser. Die Steine in unserem Herzen müssen raus, damit das Herz voll von Gott werden kann. Was sind die Steine in unserem Herzen? Wie bekommt man sie raus? Es gibt drei Arten von Steinen in unserem Herzen: Schuld, seelische Verletzungen und Ängste.

Schuld fasst das zusammen, was wir anderen angetan haben. Meistens sehen wir uns nur als Opfer der Schuld anderer. Aber wenn wir unser Leben einmal wirklich mit der Frage „Wo bin ich an anderen Menschen schuldig geworden?" durchgehen, dann entdecken wir möglicherweise viele Punkte, an denen wir Schaden angerichtet haben. Ich erinnere mich, dass ich als Halbstarker mehrere Kameraden für die Idee begeistern konnte, gemeinsam einen mir unsympathischen Mitschüler zu verprügeln, was wir dann auch getan haben. Aus heutiger Sicht war das mehr als eine harmlose Jugendsünde.

Nicht nur Mitschülern, auch Lehrern können wir übel mitspielen. An meiner Schule gab es eine Russischlehrerin, die manchmal so fertiggemacht wurde, dass sie heulend aus dem Klassenzimmer rannte. Die Familie ist ein Ort, an dem Menschen aneinander schuldig werden. Große Geschwister sind oft grausam gegenüber ihren kleinen Geschwistern. Das ganze Gebiet der Sexualität steckt voller Missbräuche und Verfehlungen. Es gibt Männer, die Frauen wie Marmeladengläser behandeln. Erst werden sie ausgeschleckt und dann weggeworfen. Frauen missbrauchen ihre Reize, um Männer zu manipulieren und zu demütigen. In Sachen Eigentum haben sich viele Menschen eine „Großzügigkeit" zugelegt, die jeder Norm spottet. Braucht man ein Ersatzteil für sein Fahrrad, so schraubt man es woanders ab. Und Dinge, die der Firma gehören, werden längst als persönliches Eigentum betrachtet. Schließlich gehören wir ja zur Firma und damit deren Sachen auch uns. Manchmal besteht unsere Schuld auch einfach darin, einem anderen Menschen einen Gefallen abzuschlagen.

Der berühmte Jugendpfarrer Wilhelm Busch erzählte die Geschichte, wie ihn sein Vater bat: „Junge, kommst du mit in die Stadt? Hast du Lust, mich zu begleiten?" Der Junge hatte keine Lust. Eine Woche später starb der Vater. Ergreifend erzählte Busch, wie er am Sarg seines toten Vaters stand und mit Tränen in den Augen sagte: „Vater, was gäbe ich dafür, wenn du mich noch einmal bitten könntest. Ich würde sonst wohin mit dir gehen."

Jede Schuld ist auch *Schuld gegenüber Gott,* weil jede Schuld sein Werk zerstört. Die Ausbeutung der Armen, jede Vergewaltigung, jede rassistische Aktion, jeder Mord, jeder Krieg ist ein Schlag in das Angesicht Gottes. Es ist auch Schuld, dass wir Gott ignorieren und seine Gebote verachten. Unserem Dackel schenken wir mehr Aufmerksamkeit als dem lebendigen Gott.

Es gibt *seelische Verletzungen* in uns, die sind wie Steine, die verhindern, dass Gott Raum in uns bekommt. Weil wir verletzt worden sind, können wir uns nicht für Gott öffnen. Wir sind verhärtet in unserem Misstrauen. Seelische Verletzungen sind das Ergebnis der Schuld anderer Menschen. Da gab es vielleicht jenen Lehrer, der uns so oft vor der Klasse bloßstellte. Ich kenne eine junge Frau, deren Herz voller Hass war, weil ihre kleine, süße Schwester immer vorgezogen wurde. Meine Frau und ich haben mit vielen jungen Frauen gebetet, die sexuell missbraucht worden waren. Meistens durch eigene Familienmitglieder.

▶▶ **Es gibt Ängste, die uns so sehr beherrschen, dass wir uns nicht fallen lassen können. Weder in die Arme eines Menschen, der uns liebt, noch in die Arme Gottes.**

Es gibt *Ängste,* die uns so sehr beherrschen, dass wir uns nicht fallen lassen können. Weder in die Arme eines Menschen, der uns liebt, noch in die Arme Gottes. Der Geist Jesu findet keinen Raum in uns, wenn die Steine unserer Ängste unser Herz blockieren. Ich meine nicht die Angst vor Spinnen. Sie ist anscheinend besonders bei Frauen als eine Art Schutzmechanismus angelegt. Ich meine auch nicht die Angst, die uns weiche Knie bekommen lässt, wenn wir mit achtzig Sachen durch eine vereiste Kurve fahren. Ich spreche von den lebensbehindernden Ängsten, die uns einengen, die uns die Brust zuschnüren, die uns die Zukunft verdunkeln. Die Angst vor dem Verlust des Arbeitsplatzes, die Angst vor dem Alleinsein oder -bleiben. Es gibt Menschen, die ihre Partnerschaft gefährden, weil sie von der Angst getrieben sind, ihren Partner durch Untreue oder Tod zu verlieren. Manche Menschen sind getrieben von der Angst vor Krankheit. Jede ungewöhnliche Äußerung ihres Körpers halten sie für das Symptom einer nahenden, möglicherweise unheilbaren Krankheit. Und dann gibt es noch die große Angst vor dem Sterben und dem, was möglicherweise danach kommt.

Wohin mit den Steinen?

Wer nimmt uns unsere Schuld ab? Wohin können wir unsere Verletzungen und Ängste bringen? Wie bekommen wir die Steine los, die unser Herz blockieren? Ich möchte drei Wege aufzeigen, wie wir die Steine zu Jesus bringen können. Er befreit uns von unserer Schuld. Er heilt unsere Verletzungen. Er nimmt uns unsere Ängste ab und schenkt uns Frieden und Geborgenheit.

▶▶ Wer nimmt uns unsere Schuld ab? Wohin können wir unsere Verletzungen und Ängste bringen?

Erster Weg: Beichte. Ich bin diesen Weg von Anfang meines Christseins bis heute gegangen. Ich halte ihn für den Königsweg. Ein Christ bekennt vor einem anderen seine Schuld, bittet zusammen mit einem Mitchristen um Heilung seiner Verletzungen und bringt seine Ängste zu Jesus. Es ist oft ein demütigender Weg. Man verliert vor einem Menschen sein Gesicht. Man gewährt einem anderen den Blick hinter die Fassade. Aber nirgendwo sonst habe ich das Wirken des Heiligen Geistes so stark gespürt wie in der Beichte, wenn mir der „Beichtvater" die Hände auflegt und mir die Worte zuspricht: „Dir sind deine Sünden vergeben um Jesu willen!" In der Beichte bin ich meine Sünden, meine seelischen Verletzungen und meine Ängste losgeworden. Ein Bruder hat sie mit mir zu Jesus gebracht. Der Sohn Gottes ist der Einzige, der damit fertig wird, denn dazu ist er gekommen. Nicht jeder Christ eignet sich zum „Beichtvater" oder zur „Beichtmutter". Der geistliche Rat und das Gebet muss von Vollmacht und Weisheit getragen sein.

Zweiter Weg: ein Brief an Jesus. Ich kenne viele Menschen, die Jesus ihre Schuld, ihre Verletzungen und ihre Ängste gebracht haben, indem sie ihm einen Brief schrieben.

▶▶ **Das ist eine gute Möglichkeit, um sich all das, was unser Herz belastet, nicht nur von der Seele zu schreiben, sondern tatsächlich Jesus zu bringen.**

Das ist eine gute Möglichkeit, um sich all das, was unser Herz belastet, nicht nur von der Seele zu schreiben, sondern tatsächlich Jesus zu bringen. Was geschieht mit diesem Brief? Man kann ihn an ein Kreuz nageln. Einige haben sich extra dafür ein Kreuz gebaut. Die Symbolik ist sehr tief: „Jesus, ich bringe dir alles, was mich beschwert, und hefte es an dein Kreuz, damit du mich freimachst!" In Wolfram Kopfermanns Glaubensgrundkurs, durch den bereits weit über tausend Menschen Christen wurden, schreiben die Seminarteilnehmer an Jesus einen Brief, den sie in einem festlichen Gottesdienst an ein Kreuz heften. Was geschieht später mit dem Brief? Natürlich darf so ein intimes Schriftstück nicht in die falschen Hände gelangen. Deshalb muss der Brief anschließend verbrannt werden. Man kann diese Briefverbrennung feierlich begehen als Ritus der Befreiung.

Dritter Weg: das Gebet allein im „Kämmerlein". Ein Mensch bittet Gott um Vergebung seiner Schuld und um Heilung seiner Verletzungen. Er bringt seine Ängste zu Gott und erwartet, dass Gott hört und handelt. Hierbei ist es wichtig, dass sich der Betreffende gründlich auf diese Gebetszeit vorbereitet hat. Zur gründlichen Vorbereitung zählt auch ein Notizzettel mit einer Auflistung der „drei Steinarten". Die Auflistung ist wichtig, damit er in der Gebetszeit keinen Punkt vergisst. Das könnte ihn später belasten.

Ich habe in meiner Gemeinde, der Jungen Kirche Berlin, eine Synthese aus den drei Wegen entwickelt, damit jeder den Weg gehen kann, der für ihn passt. Jedes Jahr fahren wir mit einer größeren Gruppe auf ein sogenanntes *Get-Free-Wochenende*. Jeder Teilnehmer bekommt einige Blätter. Auf diesem „Gewissenspiegel", wie wir es nennen, stehen die Zehn Gebote mit Erläuterungen dazu, was die Gebote für uns heute bedeuten können. Man kann die Gebote in aller Ruhe durchgehen. Sie sollen dabei helfen, Schuld, Verletzungen und Ängste zu erkennen und vor Jesus zu bringen. Nach meiner Erfahrung gibt es schon im Leben junger Menschen viele Mächte und Kräfte, die sie lähmen, die ihre Kräfte dezimieren, ja, die ihnen die Freude rauben und sie immer wieder zurückwerfen in alte, zerstörerische Verhaltensmuster wie etwa Süchte, Verletzungen, negative Gedanken und Angewohnheiten.

▶▶ Nach meiner Erfahrung gibt es schon im Leben junger Menschen viele Mächte und Kräfte, die sie lähmen, die ihre Kräfte dezimieren, ja, die ihnen die Freude rauben und sie immer wieder zurückwerfen in alte, zerstörerische Verhaltensmuster wie etwa Süchte, Verletzungen, negative Gedanken und Angewohnheiten.

Das *Get-Free-Wochenende* ist durchzogen von Verkündigungseinheiten, von Anbetung und von Zeiten der persönlichen Stille. Für Gespräch und Gebet stehen männliche und weibliche Seelsorger und Seelsorgehelfer bereit, die auch an diesem Seminar teilnehmen. Viele Menschen machen von dem Angebot Gebrauch, in einem Seelsorgegespräch ihr Leben aufzuräumen und zu entrümpeln. Nach diesem Wochenende soll nichts mehr zwischen Gott und ihnen stehen und nichts mehr zwischen ihnen und ihren Mitmenschen. Der Höhepunkt des Wochenendes ist eine Versöhnungsfeier. Menschen nageln ihre „Schuldscheine", die sie beim Durcharbeiten des Gewissenspiegels verfasst haben, ans Kreuz. Nach einem Hingabegebet an Jesus legen die Mitarbeiter den Teilnehmern, die das wünschen, die Hände auf und beten um die Erfüllung mit dem Heiligen Geist. Zum Schluss werden die „Schuldscheine" auf dem Lagerfeuerplatz feierlich und unter lautem Jubel verbrannt. Wir erleben, dass einige Menschen mehrmals an einem solchen *Get-Free-Wochenende* teilnehmen. Sie verknüpfen mit diesen Tagen eine belebende Freisetzung, die immer wieder erneuert werden kann.

Hindernisse auf dem Weg zu Christus

Wenn man zu Jesus gefunden und die Liebe Gottes empfangen hat, dann fragt man sich verwundert, was Menschen eigentlich davon abhält, Christen zu werden. Es gibt eine Reihe von ernsthaften Hindernissen. Acht möchte ich hier benennen.

1. Die Angst, die eigene Persönlichkeit zu verlieren

Wir befürchten, dass uns die Kontrolle über unser Leben entgleitet und wir irgendwie komisch werden: nur noch beten, nur noch doofe, billige Klamotten tragen, nur noch als graue Maus durchs Leben gehen, nur noch ernsthafte und fromme Dinge betreiben ... Ich nenne diese Angst die „Nur-noch"-Phobie. Dahinter steckt eine abartige Vorstellung von Gott, der, wie in dem Roman „Der Name der Rose", das Lachen hasst. Dieser Gott ist ein Miesepeter, ein Freudekiller, ein Sklaventreiber, ein Schönheitsverächter, ein Leidglorifizierer. Sein Motto ist: „Dir ist alles erlaubt, solange es keinen Spaß macht!" Dieser Gott ist nicht der christliche Gott! Wenn wir Jesus und sein Leben anschauen, dann kommen uns so viel Lebensfreude und Herzenswärme entgegen. Er sagte einmal: „Ich lebe und ihr sollt auch leben!"[95] Jesus möchte unser Leben nicht in die Enge eines langweiligen, aber frommen Spießerlebens führen, sondern in die Weite und Fülle der Möglichkeiten Gottes.

> ▶▶ Wenn man zu Jesus gefunden und die Liebe Gottes empfangen hat, dann fragt man sich verwundert, was Menschen eigentlich davon abhält, Christen zu werden.

2. Die Angst, dass Gott uns überfordern könnte

Nun, wahr ist, dass Jesus lauter unmögliche Dinge von uns verlangt: Gott von ganzem Herzen zu lieben und den Nächsten so, wie man sich selbst liebt, allezeit und jedermann zu vergeben, Gott zu vertrauen in allen Dingen, sich keine Sorgen zu machen, dem Bösen zu widerstehen usw. Gott kennt unser Herz und er kennt die Grenzen unserer Persönlichkeit. Er weiß, dass wir nur aus der Kraft des Heiligen Geistes gottgefällig leben können, und er weiß, dass wir lebenslang auf die Vergebung angewiesen sind, weil wir den Maßstäben Gottes nicht entsprechen. Einige Menschen befürchten, Gott könnte, wenn sie Christen werden, irgendetwas von ihnen verlangen, was sie nicht wollen – zum Beispiel als Missionar nach Afrika zu gehen. Andere sind von der Angst bewegt, Gott könnte ihnen etwas verwehren, was sie gern tun würden – zum Beispiel heiraten. Hinter diesen Ängsten stehen verkehrte Vorstellungen über die Führungen Gottes in unserem Leben. Wir müssen zwei grundsätzliche Dinge wissen. Erstens: Gott möchte das Glück unseres Lebens. Zweitens: Wir sind keine Marionetten. Wir gehen *unseren* Lebensweg *mit* Gott.

▶▶ Wir müssen zwei grundsätzliche Dinge wissen. Erstens: Gott möchte das Glück unseres Lebens. Zweitens: Wir sind keine Marionetten. Wir gehen unseren Lebensweg mit Gott.

3. Dinge, die wir über Gott stellen

Die Erfahrung lehrt, dass ein Mensch nicht wirklich erfüllt als Christ leben kann, wenn er Gott hintanstellt und andere Dinge vorzieht. Das erste der Zehn Gebote lautet: „Ich bin der Herr, dein Gott. Du sollst keine anderen Götter haben außer mir." Martin Luther sagt: „Woran du dein Herz hängst, das ist dein Gott." Alle möglichen, auch positiven Dinge können, wenn wir sie an die erste Stelle in unserem Leben setzen, zu Göttern werden, die eine Entscheidung für Jesus verhindern. Geldgier, Karriere, Sex, Sport und Gesundheit können so sehr unser Leben beherrschen, dass wir unfähig werden, Gott zu dienen. Ja, sie können zum Sinn unseres Lebens werden, sodass ein Verlust zur Katastrophe führt. Ich erinnere mich an einen Geschäftfreund meines Vaters, der in der zweiten kommunistischen Enteignungswelle der DDR 1972 seine Firma an den Staat verlor. Er verkraftete den Verlust seines traditionsreichen Familienunternehmens nicht und nahm sich das Leben. Seine Firma war sein Ein und Alles. Gott möchte die erste Stelle in unserem Leben, damit wir nicht unter die Sklaverei vergänglicher Dinge geraten. Es ist eine alte Weisheit: Was für uns die Nummer eins ist, das bekommt Macht über uns.

4. Hochmut

Diese Haltung äußert sich in Sätzen wie: „Ich brauche keinen Gott" oder: „So etwas wie Glauben habe ich nicht nötig." Wenn Gottes Gnade eine Grenze hat, dann heißt sie Hochmut. Warum? Weil Gott unser Nein zu ihm akzeptiert. Er verschafft sich nicht mit der Brechstange Zutritt zu unserem Leben. Er bittet uns, dass wir ihm die Tür öffnen. Jesus sagt: „Wer das Reich Gottes nicht empfängt wie ein Kind, der wird nicht hineinkommen."[96] Ein Kind weiß, dass es auf Zuwendung, Schutz und Versorgung angewiesen ist. Haben Sie einmal beobachtet, wie Kinder Geschenke annehmen? Ohne Berechnung, ohne sich zu zieren, indem sie so etwas sagen wie: „Das kann ich doch nicht annehmen. Das ist doch zu teuer." In der Bibel findet sich der Satz: „Gott widersteht dem Hochmütigen; dem Demütigen aber schenkt er Gnade."[97] Demut gegenüber Gott umschreibt die Haltung, seine Wohltaten anzunehmen.

▶▶ **Weil Gott unser Nein zu ihm akzeptiert.**

5. Mangelnde Bereitschaft, sein Leben zu ändern

Man kann nicht Christ werden und gleichzeitig so weiterleben wie bisher. Die Entscheidung für ein Leben mit Gott ist gleichzeitig eine Entscheidung für ein neues Leben nach den Maßstäben Gottes und aus der Kraft des Geistes.

6. Aberglaube

Das ist ein weites Feld, das den Rahmen dieses Buches sprengt. Die Erfahrung lehrt, dass man nicht Christ werden kann, wenn die Seele noch aus anderen spirituellen Quellen trinkt wie zum Beispiel Satanismus, Spiritismus, germanischer Götterkult usw. Ich denke an einen sympathischen Jugendlichen, der sich für den Glauben öffnete. Als wir mit ihm beteten, damit er den Heiligen Geist empfing, spürte er eine innere Mauer, die ihn von Gott trennte. In einem Seelsorgegespräch musste er erst von den geistlichen Bindungen an verschiedene spirituelle Kräfte gelöst werden, ehe er Christus empfangen konnte.

7. Andere Religionen

Weil Glaube das ganze Leben umfasst, kann man nicht gleichzeitig Christ und ein bisschen Buddhist, ein bisschen Moslem oder ein bisschen Anhänger einer Schamanenreligion sein. Obgleich ich großen Respekt vor anderen Religionen habe und in ihnen den tiefen Ausdruck spiritueller Sehnsucht sehe, halte ich von der Vermischung von Religionen gar nichts. Religionen sind Wege, die ein Mensch geht. Man kann mit vielen Religionen flirten, aber man kann nur mit einer verheiratet sein. Jesus ruft uns, ihm nachzufolgen mit allem, was wir sind und haben.

▶▶ Man kann mit vielen Religionen flirten, aber man kann nur mit einer verheiratet sein.

8. Ungeduld und Rastlosigkeit

Wenn Gottes Geist in unser Leben kommt, dann ist das etwas sehr Kostbares. Unser Herz muss dafür bereit sein. Gott kennt die Stunde, zu der wir wirklich offen und bereit sind, das großartigste Geschenk, das es gibt, zu empfangen: seine Erlösung und die Erfahrung seiner Gegenwart. Die meisten Menschen brauchen Zeit, bis sie in eine innere Haltung hineingewachsen sind, in der sie Jesus empfangen können. Zeit ist aber genau das, was wir uns nicht nehmen wollen. Warum nicht? Weil wir auf der Überholspur leben. Alles muss schnell gehen. Was nicht sofort unsere Aufmerksamkeit fesselt, zappen wir weg: Filme, Bücher, Menschen. Ständig werden wir mit Informationen und Reizen beschossen: Anrufe, Werbung, E-Mails, Flyer, Musik, Zeitungen, Nachrichten, Broschüren ... Eigentlich sind wir gar nicht mehr aufnahmefähig. Ständig höre ich den Satz: „Mir ist das alles zu viel; ich pack das nicht mehr!" Abends sinken wir in den Sessel und schauen uns in der Glotze irgendwelchen oberflächlichen Mist an. Für Tiefe und Konzentration fehlt uns die Kraft. Weil unser Leben so sehr beschleunigt ist, finden wir nur schwer die nötige Einkehr und Geduld, um Bilanz zu ziehen und unser Leben vor Gott auszubreiten. Der Theologe Klaus Berger sagt: „Wir müssen uns dem, was wir erkennen wollen, so lange aussetzen, bis wir es sprechen hören."[98] Wir brauchen Zeit und Geduld, wenn wir Gott erkennen und erfahren wollen.

Taufe

Wir kehren zurück zur Pfingstpredigt des Petrus: „Jeder von euch soll sich taufen lassen auf den Namen Jesu Christi, damit euch Gott eure Sünden vergibt und ihr den Heiligen Geist empfangt." Was hat es mit der Taufe auf sich? Wer soll sich taufen lassen?

Die Taufe ist zweierlei. Sie ist erstens ein Akt der Abwendung des Menschen von seinem früheren Leben und der Hinwendung zu Jesus Christus. Zweitens ist sie ein „Sakrament", also etwas, wodurch Gott an einem Menschen handelt, ihm seine Sünde vergibt und ihn zu einem Kind Gottes macht. Gott bietet dem Menschen in der Taufe einen Bund mit Jesus an. Obwohl beide Aspekte – Bund des Menschen mit Gott und Bund der schenkenden Gnade Gottes – in der Bibel stehen, haben die Christen beide Aspekte gegeneinander ausgespielt und sich unrühmlich gestritten.

Hinsichtlich der Tauffrage gibt es in der Christenheit zwei Lager: Die Christen, welche den Sakramentscharakter der Taufe einseitig betonen, haben jene Christen bösartig verfolgt, die eine Säuglingstaufe ablehnen und nur mündige Menschen nach ihrer Bekehrung taufen. Und diejenigen Christen, die nur eine Gläubigentaufe von Erwachsenen für eine richtige Taufe halten, sprechen allen anderen Christen, die „nur" als Säuglinge und meistens auch noch mit wenig Wasser getauft („bespritzt") wurden, ab, überhaupt getauft zu sein. Man könnte meinen, dass beide Lager nur die halbe Bibel gelesen haben. Beide Taufaspekte stehen in der Heiligen Schrift und gehören daher zusammen. Da der Mensch aber das, was Gott zusammengefügt hat, nicht trennen soll, halten wir hier ausdrücklich an beiden Taufaspekten fest: Taufe als Sakrament und Taufe als Bekenntnis- und Gehorsamsschritt. In der Taufe schenkt Gott dem Menschen seine Gnade und der Mensch schenkt Gott seine Hingabe. Beides zusammen macht einen Menschen zum Christen: seine Bekehrung und die Gnade Gottes, die schon lange davor wirkte.

Wir taufen deshalb zwei Arten von Menschen: Erwachsene, die sich bekehrt haben, und Kinder, meist Säuglinge, die von ihren gläubigen Eltern zur Taufe gebracht werden. Menschen, die als Erwachsene zum Glauben gekommen sind, aber als Kinder getauft wurden, taufen wir *nicht* noch einmal. Das ist nicht nötig. Die Taufe ist wie ein Scheck, der einem Menschen gereicht wird, gedeckt mit der Erlösung. Wann erhält er den Scheck? Bei seiner Taufe. Er muss aber irgendwann diesen Scheck einlösen. Das geschieht bei einem Menschen, der zwar als Kind getauft wurde, der aber erst später zu Jesus findet, bei seiner Bekehrung. Solange ein Getaufter den Scheck nicht einlöst, ist es so, als besäße er ihn nicht, weil er das, womit der Scheck gedeckt ist, noch nicht empfangen hat. Wenn ein Mensch sich Jesus zuwendet, beginnt er den Scheck einzulösen. Er fängt an, aus dem zu leben, was Christus für ihn getan hat. Viele Menschen sind als Kinder getauft worden, leben aber ohne Jesus. Sie sind Menschen, die zum Heil berufen, aber noch nicht durchgedrungen sind. Denn nach der Bibel gehören Glaube und Taufe zusammen. „Wer glaubt und getauft wird, der wird gerettet."[99] Die Zeitpunkte aber, an dem ein Mensch getauft wird und an dem er zum Glauben kommt, können weit auseinanderliegen, auch die Reihenfolge ist nicht relevant.

Kirche

Christsein und Kirche gehören zusammen. Wenn man getauft wird, so wird man hineingetauft in den „Leib Christi". Dieser Ausdruck umschreibt die weltweite Gemeinschaft derer, die an Jesus glauben. Das Wort „Kirche" hat für viele keinen guten Klang. Nicht nur wegen ihrer Geschichte, in der es nur so von Katastrophen wimmelt. Man denkt bei dem Wort Kirche an viele Dinge: an eine Institution, an einen Arbeitgeber, an ein Gebäude, an eine Religionsbehörde, von den Medien verächtlich „Amtskirche" genannt. Eigentlich meint das Wort „Kirche", das auf das griechische Wort „kyriakos" (dem Herrn gehörend) zurückgeht, etwas anderes: nämlich eine ausstrahlende Gemeinschaft von Menschen, die durch Jesus in herzlicher Zuwendung, Anteilnahme und Ermutigung leben können.

Die treffendsten Worte für das, was Kirche vom Ursprung her ist, habe ich bei dem einflussreichen amerikanischen Pfarrer und Gemeindegründer Bill Hybels gefunden: „Es gab einmal eine Gemeinschaft von Gläubigen, die so völlig an Gott hingegeben war, dass ihr gemeinsames Leben von der Kraft des Heiligen Geistes angetrieben wurde. In diesem Zusammenschluss von Nachfolgern Christi liebten die Gläubigen einander mit einer radikalen Liebe. Sie nahmen ihre Masken voreinander ab und teilten ihr Leben miteinander. Sie lachten und weinten und beteten und sangen und dienten miteinander in authentischer christlicher Gemeinschaft. Diejenigen, die mehr hatten, teilten bereitwillig mit denen, die weniger hatten, bis soziale und wirtschaftliche Grenzen aufgehoben waren. Sie gingen miteinander so um, dass Gräben zwischen Geschlechtern und Rassen aufgehoben wurden, und sie freuten sich über ihre kulturellen Unterschiede. In Apostelgeschichte 2 lesen wir, dass diese Kirche den Nichtgläubigen eine Vision von Leben anbot, die so wunderschön war, dass ihnen der Atem stockte. Sie war so stark, so kreativ, so dynamisch, dass sie ihr nicht widerstehen konnten. Der Herr fügte täglich ihrer Gemeinschaft die hinzu, die gerettet werden sollten."[100]

▸▸ **Das Wort „Kirche" hat für viele keinen guten Klang. Nicht nur wegen ihrer Geschichte, in der es nur so von Katastrophen wimmelt.**

Dieser Text beschreibt die Urgemeinde. Wir können nicht zu ihr zurückkehren. Sie bleibt ein Vorbild und ein Idealbild. Gott setzt uns dieses Bild von Kirche immer wieder als Modell vor, nach dem wir unsere Kirche heute gestalten sollen. Alle Kirchen (ob katholisch, freikirchlich, evangelisch, pfingstlerisch, baptistisch) müssen sich immer wieder an dem biblischen Modell der Urkirche orientieren.

Obgleich wir diese Kirche heute nicht vorfinden, sondern immer nur Ähnlichkeiten, ruft uns Gott, wenn wir Christen werden, in die Kirche hinein. Warum eigentlich? Warum können wir uns nicht der Parole anschließen „Jesus ja, Kirche nein!"? Mir fallen sechs Gründe ein:

Erstens: Es gibt kein Christsein ohne Kirche. „Ich statuiere kein Christentum ohne Gemeinschaft", sagte Nikolaus Ludwig Graf von Zinzendorf (1700–1760), der Gründer der Herrnhuter Missionsbewegung. In der Bibel gibt es kein Christsein ohne das Eingebundensein in eine lokale Gemeinde. Ein Christ ohne Gemeinde – das ist wie ein Organ ohne Körper, ein Schaf ohne Herde, ein Kind ohne Familie. Die Menschen unserer Kultur sind geprägt von einem überzogenen Individualismus, der viele geistliche Waisen hervorgebracht hat: Christen, die ohne Gemeinde leben oder unverbindlich von einer Gemeinde zur anderen wandern ohne Identität, Verantwortlichkeit und Verpflichtung.

▶▶ **Ein Christ ohne Gemeinde – das ist wie ein Organ ohne Körper, ein Schaf ohne Herde, ein Kind ohne Familie.**

Zweitens: In der Gemeinschaft der Kirche lernen wir das Evangelium kennen, wir erfahren, wer Gott ist, wie Jesus lebte, warum er starb und wie man zu Gott finden kann. In der Kirche machen wir auch die Erfahrung des Heiligen Geistes.

Drittens: Kirche ist kein Selbstzweck. Sie ist Gottes Instrument, um kostbare Menschen in Wort und Tat mit der rettenden Liebe Christi zu erreichen. Gott möchte dafür unsere Mitarbeit. In der Gemeinschaft der Kirche bekommen wir Antworten auf die Fragen: Was hat Gott mit mir vor? Was soll ich mit meinem Leben anfangen? Wir drehen uns nicht mehr nur um unsere Probleme, weil wir lernen, sie zu lösen. In der Gemeinschaft der Kirche erkennen wir, wie wertvoll unser Leben ist und wie wir es zum Segen für die Welt einsetzen können.

Viertens: Wir brauchen die Gemeinschaft der Kirche, weil wir in ihr die Erneuerung des Lebens nach Gottes Maßstäben erfahren können. Wir entwickeln einen geistlichen Charakter. Gott verändert uns. Wir erfahren Bestätigung, Liebe, Annahme und Korrektur. Unser Leben wird neu geordnet.

Fünftens: Wir lernen eine neue Qualität von Gemeinschaft kennen, in der Menschen aufblühen. Christliche Gemeinde soll nach

Gottes Willen der Ort sein, an dem man auch dann noch geliebt wird, wenn Fehler und Schwächen sichtbar werden.

Sechstens: Kirche hat eine Schutzfunktion. Es gibt unzählige Sekten und Ideologien, die sich zerstörerisch auf das Leben von Menschen auswirken. In der Gemeinschaft der Kirche können Menschen zu einer gesunden, aufbauenden, das Leben stabilisierenden christlichen Spiritualität finden.

Selten ist die konkrete Ortsgemeinde oder die christliche Gemeinschaft in unserer Nähe so ein Platz, wo wir wirklich Heimat finden und Freisetzung zum Leben für Christus erleben. Dennoch ist eine Gemeinschaft von Menschen, die sich um Christus versammelt, unser Zuhause, wenn wir als Christen leben wollen. Manchmal empfangen wir die Aufgabe, unser Zuhause durch liebevolle Mitarbeit zu verändern. Manchmal müssen wir uns auf die Suche nach einem Zuhause machen. Manchmal sind die gefundenen „Familienmitglieder" komisch oder schwierig. Wir müssen lernen zu lieben. Aber ohne die Gemeinschaft der Glaubenden wird unser Christsein im Unglauben der Masse verblassen, in Egozentrik und Individualismus verkommen oder in Fanatismus und religiöse Spinnerei ausarten.

▶▶ **Aber ohne die Gemeinschaft der Glaubenden wird unser Christsein im Unglauben der Masse verblassen, in Egozentrik und Individualismus verkommen oder in Fanatismus und religiöse Spinnerei ausarten.**

Ein Leitbild für eine ausstrahlende Gemeinde

Die meisten Menschen in unserem Land haben kein brauchbares Leitbild für eine Gemeinde mit Ausstrahlung, in der nicht nur die Christen betreut werden, sondern in der Menschen ohne kirchlichen Hintergrund eine Chance bekommen, zu Gott und zur Kirche zu finden. Ich habe so ein Leitbild für unsere Gemeinde, die Junge Kirche Berlin, entwickelt. Es hängt als riesiges Poster im Eingangsbereich unserer Kirche.

Ich sehe sie mit meinem Herzen . . .

... eine Kirche, übervoll mit Menschen, in deren Herzen das Feuer der Begeisterung brennt, weil sie Gottes Liebe erfahren haben.

... eine Kirche, in der Jesus leidenschaftlich angebetet wird mit neuen Liedern voller Rhythmus und Herzensglut.

... eine Kirche, die ständig wächst, weil Menschen die Schönheit und Kraft des Evangeliums erleben und aus Atheismus und Gleichgültigkeit zu Gott finden.

... eine Kirche, in der Gottes Geist machtvoll wirkt und Menschen zu hellen Lichtern werden in einer dunklen Welt.

... eine Kirche, die eine klare Botschaft hat, die Menschen mit Hoffnung und Glauben erfüllt und sie zurüstet, anderen in Wort und Tat Jesus zu bringen.

... eine Kirche, in der Menschen wohltuende Gemeinschaft erleben, Hoffnung und Orientierung finden und Gott und das Leben feiern.

Diese Kirche darf kein Traum bleiben! Komm und gestalte sie mit uns! Junge Kirche Berlin, Berliner Stadtmission, Evangelische Kirche

Anmerkungen

Damit der Text im Buch flüssig und einfach zu lesen ist, habe ich auf Quellenangaben im laufenden Text verzichtet. Für Leser, die gern die zitierten Bibelstellen im Zusammenhang lesen möchten, habe ich Fußnoten eingefügt. Manchmal schien es mir auch angebracht, eigene Gedanken zu kommentieren, auf weiterführende Literatur hinzuweisen und die gedankliche Quelle meiner Ausführungen zu benennen. Dieses Buch steckt voller Zitate. Einige sind so bekannt, dass ich eine Quellenangabe nicht für erforderlich halte.

[1]   Matthias Horx: Trendbuch Bd. 2, Megatrends für die späten neunziger Jahre, Econ Verlag, Düsseldorf 1999, S. 129.

[2]   Horx, S. 108.

[3]   Idea-Spektrum, 16/2006, S. 15.

[4]   Jürgen Habermas, Joseph Ratzinger: Dialektik der Säkularisierung. Über Vernunft und Religion, Freiburg im Breisgau 2005, S. 27.

[5]   Jesaja 59,1–2

[6]   vgl. Der Spiegel, 52/1998. In dieser Ausgabe finden sich auch die meisten der verwendeten Zitate.

[7]   Der theoretische Physiker Paul Davis, Professor in Newcastle, Großbritannien, hat einige Bücher und Artikel geschrieben, in denen er sich mit den Konsequenzen der modernen Physik für unser Weltbild befasst. Meine Ausführungen über den zweiten thermodynamischen Hauptsatz gehen teilweise auf ihn zurück. Vgl. Paul Davis: Gott und die moderne Physik, München 1989.

[8]   1. Mose 1,27

[9]   Wenn hier „er" für Gott verwendet wird, dann sind dabei keinerlei männliche Attribute Gottes gemeint. Ich könnte auch „sie" schreiben, verzichte aber bewusst darauf, weil dies das Missverständnis nur vergrößern würde. Gott ist weder er noch sie, weder männlich noch weiblich. Vielmehr ist die geschlechtliche Polarität eine Schöpfungsidee Gottes. Beide, Mann und Frau zusammen, ergeben die Gottesebenbildlichkeit des Menschen.

10 Prediger 3,11

11 Matthäus 4,4

12 Johannes 6,35

13 Johannes 10,10

14 Ich empfehle ein Buch zu diesem Thema: Ursula & Manfred Schmidt: Hörendes Gebet, Hamburg 2004.

15 Du hast mich heimgesucht bei Nacht. Abschiedsbriefe und Aufzeichnungen des Widerstandes 1933–1945, herausgegeben von Helmut Gollwitzer, Käthe Kuhn und Reinhold Schneider, München 1956.

16 2. Timotheus 4,6–8, Übersetzung Hoffnung für alle.

17 Johannes 14,2

18 Idea-Spektrum 19/2006, S. 13.

19 Apostelgeschichte 17,27–28

20 Lisa Randall: Verborgene Universen, Frankfurt a.M. 2006.

21 2.Korinther 4,18

22 Epheser 1,18

23 Hebräer 11,1

24 Johannes 15,5

25 1.Johannes 4,16

26 Lukas 15,11–32

27 Lukas 10,25–37

28 Johannes 8,1–11

29 Markus 10,13–16

30 Matthäus 4,1–11

31 Johannes 6,1–15

32 Johannes 18,36

33 Matthäus 11,28–29

34 Matthäus 20,26–27; Lukas 22,26–27

35 Matthäus 21,12–13; Johannes 2,13–16

36 Lukas 20,20–26

37 Matthäus 19,24

38 Matthäus 23,27

39 Johannes 4,1–30

40 Lukas 7,36–50

41 Lukas 19,41–44

[42] Matthäus 5,30

[43] Matthäus 19,16–26

[44] Matthäus 6,19–20

[45] Lukas 19,10

[46] Johannes 2,1–11

[47] Lukas 15,1–2; Matthäus 11,19

[48] Markus 2,17

[49] Lukas 5,33–34

[50] Matthäus 16,13–19

[51] Matthäus 17,1–9; Markus 9,2–10

[52] Johannes 1,14

[53] Lukas 19,10

[54] Markus 10,45

[55] Johannes 19,30

[56] Psalm 22

[57] Johannes 1,29

[58] Dieser Text wird allgemein in das sechste vorchristliche Jahrhundert datiert. Er gehört zum sogenannten Deuterojesaja, einem Propheten, der in dieser Zeit wirkte und dessen Worte im Buch des Propheten Jesaja in den Kapiteln 40 bis 55 gesammelt sind. Zum Verständnis des Textes gab es in der Theologiegeschichte verschiedene Deutungsmodelle. Ich folge mit vielen guten Gründen der christlichen Auslegungstradition seit Beginn des Christentums, die in diesem Textabschnitt eine prophetische Sicht der Lebensgeschichte Jesu von Geburt über Tod, Auferstehung und Himmelfahrt sieht. Diese sogenannte „messianische Deutung" ist immer wieder in die Kritik geraten. Ich halte sie aber für die einzig plausible Interpretation.

[59] Jesaja 53,5–6

[60] 1. Korinther 1,23

[61] Ich möchte der Versuchung widerstehen, den Leser mit den komplizierten und höchst hypothesenfreudigen Einleitungsfragen der neutestamentlichen Wissenschaft zu langweilen oder zu überfordern. Dieses Buch ist kein theologisches Fachbuch, sondern der Versuch, Menschen, die nicht unbedingt über theologische Kenntnisse verfügen, einen Zugang zur Wahrheit des Glaubens zu eröffnen. Die darge-

stellte Sichtweise ist das Ergebnis gründlicher theologischer Reflexion.

[62] Markus 16,9 ff.

[63] Lukas 24,21

[64] 5. Mose 21,22–23

[65] Markus 14,50

[66] In den Evangelien nennen viele Berichte Galiäa als den Ort, an dem der Auferstandene einigen Jüngern begegnete. Der Grund dafür dürfte darin liegen, dass viele Jünger nach der grausamen Hinrichtung ihres Meisters frustriert zurück in ihre alte Heimat nach Galiläa gingen. Dort hatten sie eine Begegnung mit dem Auferstandenen, durch die sie sich aufmachten, zurück nach Jerusalem zu eilen. Die Galiläa-Berichte sind eine historische Erinnerung an die ersten Begegnungen mit dem Auferstandenen in Galiläa. Vgl. Matthäus 28,16 ff.; Markus 16,7; Johannes 21.

[67] Apostelgeschichte 7

[68] Lukas 24,11

[69] Markus 16,8

[70] Johannes 19,31–35

[71] Apostelgeschichte 9,22.26

[72] 1. Korinther 15,8

[73] 1. Korinther 9,1

[74] 1. Korinther 15,3–5

[75] Matthäus 16,18

[76] vgl. Lukas 10

[77] Wer mehr zum Thema Auferstehung Jesu lesen möchte, dem empfehle ich ein hochspannendes Streitgespräch zwischen dem Historiker und Papyrologen Carsten Peter Thiede, einem Befürworter der Auferstehung Jesu, und dem Neutestamentler Gerd Lüdemann, einem Leugner. Dieses Buch vermittelt einen interessanten Einblick in den Stand der gegenwärtigen Diskussion in der Forschung: Carsten Peter Thiede versus Gerd Lüdemann: Die Auferstehung Jesu – Fiktion oder Wirklichkeit? Ein Streitgespräch, Basel 2001.

[78] Johannes 20,29

[79] Johannes 14,16–18

80 David Wilkerson: Das Kreuz und die Messerhelden, Erzhausen 1966.

81 In der Bibel wird es mehrfach erwähnt und erklärt. Vgl. 1. Korinther 12 und 14; Apostelgeschichte 2,10.19,1–6; Markus 16,17. Das Sprachengebet (auch Zungenrede oder Glossolalie genannt) ist eine Gebetsgabe, die als Begleitphänomen von geistlichen Aufbruchsbewegungen durch die gesamte Kirchengeschichte hindurch auftrat und noch immer auftritt. In den großen, alten Kirchen ist das Sprachengebet in den 1960er-Jahren wiederentdeckt worden und wird als Gebetshilfe in vielen evangelischen und katholischen Kreisen praktiziert, in denen eine intensive Frömmigkeit geschätzt wird. Bei den Pfingstkirchen gehört das Sprachengebet zur allgemeinen kirchlichen Frömmigkeitspraxis. Es gibt auch Strömungen in der Kirche, die das Sprachengebet aus der Überzeugung, es sei lediglich eine Gabe für die ersten Christen gewesen, ablehnen.

82 Auch andere christliche Drogenarbeiten berichten über diese Wirkung des Sprachengebetes. So auch die Arbeit von Jackie Pullinger in Hongkong. Vgl. Jackie Pullinger: Licht im Vorhof der Hölle, Lüdenscheid 1982.

83 Johannes 14,6

84 vgl. Apostelgeschichte 1–2

85 Das sogenannte Pfingstwunder finden wir in Apostelgeschichte 2 beschrieben. In Vers 4 heißt es: „Sie wurden alle erfüllt vom Heiligen Geist und redeten in anderen Sprachen." Statt „reden" hat Luther „predigen" übersetzt. Da ging wohl der Professor mit dem Übersetzer durch. Im Urtext steht „lalein", also reden. Luthers Übersetzung ist aus seiner Sicht kein Fehler. Er wollte, dass die Menschen seine Übersetzung verstehen. Zu Luthers Zeiten aber konnten viele mit der Geistesgabe des Sprachengebets bzw. der Zungenrede, von der in diesem Text die Rede ist, nichts anfangen. Es geht hier also im Kern um die Gabe des Geistes, die einen befähigt, in einer unbekannten Gebetssprache zu sprechen. Diese Gabe erleben viele Christen als eine wertvolle Gebets- und Glaubenshilfe. Ich kenne viele Evangelische, Katholische und auch Freikirchler, die diese Gabe praktizieren – unter ihnen sind kirchenleitende Theologen, etliche Superintendenten, auch Ordensleute usw. (siehe auch Anmerkung 81).

[86] vgl. Lukas 12,12; Apostelgeschichte 13,2.16,6; Markus 1,12; Epheser 4,30; 1. Korinther 2,10 f.

[87] 1. Thessalonicher 1,5

[88] Römer 8,16

[89] Römer 5,5

[90] Matthäus 12,34

[91] Apostelgeschichte 4,20

[92] Galater 5,22

[93] Johannes 1,12

[94] Matthäus 10,39.16,25; Markus 8,35; Lukas 9,24.17,33.

[95] Johannes 14,19

[96] Markus 10,15

[97] 1. Petrus 5,5

[98] Klaus Berger: Widerworte. Wie viel Modernisierung verträgt Religion? Frankfurt 2005, S. 125.

[99] Markus 16,16

[100] Bill Hybels: Mutig führen, Asslar 2003, S. 19.

[101] Idea-Spektrum 8/2006, S. 12; 12/2006, S. 11.